权威·前沿·原创

皮书系列为

“十二五”“十三五”国家重点图书出版规划项目

山东省中小企业发展报告（2019）

ANNUAL REPORT ON THE DEVELOPMENT OF SMALL AND MEDIUM ENTERPRISES IN SHANDONG (2019)

山东省工业和信息化厅
济南大学资本市场创新发展协同创新中心
齐鲁财富网
主　编／孙国茂　原雪梅

社会科学文献出版社
SOCIAL SCIENCES ACADEMIC PRESS (CHINA)

图书在版编目（CIP）数据

山东省中小企业发展报告．2019／孙国茂，原雪梅主编．-- 北京：社会科学文献出版社，2019.12
（山东蓝皮书）
ISBN 978-7-5201-5890-9

Ⅰ．①山…　Ⅱ．①孙…②原…　Ⅲ．①中小企业-企业发展-研究报告-山东-2019　Ⅳ．①F279.275.2

中国版本图书馆 CIP 数据核字（2019）第 288655 号

山东蓝皮书
山东省中小企业发展报告（2019）

主　　编／孙国茂　原雪梅

出 版 人／谢寿光
组稿编辑／高　雁　颜林柯
责任编辑／颜林柯

出　　版／社会科学文献出版社·经济与管理分社（010）59367226
地址：北京市北三环中路甲 29 号院华龙大厦　邮编：100029
网址：www.ssap.com.cn
发　　行／市场营销中心（010）59367081　59367083
印　　装／三河市东方印刷有限公司

规　　格／开　本：787mm×1092mm　1/16
印　张：19.5　字　数：289 千字
版　　次／2019 年 12 月第 1 版　2019 年 12 月第 1 次印刷
书　　号／ISBN 978-7-5201-5890-9
定　　价／188.00 元

本书如有印装质量问题，请与读者服务中心（010-59367028）联系

《山东省中小企业发展报告（2019）》学术委员会

张衍森　山东瀚讯信息技术有限公司董事长

主　　编　孙国茂　原雪梅

编写组成员　孙国茂　陈柳钦　董彦岭　闫小敏　王　韧
姚丽婷　孙东东　李宗超　刘　叶　何磊磊
郭文娟　刘庆玉　吴　琪　董莹蕾　金宗琦

机构介绍

齐鲁财富网（www. qlmoney. com）是“服务大众”的专业财经互联网平台，为中小企业提供实用、专业、权威、有价值的多元化财富管理资讯，为政府有关部门提供决策咨询和服务，并致力于为客户提供具有战略参考价值的产业发展、区域规划、乡村振兴、城市金融、能源金融、绿色金融、普惠金融、资本运营以及投资管理等专项研究解决方案。

目前，齐鲁财富网已经通过社会化信息分享平台将网站信息维护与移动应用通道打通，实现统一信息编辑，网站、移动 WAP 网站、微信、微博、移动 App 多渠道一键发布，确保数据同源、多端协同。

近年来，齐鲁财富网集全媒体服务、政策研究、行业咨询、企业孵化、管理培训、投资理财、会议论坛、编辑出版、网络开发和数据挖掘等功能于一身，形成了服务山东、辐射全国的财经信息聚合平台、资讯传播平台、舆论监督平台、投融资对接平台和研究评价平台。

专家团队

齐鲁财富网特约包括李扬、王忠民、吴晓求、贾康、贺强、胡汝银、巴曙松、姚洋、韦森、王松奇、谭雅玲、刘李胜、李迅雷、郭田勇、施光耀、杨东、胡金焱、杨开忠、乔润令、杜莉、冯奎、刘士林、张栋、黄震、陈柳钦、孙国茂和张志元在内的近百名国内知名经济学家、金融证券研究专家、资深媒体人和财经评论人员，组成了在行业内享有盛誉的专家团队。

合作伙伴

齐鲁财富网与中国社会科学院、北京大学、中国人民大学、中央财经大学、山东大学、山东社会科学院、山东财经大学、青岛大学、济南大学、中国上市公司市值管理研究中心、齐鲁股权交易中心、山东省扶贫基金会、山东省小额贷款企业协会、山东省普惠金融研究院等近百家大学、研究机构、金融机构，以及人民网、新华网、光明网、中国网、中国经济网、央视网、央广网、国际在线、中国社会科学网、齐鲁网、中金在线、金融界、和讯网、新浪财经、凤凰网、《中国证券报》、《上海证券报》、《证券时报》、《金融时报》、《证券日报》、《经济日报》、《工人日报》、《中国日报》、《法制日报》、《人民政协报》、《中华工商时报》、《中国社会科学报》、《经济参考报》、《中国经济导报》、《中国改革报》、《中国工业报》、《中国财经报》、《中国能源报》、《中国城市报》、《中国经济时报》、《中国经营报》、《中国企业报》、山东电视台、山东广播经济频道等近百家中央、地方专业媒体建立了良好的合作关系。

主编简介

孙国茂　山东省泰山产业领军人才，山东省高端金融人才，山东省人大常委会财经专家顾问，山东省政府研究室特邀研究员，青岛大学经济学院特聘教授、博士生导师，中国公司金融论坛创始人，《公司金融研究》杂志主编。先后担任济南大学公司金融研究中心主任、济南大学金融研究院院长、济南大学资本市场创新发展协同创新中心主任、济南大学商学院教授等职。主要研究领域为公司金融、资本市场和制度经济学。主持国家社科基金项目、省部级重大研究课题以及横向研究课题10多项，获得山东省社会科学一等奖、二等奖等多项。2012年创办中国公司金融论坛，连续成功举办8届，在学术界和金融界产生巨大反响。作为省政府特邀研究员和金融专家，参加山东省“十三五”规划讨论、山东省金融“十三五”规划讨论、山东省资本市场“十三五”规划讨论和《山东省地方金融条例》讨论。

原雪梅　金融学专业博士，教授。济南大学金融研究院院长，济南大学资本市场创新发展协同创新中心主任，美国 Edinboro University of Pennsylvania 访问学者，山东省世界经济学会常务理事。研究方向为国际金融，主讲国际金融、国际经济学、货币银行学、财政学等。主持国家社科基金项目2项，主持省部级项目多项。在《数量经济技术经济研究》《财贸经济》等学术期刊发表论文数十篇，出版学术著作1部。获得山东省软科学优秀成果二等奖等奖项10多项。

摘　要

党的十九大提出，要支持民营企业发展，激发各类市场主体活力，努力实现更高质量、更有效率、更加公平、更可持续的发展，这为全国中小企业带来了重大的发展机遇。习近平总书记在全国民营企业座谈会上的讲话，高度评价改革开放40年来民营经济为我国发展做出的重大贡献，充分肯定民营经济的重要地位和作用，明确提出大力支持民营企业发展壮大6个方面的政策举措，为中小企业健康发展增强了信心、注入了动力。经过40年的发展，中小企业已经发展成为社会主义市场经济的重要组成部分，是推动经济实现高质量发展的重要基础。做好中小企业工作对稳就业、稳金融、稳投资、稳外资、稳外贸、稳预期，以及增强经济长期竞争力具有重要意义。

改革开放以来，以中小企业为主体的山东民营经济从无到有、从小到大、从弱到强，已经成为促进全省经济社会发展的重要主体和重要推动力。中小企业和民营经济已占据山东经济的“半壁江山”。2018年，全省加快新旧动能转换、建设海洋强省、打造乡村振兴齐鲁样板、打造对外开放新高地等一系列重大部署全面展开，为中小企业发展提供了更为广阔的舞台。全省以新旧动能转换重大工程提出的“十大产业”和“四新”“四化”为内容的产业转型加速。中小企业按照省政府提出的“个转企、小升规、规改股、股上市”建立现代企业制度，省政府成立“放管服”改革协调小组并出台一系列政策，为中小企业营造了良好的营商环境和发展环境。截至2018年底，山东已有中小企业261.3万家，比2017年增长15.7%。研究山东中小企业发展对促进全省经济高质量发展、助力新旧动能转换均具有重要的意义。《山东省中小企业发展报告（2019）》秉承及时有效、客观权威、科学严谨的理念，全面分析了山东中小企业不断呈现的新特征，运用科学的研究方法和评价体系对山东中小企业的发展情况进行系统研究，分析山东中小企业在发展中存在的问题，并与其他省市进行对比分析，提出山东中小企业高质量发展的建议。全书分为总报告、分报告、专题报告和附录4个部分。

总报告通过分析发现，随着环保风暴全面升级以及供给侧结构性改革持续深化，山东部分中小企业受到较大冲击。截至2018年底，山东规模以上工业中小企业达到37508户，与2017年相比减少1869户，减少户数占全国规模以上工业中小企业减少户数的比重达到28.78%，规模以上工业中小企业平均利润为538.66万元，与全国926.58万元的水平相比低了41.87%。结合省委、省政府支持中小企业发展的相关政策，报告提出山东中小企业重点发展方向：关注中小企业高质量发展，营造良好的营商环境，助力全省新旧动能转换；引领科技型中小企业成长，加速培养“专精特新”中小企业；打造乡村振兴齐鲁样板，增加规模以上中小企业占比；扶持相关中小企业加速发展，助力海洋强省战略；参与“一带一路”建设，抓住历史机遇加快发展。

分报告从山东中小企业对社会的贡献、经营绩效、融资情况、“双创”发展4个方面分析2018年山东中小企业的发展状况。在社会贡献方面，从经济总量、劳动就业、财政税收、进出口贸易、知识产权5个维度分析，反映出山东中小企业在经济高质量发展阶段以及新旧动能转换过程中的重要作用。在经营绩效方面，通过对山东省规模以上工业中小企业样本公司的总资产、净资产、营业收入、ROA、ROE等客观数据进行汇总分析，以此反映全省中小企业的经营绩效。在融资情况方面，从中小企业通过银行等金融机构融资、民间融资等的现状入手进行分析，总结出山东中小企业存在金融服务获得能力偏弱、直接融资比重偏低等特点，认为可以借助供应链金融等手段缓解融资难题。在“双创”发展方面，全年中小企业“双创”呈现融资途径逐步拓宽、返乡创业菏泽经验形成、200家瞪羚企业成长势头迅猛等特点，通过借鉴深圳市、浙江省“双创”生态建设的经验，发现山东省中小企业在“双创”过程中存在产学研未形成有效合力、创新创业链条延伸不足等4个问题，并提出相应的解决办法。

专题报告共分4篇，《山东省中小企业科技创新报告》从科技创新、政策支持等方面论述山东省中小企业科技创新情况，发现中小企业存在创新意识薄弱、融资难融资贵、科技成果转化偏少等问题，并提出有针对性的解决方案。《财务管理视角下小微企业融资调研报告》针对山东省412家小微企业和125家地方法人银行开展全面调研，从财务管理视角深入研究中小企业融资难、融资贵产生的内在机理，并提出相应的对策建议。《山东省中小企业发展存在的问题与建议》结合多篇分报告对山东中小企业进行研究发现，山东中小企业存在盈利能力偏弱、直接融资比重低、科技创新能力偏低等7个方面的问题，针对全省中小企业存在的问题，提出减税降负降低中小企业经营成本、提高直接融资比重、弘扬企业家精神促进中小企业创新发展等7个方面的建议。《山东省中小企业发展指数报告》通过构建山东中小企业发展指数评价体系，通过微观指标、宏观经济指标和社会指标3个维度，选用22个经济量化指标测算山东中小企业发展指数。

附录提供了山东在全国中小企业股份转让系统、齐鲁股权交易中心挂牌的部分中小企业的主要经营财务数据，供读者研究参考。

关键词： 山东省中小企业　经营绩效　新旧动能转换　高质量发展　评价体系

序　言
加快推动中小企业高质量发展

汲斌昌*

中小企业是我国国民经济和社会发展的重要力量，在推动经济发展、扩大劳动就业、促进技术创新、改善社会民生等方面具有不可替代的作用。中央高度重视中小企业工作，在2018年11月1日召开的民营企业座谈会上，习近平总书记重申“两个毫不动摇”和“三个没有变”，强调“让民营经济创新源泉充分涌流，让民营经济创造活力充分迸发”，为新时代民营经济和中小企业发展坚定了信心、指明了方向。山东作为经济大省、工业大省，中小企业数量众多、涉及行业广泛、发展潜力强劲。在深入实施新旧动能转换重大工程中，必须牢牢抓住中小企业这个主力军，以中小企业的高质量发展带动整个经济社会实现由大到强的战略跃升。

持续筑牢“重要力量、关键支撑”之形。改革开放以来，山东省民营经济和中小企业沐浴改革春风，迅速成长壮大，贡献了全省50%以上的GDP、60%以上的投资、70%以上的税收，占市场主体的90%以上，成为支撑全省经济社会发展的重要力量。特别是党的十八大以来，山东全面贯彻落实中央决策部署，深入贯彻新发展理念，谋划推进新旧动能转换、乡村振兴、海洋强省等八大发展战略，中小企业迎来了更大的发展机遇。截至2018年底，全省中小企业数量达到261.3万家，以中小企业为主体的民营经济增加值达到3.87万亿元，占全省GDP的比重提高到50.6%，越发显示出支撑经济发展的活力优势和动力潜质。新时代，我们推动中小企业高质量

* 汲斌昌，山东省工业和信息化厅党组书记、厅长。

发展的决心不能变、频道不能换、力度不能减，必须坚决抵制“民营经济离场论”“中小企业压减论”等错误观点，继续在强化认识、聚焦聚力、创新举措、扶优做强上狠下功夫，进一步为中小企业发展提供更多机会和更大空间，真正依靠改革开放激发市场主体活力，依靠市场主体活力顶住下行压力，把中小企业锻造成稳增长、促改革、调结构、惠民生、防风险的活力之源和过硬支撑。

牢牢把握“结构调整、动能转换”之势。唯改革者进，唯创新者强，唯改革创新者胜。发展并非一帆风顺，当前山东省中小企业发展还面临诸多突出矛盾，特别是产业结构失衡、自主创新能力不强、现代企业制度推行慢等痛点难点问题，极大地阻碍了中小企业高质量发展的步伐。我们必须不惧凤凰涅槃之痛，勇于直面破解问题，努力实现浴火重生。要坚持创新驱动，加快改变对土地、资源、设备、资金、劳动力等要素的过度依赖，更多在知识、技术、人才等方面下功夫寻求突破，提高发展的质量和效益。要促进融通发展，发挥大企业的引领支撑作用，提高中小企业的专业化水平，加强上下游产业协同和技术合作攻关，发挥企业家精神和工匠精神，培育一批“专精特新”中小企业。要加快赋能升级，抢抓新一代技术革命和产业变革机遇，积极运用互联网、大数据、人工智能等先进技术，打造数字化、网络化、智能化企业。要完善治理结构，实施企业治理结构和产业结构“双升”战略，推动“个转企、小升规、规改股、股上市”，大力推进规范化公司制建设，实现有序、高效、精准运转。

积极打造“环境优化、活力迸发”之态。良好的外部环境是中小企业健康成长不可缺少的阳光雨露。我们将积极联合有关部门，坚持以供给侧结构性改革为主线，以提高发展质量和效益为中心，从解决影响营商环境的具体问题入手，进一步激发中小企业的创新活力和发展动力。要着力缓解资源要素制约，积极组织开展创业创新人才培养和辅导，引导企业向产业园区、产业集群聚集，妥善解决企业土地房屋产权等历史遗留问题，大力推广知识产权质押融资、应收账款融资、应急转贷、无还本续贷等融资方式。要完善公共服务体系，运营好山东省民营企业综合服务平台，推动建设一批产业集群公共服务平台、行业服务机构和小微企业创业创新示范基地，及时梳理、解读、推送扶持政策，建立民营企业诉求受理和反馈机制，为中小微企业提供专业化、保姆式的特色服务。要加强跟踪督导推进，完善促进民营经济和中小企业发展工作协调机制，强化经济运行监测分析，增强对形势变化的预见性和工作指导的前瞻性，为中小企业发展精准导航。

新时代迎来新发展，新征程须有新作为。在艰巨的形势任务面前，应深入贯彻中央决策部署和省委、省政府的工作安排，勇于担当作为，奋力狠抓落实，把加快推动中小企业高质量发展的实际成果作为检验工信部门工作成效的重要标尺，培育更多更优中小企业，为山东加快新旧动能转换步伐，实现“走在前列、全面开创”提供强大动力和坚强支撑。

目　录

Ⅰ　总报告

Ⅱ　分报告

Ⅲ　专题报告

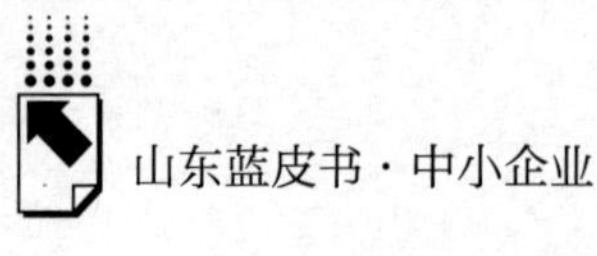

Ⅳ 附录

皮书数据库阅读使用指南

总 报 告

General Report

B.1 山东省中小企业发展报告（2019）

孙国茂　徐永慧　姚丽婷*

摘　要： 现阶段我国中小企业迎来重要发展期，山东从财政、金融、营商环境等多角度加大对中小企业的扶持力度，中小企业数量快速增长。截至2018年底，全省中小企业达到261万户，增速达16%。多层次资本市场的助力使中小企业融资难的问题得到一定程度的缓解。创业、创新、创投协同互动发展，进一步推动中小企业实现高质量发展。本报告根据山东中小企业发展现状，结合省委、省政府支持中小企业发展的相关政策，提出山东中小企业重点发展方向：关注企业高质量发

* 孙国茂，青岛大学经济学院特聘教授、博士生导师，研究领域为公司金融、资本市场、制度经济学；徐永慧，南开大学经济学博士，山东财经大学山东金融发展研究院讲师，研究领域为区域经济一体化、宏观经济增长；姚丽婷，西北民族大学硕士，齐鲁财富网研究中心主任、高级研究员，研究领域为普惠金融、中小企业。

展，助力新旧动能转换；引领科技型中小企业成长，体现技术创新成效，加速培养“专精特新”企业；打造乡村振兴齐鲁样板，增加规模以上中小企业占比；扶持相关中小企业快速发展，助力海洋强省战略；紧抓时代机遇，实现快速发展，参与“一带一路”建设。

关键词： 山东中小企业　高质量发展　营商环境　中小企业融资

中小企业是国民经济和社会发展的生力军，是扩大就业、改善民生、促进创业创新的重要力量，在稳增长、促改革、调结构、惠民生、防风险中发挥着重要作用。党的十八大以来，党中央、国务院高度重视中小企业发展，在财税金融、营商环境、公共服务等方面出台一系列政策措施。这些政策着眼于落实新发展理念、实施经济社会发展总体战略、推进供给侧结构性改革、培育发展新动能、稳定增长和增加就业，着力于优化中小企业转型发展环境，涵盖了税收优惠、融资促进、创新发展、产业发展、人才支持、经营改善、壁垒消除、市场开拓、公共服务等涉及中小企业发展的各个方面，初步形成了较为完整的中小企业政策体系，中小企业营商环境得到明显改善。

回顾改革开放40年发展历程，中小企业受到实行家庭联产承包责任制、引进外资和实施股份制改革等多因素的推动。20世纪80年代初，我国产生了以乡镇企业、私营企业为典型代表的第一批具有市场经济意义的中小企业。随着国家经济向市场化转型，中小企业凭借差异性以及多样性等优势迅速成长，并走向规模化发展的道路，逐渐成为我国经济重要组成部分和较具活力的市场主体。近年来，我国陆续出台了《中小企业促进法》《关于鼓励支持和引导个体私营等非公有制经济发展的若干意见》《关于进一步促进中小企业发展的若干意见》等一系列法律法规和文件，为中小企业经营环境改善和企业健康发展提供充分的保障，并为民营经济和中小企业提供更为宽松的政策环境。

2018 年 8 月 20 日，国务院促进中小企业发展工作领导小组第一次会议强调指出，我国中小企业“贡献了 50% 以上的税收，60% 以上的 GDP，70% 以上的技术创新，80% 以上的城镇劳动就业，90% 以上的企业数量”。2018 年 10 月，习近平总书记在广州考察时表示：“党中央高度重视并一直在想办法促进中小企业发展。只有这样才能够真正使我国经济全面发展、科学发展、高质量发展。我们大力提倡创新创造创业，既离不开中小企业，也给中小企业发展提供了更多机会和更大空间。”①《中小企业促进法》首次明确将促进中小企业发展作为长期发展战略，设立中小企业发展基金，明确缓征、减征、免征小型微型企业所得税和增值税，全方位优化中小企业的融资环境，释放更多福利，让中小企业有更多“获得感”。这标志着我国中小企业迎来重要发展时期。美国经济学家克拉克（J. M. Clark）等提出的“不完全竞争市场理论”认为：竞争具有多样性。竞争的多样性来自产品的同质性或非同质性、生产者的数量及其规模结构、价格制定的方式、交易的方式、市场信息传递的特征和手段、生产者和消费者的地理分布、产出控制的时间特征、工厂或企业规模的差异导致的成本变动、短期产出波动引起的成本变动、生产能力的可伸缩性 10 个方面的因素。由于不同企业参与竞争的条件不同，只要中小企业能发挥自身优势，就可以对市场价格产生影响。中小企业作为国家经济结构中的重要组成部分，具有增加就业、促进创新以及维护公平自由竞争等功能，能够维护社会的稳定发展，促进科技创新，推动新兴市场的成长，对社会发展具有积极的贡献。随着中小企业对经济发展的贡献逐渐增大，中小企业发展现状、特点及存在的困难成为各地方政府关注的重点问题。

一　山东中小企业发展环境分析

中小企业已经发展成为社会主义市场经济的重要组成部分，也是推动经济实现高质量发展的重要基础，做好中小企业工作对稳就业、稳金融、稳投

① 新华网，http：//www. xinhuanet. com//politics/leaders/2018 - 10/25/c_ 1123611223. htm。

资、稳外资、稳外贸、稳预期和增强经济长期竞争力具有重要意义。政府部门加大对中小企业的支持力度，有助于增强经济发展内生动力、推动创业创新和扩大就业、促进经济可持续发展。2018 年，国家相继颁布一系列政策规定，涉及中小企业创新创业、营商环境、中小企业融资、财税政策等，共同助力中小企业高质量发展。2018 年 7 月 11 日，财政部、国家税务总局印发《关于进一步扩大小型微利企业所得税优惠政策范围的通知》（财税〔2018〕77 号）提出，自 2018 年 1 月 1 日至 2020 年 12 月 31 日，将小型微利企业的年应纳税所得额上限由 50 万元提高至 100 万元，对年应纳税所得额低于 100 万元（含 100 万元）的小型微利企业，其所得减按 50% 计入应纳税所得额，按 20% 的税率缴纳企业所得税；9 月 26 日，国务院印发《关于推动创新创业高质量发展　打造“双创”升级版的意见》（国发〔2018〕32 号）提出，提升孵化机构和众创空间服务水平，搭建大中小企业融通发展平台；10 月 15 日，财政部、工信部联合印发《关于对小微企业融资担保业务实施降费奖补政策的通知》（财建〔2018〕547 号），引导地方支持扩大实体经济领域小微企业融资担保业务规模，降低小微企业融资担保成本，促进专注于服务小微企业的融资担保机构可持续发展；11 月 8 日，国务院办公厅印发《关于聚焦企业关切　进一步推动优化营商环境政策落实的通知》（国办发〔2018〕104 号）；11 月 16 日，国家税务总局发布《关于实施进一步支持和服务民营经济发展若干措施的通知》（税总发〔2018〕174 号）；11 月 21 日，工信部、国家发改委、财政部、国资委联合印发《促进大中小企业融通发展三年行动计划》（工信部联企业〔2018〕248 号）。特别是 2018 年 11 月 1 日，习近平总书记主持召开民营企业座谈会并发表重要讲话，高度评价改革开放 40 年来民营经济为我国发展做出的重大贡献，充分肯定民营经济的重要地位和作用，深入分析当前民营经济发展遇到的困难和问题，明确提出大力支持民营企业发展壮大 6 个方面的政策举措，表明党中央毫不动摇鼓励、支持、引导非公有制经济发展的坚定决心和鲜明态度，为民营经济健康发展注入了强大动力，为民营经济走向更加广阔的舞台坚定了信心，引起了社会各界的强烈反响。

尽管中小企业划分标准在不同国家和地区的不同阶段并不一致，但自20世纪50年代以来，中小企业在社会发展中的重要地位全面体现，在世界范围内开启了保护、扶持中小企业的潮流，关于中小企业的界定也基本有了一致的做法：主要从企业从业人数、营业额、资产额等定量的角度进行界定。本报告对中小企业的划分标准采用工信部、国家统计局、国家发改委、财政部2011年联合发布的《关于印发中小企业划型标准规定的通知》（工信部联企业〔2011〕300号）分类标准①。为了能够准确反映山东中小企业的运行环境，本报告首先对山东中小企业的发展环境进行分析。

（一）经济环境分析

“十三五”规划提出：经济要保持中高速增长，实现2020年国内生产总值比2010年翻一番。2016～2018年我国GDP逐年突破70万亿元、80万亿元、90万亿元（见表1）。2018年，全国国内生产总值达到90.03万亿元，经济增速为6.6%，与2017年相比稍有回落，但远高于发达经济体的平均增速（2.4%）以及新兴市场和发展中经济体的平均增速（4.7%），全国经济整体保持在中高速增长的合理区间。实施供给侧结构性改革以来，经济增速不再是我国经济发展的核心目标，推动经济高质量发展逐级成为经济工作的重点。党的十九大报告中指出：“我国经济已由高速增长阶段转向高质量发展阶段，正处在转变发展方式、优化经济结构、转换增长动力的攻关期。”

2018年3月8日，习近平总书记参加十三届全国人大一次会议山东代表团审议时指出，希望山东的同志再接再厉，在全面建成小康社会进程中、在社会主义现代化建设新征程中走在前列，全面开创新时代现代化强省建设新局面。② 山东全省干部群众牢记习近平总书记的殷切嘱托，贯彻落实

---

① 2017年12月28日，国家统计局根据工信部、国家统计局、国家发改委、财政部《关于印发中小企业划型标准规定的通知》（工信部联企业〔2011〕300号），以《国民经济行业分类》（GB/T4754－2017）为基础，结合统计工作的实际情况，制定《统计上大中小微型企业划分办法（2017）》（国统字〔2017〕213号）。

② 人民网—人民日报，http://sn.people.com.cn/n2/2018/0309/c378287－31324034.html。

表1　全国 GDP 规模变化（2008~2018 年）

单位：亿元，%

年份	GDP	增速
2008	319244.6	9.7
2009	348517.7	9.4
2010	412119.3	10.6
2011	487940.2	9.6
2012	538580.0	7.9
2013	592963.2	7.8
2014	641280.6	7.3
2015	685992.9	6.9
2016	740060.8	6.7
2017	820754.3	6.8
2018	900309.5	6.6

注：表中增速为按可比价格计算的 GDP 增速。

资料来源：国家统计局、齐鲁财富网。

2018 年 6 月习近平总书记视察山东时做出的重要批示要求，践行高质量发展，以供给侧结构性改革为主线，全省新旧动能转换全面起势，乡村振兴、海洋强省等战略稳步推进，三大攻坚战成效突出，经济运行稳中有进。

1. 产业结构持续优化

2018 年，山东生产总值超过 7.65 万亿元，按可比价格计算，同比增速为6.4%，低于全国平均水平 0.2 个百分点，近 30 年经济增速首次低于全国平均水平。从三次产业来看，第一产业增加值占全省生产总值的比重为6.5%，同比增速 2.6%；第二产业增加值占全省生产总值的比重为 44%，同比增速 5.1%；第三产业增加值占全省生产总值的比重为 49.5%，同比增速 8.3%。相比于 2016 年、2017 年的三次产业结构，2018 年全省产业结构持续优化（见图 1）。

2018 年，山东生产总值在全国排名第三，低于广东、江苏，高于浙江。表 2 列出全国和广东、江苏、山东、浙江四省的三次产业结构。与全国产业结构相比，山东第一产业、第三产业增加值占比分别低于全国 0.7 个、2.7

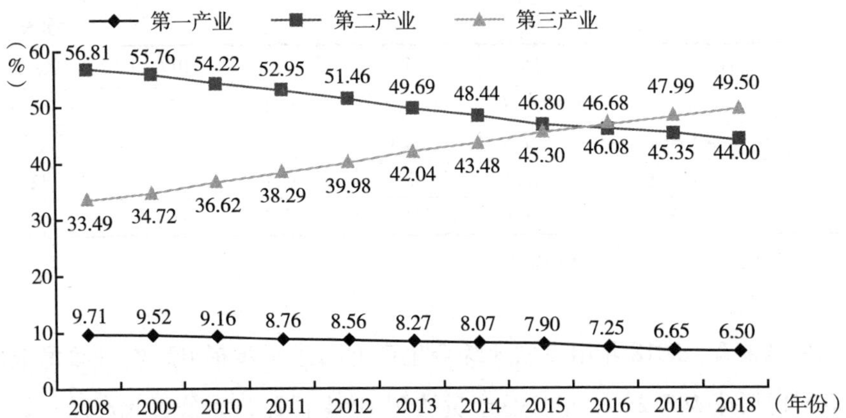

图1　山东三次产业增加值占 GDP 比重变化（2008～2018 年）

资料来源：山东省统计局、齐鲁财富网。

个百分点，第二产业增加值占比高于全国 3.3 个百分点，凸显山东“工业大省”的地位。与排名前四中的广东、江苏和浙江三省相比，山东第一产业占比最高，第三产业占比最低，显现出山东服务业相对较弱，对经济增长的支柱作用尚不及同队列的其他省份。但是与 2017 年相比，山东第三产业增加值占地区生产总值的比重与广东、江苏、浙江的差距在缩小，反映出 2018 年山东推进现代服务业建设取得新成果。2018 年 1 月，山东省发改委印发《山东省服务业创新发展行动纲要（2017～2025 年）》（鲁发改服务〔2017〕1553 号）指出：到 2025 年山东服务业增加值占地区生产总值的比重要达到 60%，形成以服务业为主导的现代产业新体系。

表2　全国及四省三次产业结构（2017～2018 年）

单位：亿元，%

指标		全国	广东	江苏	山东	浙江
2018 年	GDP	900309.5	97277.8	92595.4	76469.7	56197.0
	一次产业	7.2	4.0	4.5	6.5	3.5
	二次产业	40.7	41.8	44.5	44.0	41.8
	三次产业	52.2	54.2	51	49.5	54.7

续表

指标		全国	广东	江苏	山东	浙江
2017 年	GDP	820754.3	89705.2	85869.8	72634.2	51768.3
	一次产业	7.6	4.0	4.7	6.7	3.7
	二次产业	40.5	42.4	45.0	45.4	42.9
	三次产业	51.9	53.6	50.3	48.0	53.3

资料来源：国家统计局、齐鲁财富网。

具体来看，2018 年山东农业综合生产能力进一步提升，农林牧渔业增加值同比增速为 3.2%。粮食总产量达到 1064 亿斤，无公害农产品、绿色食品、有机农产品和农产品地理标志获证企业 3879 家；林牧渔业总体保持稳定，年底林地面积 355.0 万公顷，活立木总蓄积量 13040.5 万立方米，森林覆盖率 17.95%。全年猪牛羊禽肉产量 849.3 万吨，禽蛋产量 447.0 万吨，牛奶产量 225.1 万吨，水产品总产量（不含远洋渔业产量）816.6 万吨。

第二产业增加值达到 3.4 万亿元，同比增速为 5.1%。工业生产平稳增长，全部工业增加值 28897.0 亿元，增速比第二产业增加值增速高出 0.3 个百分点。规模以上工业增加值增速比第二产业增加值增速高出 0.1 个百分点。其中，装备制造业增长 7.5%，高技术产业增长 9.6%。上榜中国企业 500 强的工业企业有 49 家，入围中国工业百强县（市）和百强区的有 20 个县（市）和 12 个区。2018 年，山东建筑业竞争力进一步提升。具有资质等级的总承包和专业承包建筑业企业与 2017 年相比增加 289 家。其中，特级和一级建筑企业 715 家，增加 57 家。建筑业总产值 12898.3 亿元，其中：国有及国有控股企业产值 3656.7 亿元，同比增速高达 26.1%；非国有企业产值 9241.6 亿元，同比增速为 7.7%。

第三产业增加值占地区生产总值的比重与 2017 年相比提高 1.5 个百分点，对经济增长的贡献率与 2017 年相比提高 3.9 个百分点，服务业内部结构进一步优化。山东现代服务业较快发展，规模以上服务业营业收入与 2017 年相比增长 7.1%，营业收入利润率为 12.4%。生产性服务业中，互联网和相关服务营业收入增长 8.7%，软件和信息技术服务业增长

14.1%，商务服务业增长25.1%，研究和试验发展增长18.8%。生活性服务业中，广播、电视、电影和录音制作业营业收入增长71.8%，娱乐业增长15.5%。

2. 消费、投资和出口保持稳定增长

2018年，山东消费市场维持平稳运行。社会消费品零售总额达到36610.1亿元，与2017年相比增长8.8%（见图2）。其中，餐饮收入接近4000亿元，同比增长10.9%；商品零售32630.4亿元，同比增长8.6%。新型网络消费快速发展，2018年山东网上零售额超过3500亿元，同比增长31.7%。

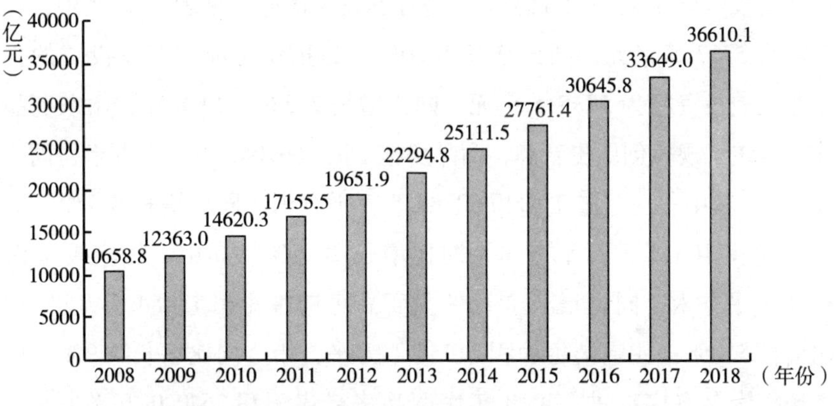

图2 山东社会消费品零售总额（2008～2018年）

资料来源：Wind、齐鲁财富网。

投资结构加速优化。固定资产投资（不含农户）与2017年相比增长4.1%，三次产业中的固定资产投资比重分别为1.7%、39.5%、58.8%。相比于2017年的三次产业固定资产投资构成1.9∶49.6∶48.5，2018年山东服务业投资占比大幅提高了10.3个百分点；相比于2018年山东三次产业构成6.5∶44∶49.5，山东服务业投资占比超过增加值占比9.3个百分点。技术领域投资增速明显较快，2018年工业技术改造投资增长9.6%，高技术制造业投资增长17.6%，装备制造业投资增长7.6%，新一代信息技术产业投资增长18.4%，均远超过固定资产投资平均增长水平。

表3　全国及四省房地产开发投资（2018年）

单位：亿元，%

房地产开发投资	全国	广东	江苏	山东	浙江
投资额	120263.51	14412.19	10986.81	7552.97	9946.18
增速	9.53	19.35	14.10	13.80	20.90

资料来源：国家统计局、齐鲁财富网。

房地产市场平稳发展。2018年山东房地产开发投资额为7552.97亿元，低于广东、江苏、浙江的房地产开发投资规模；同比增速达到13.8%，与2017年相比提高了8.8个百分点，为2014年以来的最高水平，高于全国房地产开发投资增速4.27个百分点，与江苏较为接近（见表3）。其中，住宅投资额为5717.5亿元，同比增长16.0%，为拉动房地产开发投资的主动力；非住宅投资额为1835.5亿元，同比增长7.5%。2018年，山东商品房新开工、竣工规模创历史新高，商品房施工面积69063.1万平方米，同比增长8.7%。其中，住宅施工面积50789.5万平方米，同比增长8.7%。商品房竣工面积10512.6万平方米，同比增长24.7%。其中，住宅竣工面积8057.1万平方米，同比增长25.8%。商品房销售面积13454.7万平方米，同比增长5.0%；住宅销售面积11755.4万平方米，同比增长4.9%。房地产市场降库存有序推进，2018年底商品房待售面积2640.0万平方米，与2017年同期相比下降19.0%，为2013年以来的最低水平。2008～2018年山东房地产开发投资额如图3所示。

对外贸易稳定发展。货物进出口总额19302.5亿元，达到历史最高水平，与2017年相比增长7.7%。其中，出口10569.6亿元，首次破万亿元，同比增速为6.1%；进口8732.9亿元，同比增长9.7%。出口商品中，机电产品出口3980.6亿元，同比增长2.7%；纺织服装出口1521.4亿元，同比增长5.4%；农产品出口1150.3亿元，同比下降0.2%。五大主要货物出口市场中，对美国、韩国、日本、欧盟、东盟的出口额分别为1914.6亿元、1050.1亿元、1134.5亿元、1611.0亿元、1209.9亿元，同比增速与2017年相比有所下滑，分别为8.6%、1%、4.8%、5.1%、15.9%，五大市场

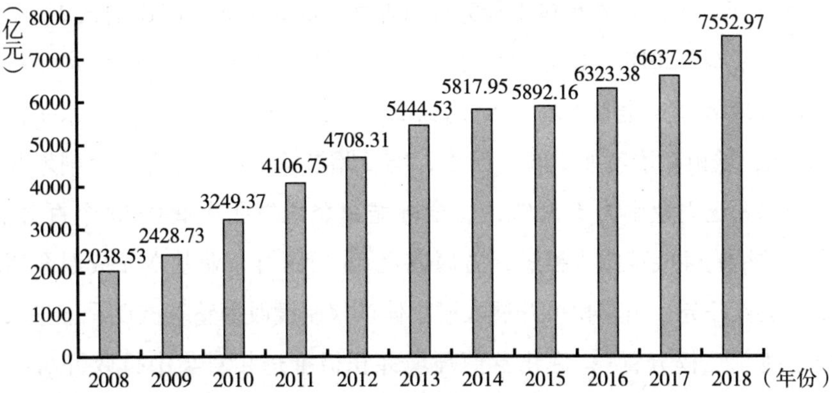

图3　山东房地产开发投资额（2008～2018年）

资料来源：山东省统计局、齐鲁财富网。

所占份额超过50%。服务贸易进出口额超过4000亿元，同比增长15.1%，增速与2017年持平。其中，出口1948.5亿元，同比增长15.2%；进口2112.4亿元，同比增长15.0%。

利用外资稳步增长。新设立外商投资企业2156家，与2017年相比增加677家；合同外资277.1亿美元，与2017年相比增长10.6%；实际使用外资123.9亿美元，同比增长6.5%。其中，服务业实际使用外资71.9亿美元，同比增长42.7%，增速比2017年提高33.7个百分点。新设及增资总投资过亿美元大项目135个，比2017年增加33个，合同外资135亿美元。27家世界500强企业投资项目51个，合同外资21亿美元，同比增速达到41.4%。同时，全省坚持引进来、走出去并重，积极拓展对外合作。实际对外投资465.0亿元，与2017年相比增长23.2%。其中，跨国并购实际投资189.4亿元，同比增长62.8%；对外承包工程完成营业额806.8亿元，同比增长1.6%；派出各类劳务人员5.8万人，同比下降19.1%。另外，山东积极响应“一带一路”倡议，与沿线国家的经贸合作持续深化。2018年山东对“一带一路”沿线国家（地区）进出口5197.6亿元，与2017年相比增长7.3%。其中，出口2824.0亿元，同比增长5.7%；进口2373.6亿元，同比增长9.4%。对“一带一路”沿线国家（地区）实际投资127.5亿元，同比增长26.7%；对外承包工程完成营业额485.3亿元，同比增长2.5%。

总体来看，2018年山东经济平稳运行、稳中有进，人民生活水平进一步提高。2018年，全省人均GDP达到7.6万元，相比于全国平均水平高出11623元；城镇新增就业136.8万人，同比增长6.7%，远高于全国增长水平；城镇登记失业率为3.35%，比全国城镇登记失业率低0.45个百分点；重点领域结构性改革深入推进，省属首批58户国有企业基本完成混合所有制改革试点任务，山东积极开展农村集体产权制度改革整省试点，推进农村承包土地“三权分置”，优化营商环境并积极推进相对集中行政许可权改革。2018年，山东产需结构持续优化升级，高质量发展扎实推进，绿色发展理念得到贯彻落实。但山东经济发展仍面临不少问题，如产需两端增速相比于2017年都有所下滑，低于同队列的浙江、广东和江苏的经济增速；人均收入水平有待进一步提升；区域经济发展不平衡问题严重等。作为市场重要组成部分的中小企业成为解决问题的关键。

（二）营商环境分析

党的十九大报告指出，“深化投融资体制改革，发挥投资对优化供给结构的关键性作用”，“支持民营企业发展，激发各类市场主体活力”。2018年，国务院推进政府职能转变和“放管服”改革协调小组成立，下设第一消费金融优化营商环境专题组，并印发《关于聚焦企业关切　进一步推动优化营商环境政策落实的通知》（国办发〔2018〕104号）。国务院促进中小企业发展工作领导小组的成立，有效加强了政策协调，统筹指导和督促各地区、各部门抓好中小企业发展任务落实。各级政府部门对标国际先进标准，完善法律法规，深化商事制度改革，营造公平竞争环境，优化社会信用环境，加强公共服务体系建设，促进中小企业健康发展。商事制度改革与国家“双创”政策形成叠加效应，进一步推进大众创业、万众创新，全国以及山东市场主体均保持快速增长。

1. 市场主体增多

2018年，全国市场环境持续优化，市场主体活力也在不断增强。在减税降费等惠企政策全面推进的背景下，我国市场主体加速发展。国家市场监督管理局数据显示，截至 2018 年底，全国实有市场主体达 11020. 0 万户，与 2017 年相比增长 12. 2%；其中企业 3474. 2 万户、个体工商户 7328. 6 万户、农民专业合作社 217. 3 万户，与 2017 年相比分别增长 14. 5%、11. 4%、7. 7%（见图 4）。根据中小企业划型标准和第三次经济普查数据测算，中小微企业的数量合计占企业总量的 99. 7%，对市场主体数量进行分析也能在一定程度上反映中小企业的基本情况。

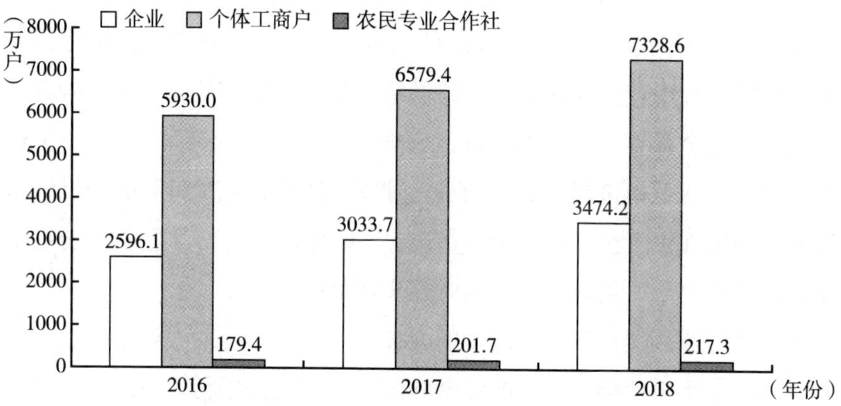

图 4　全国各市场主体数量（2016 ~ 2018 年）

资料来源：国家市场监督管理局、齐鲁财富网。

2. 企业经营环境优化

随着“放管服”改革的持续深入，全国大部分企业的经营环境不断优化。截至 2018 年底，全国规模以上工业企业实现利润总额 6. 64 万亿元，与 2017 年相比增长 10. 30%；实现主营业务收入 102. 20 万亿元，与 2017 年相比增长 8. 50%；每百元主营业务收入中的成本为 83. 88 元，与 2017 年相比减少 0. 20 元；人均主营业务收入为 128. 70 万元，增加 14. 50 万元。

作为我国多层次资本市场服务中小企业的重要平台，全国中小企业股份转让系统（以下简称“新三板”）挂牌企业数量及融资金额能够在一定程度上反映中小企业对接资本市场的情况。通过对新三板挂牌企业盈利情况以及企业存续状况进行分析，也能够体现中小企业经营绩效。截至 2018 年底，新三板挂牌企业 10691 家，其中 9290 家挂牌企业（其中创新层公司 851 家）披露了 2018 年年报。

从新三板挂牌企业盈利角度来看，2018 年挂牌企业累计实现营业收入 1.85 万亿元，同比增长 12.36%，其中有 5899 家公司营业收入超 5000 万元。从净利润来看，新三板挂牌企业累计实现净利润 808.16 亿元，同比下降 15.61%；其中，2797 家公司净利润超 1000 万元，另外还有 3880 家公司营收与利润双增长。

3. 融资环境有所改善

20 世纪 30 年代，由英国人完成的《麦克米伦报告》第一次指出：中小企业在发展过程中普遍存在金融资源供给不足、资金短缺、中长期融资匮乏等问题。其资金配置产生的不足被普遍称为“麦克米伦缺口”。中小企业融资难、融资贵问题由来已久，一直是企业发展的瓶颈。2018 年 11 月 1 日，习近平总书记在民营企业座谈会上指出：“要优先解决民营企业特别是中小企业融资难甚至融不到资问题，同时逐步降低融资成本。”

在经济增速放缓、流动性趋紧的大环境下，中小企业融资难问题更加突出。为缓解中小企业融资难、融资贵问题，中国人民银行、财政部等部委及监管部门陆续出台多项举措支持中小企业融资，改善中小企业融资环境。另外，各主要参与机构也积极探索中小企业融资方式，极大地缓解了中小企业融资难问题。截至 2018 年底，全国全口径小微企业贷款余额 33.49 万亿元，占各项贷款余额的比重为 23.81%。其中，普惠型小微企业（单户授信总额 1000 万元及以下）贷款余额 9.36 万亿元，与年初相比增长 21.79%，与各项贷款增速相比高了 9.20 个百分点；有贷款余额的户数 1723.23 万户，与年初相比增加 455.07 万户。根据中国银保监会①发布的统计数据，2018 年第四季度银行业新发放普惠型小微企业贷款平均利率为 7.02%，较当年第一季度下降 0.8 个百分点，其中 18 家主要商业银行较当年第一季度下降

① 2018 年 3 月，第十三届全国人民代表大会第一次会议批准的国务院机构改革方案规定，将中国银行业监督管理委员会和中国保险监督管理委员会的职责整合，组建中国银保监会。本报告涉及原中国银监会及原中国保监会的相关文件及数据均称中国银保监会。

1.14 个百分点，较好地实现了普惠型小微企业贷款“两增两控”目标。

由于受到金融体系结构及企业风险溢价高、抵押品不足等因素的影响，中小企业很难从传统金融渠道获得融资，“融资难、融资贵”等问题严重制约了中小企业的发展。从实际情况来看，银行业等机构更看重抵押品和企业历史经营记录，很多中小企业缺乏充足的抵押物且经营状况并不乐观，严重影响其贷款成功率。另外，随着我国多层次资本市场体系日趋完善，中小企业直接融资的难度有所下降，部分中小企业积极利用资本市场壮大自身实力。多层次资本市场凭借自身优势，丰富了中小企业融资渠道，推动了中小企业进入资本市场，为中小企业直接融资提供更多选择，新三板和区域性股权交易中心为中小企业服务内容也逐渐丰富。

2018 年，全国多层次资本市场体系逐渐完善，新三板融资服务功能逐步增强。截至 2018 年底，全国新三板挂牌企业 10691 家，与 2017 年相比减少 939 家；总股本为 6324.53 亿股，与 2017 年相比减少 432.2 亿股；总市值为 34487.26 亿元，与 2017 年相比减少 14917.30 亿元。全年股票发行次数为 1402 次，与 2017 年相比减少 1323 次；发行股数为 123.83 亿股，与 2017 年相比减少 115.43 亿股；融资金额 604.43 亿元，与 2017 年相比减少 731.82 亿元。全国新三板投资者账户数量有所增加，机构投资者高达 5.63 万户，个人投资者也高达 37.75 万户。

2017 年，国务院办公厅发布《关于规范发展区域性股权市场的通知》（国办发〔2017〕11 号），中国证监会发布《区域性股权市场监督管理试行办法》（证监会令第 132 号），规范完善区域性股权交易市场。2018 年 2 月 12 日，中国证监会发布《区域性股权市场信息报送指引（试行）》（中国证监会公告〔2018〕3 号），8 月 17 日，中国证券业协会发布《区域性股权市场自律管理与服务规范（试行）》（中证协发〔2018〕201 号），进一步细化和明确区域性股权交易市场的展业规范。截至 2018 年底，全国共设立 34 家区域性股权交易市场，共有挂牌企业 24808 家，展示企业 98647 家，纯托管企业 6809 家，累计为企业实现各类融资 9063 亿元。同时，区域性股权交易市场也开展公司治理、财会法规、融资实务等方面培训 5000 场次，培训 37

万人次，吸引培育1万余家各类中介机构扎根区域性股权市场。着力服务实体经济，打通了资本通向中小企业的“最后一公里”，夯实了多层次资本市场的根基，极大地改善了中小企业融资环境。

4. 创新创业全面提速

2018年9月26日，国务院发布《关于推动创新创业高质量发展　打造“双创”升级版的意见》（国发〔2018〕32号）指出，发挥众创、众筹、众包和虚拟创新创业社区等多种创新创业模式的作用，引导中小企业等创新主体参与重大技术装备研发，加强众创成果与市场有效对接；加大对“专精特新”中小企业的支持力度，鼓励中小企业参与产业关键共性技术研究开发，持续提升企业创新能力，培育一批具有创新能力的制造业单项冠军企业，壮大制造业创新集群。

2018年，全国科技创新势头强劲，商标和专利申请数量大幅增加，知识产权注册更加便利。截至2018年底，我国发明专利拥有量为236.6万件，同比增长13.5%。其中，国内（不含港澳台）发明专利拥有量160.2万件，每万人口发明专利拥有量达到11.5件。我国企业技术创新主体地位进一步提升，为经济高质量发展奠定牢固的基础。2018年，我国有专利申请企业与2017年相比新增6.0万家，对国内发明专利申请增长的贡献率达到73.2%。另外，2018年全国知识产权使用费进出口总额超过350亿美元，专利、商标质押融资总额也达到1224亿元。其中，专利质押融资金额达885亿元，同比增长23%；质押项目5408项，同比增长29%。山东2018年知识产权质押融资件数和规模稳步提高，共办理专利权登记508件，金额59.4亿元。作为技术创新的关键力量，中小企业在专利发明及科技创新等方面发挥着积极作用。

5. 加大政策支持力度

习近平总书记在2018年11月1日主持召开的民营企业座谈会上强调：“在全面建成小康社会、进而全面建设社会主义现代化国家的新征程中，我国民营经济只能壮大、不能弱化，不仅不能‘离场’，而且要走向更加广阔的舞台。”①

① 新华网，http：//www.xinhuanet.com//2018－11/01/c_1123649488.htm。

工信部部长苗圩表示："我国广大中小企业主要是民营企业，民营企业中有99%以上是中小企业，中小企业和民营企业互为主体。"① 2018年，山东省委书记刘家义在接受新华社专访时表示："为推动各地各部门高度重视民营经济发展，省委省政府决定把支持和引导民营企业特别是中小企业克服困难、创新发展方面的工作情况，列入各级各部门领导班子和领导干部考核的重要内容。"② 在党中央、国务院和省委、省政府高度关注下，山东中小企业加速发展。截至2018年底，山东中小企业数量达到261.3万户③。全年山东中小企业惠企政策不断落地，山东省人民政府发布《关于支持民营经济高质量发展的若干意见》（鲁政发〔2018〕26号）等政策的实施，为中小企业高质量发展提供政策支持。2018年，山东市场主体持续增多，中小企业发展环境有所改善，在服务政策、促进融资、降本增效、推动创新创业等多方面取得显著成效。针对中小企业融资难、融资贵问题，2018年中国人民银行先后4次降低存款准备金率，多措并举缓解民营和中小企业融资难、融资贵的难题，山东中小企业融资成本上升势头得到初步遏制。我国多层次资本市场不断完善，中国证监会发布《关于在上海证券交易所设立科创板并试点注册制的实施意见》，为全省科技型中小企业提供重大发展机遇。

2018年11月2日，山东省委书记刘家义在全省民营企业座谈会讲话中指出：当前，民营企业面临很多困难和挑战，中小企业面临的困难更大。企业面临的"五难"主要是指：融资难、降成本难、要素保障难、创新难、知识产权保护难。山东近年来陆续推出"能感知、有温度、见效果"的政策举措，解决或缓解中小企业在发展过程中所面临的困难。2018年，山东陆续发布《支持实体经济高质量发展的若干政策》（鲁政发〔2018〕21号）、《关于进一步扩内需补短板促发展的若干意见》（鲁政发〔2018〕24号）、《关于

① 中国经济网—经济日报，http://www.ce.cn/cysc/newmain/yc/jsxw/201811/06/t20181106_30712774.shtml。

② 新华网，http://www.xinhuanet.com/2018-11/19/c_129997418.htm。

③ 山东省政府新闻办新闻发布会上山东省市场监督管理局副局长田治颖在介绍2018年全省市场主体发展情况中指出：截至2018年底，全省实有企业261.3万户。

支持民营经济高质量发展的若干意见》（鲁政发〔2018〕26号）等政策，为中小企业高质量发展提供政策支持，大力促进山东民营经济及中小企业高质量发展。另外，《关于印发山东省中小微企业融资担保代偿补偿资金管理办法的通知》（鲁财工〔2018〕5号）、《关于印发山东省政府采购合同融资管理办法的通知》（鲁财采发〔2018〕17号）、《关于印发〈山东省智能制造“1+N”带动提升行动实施方案（2018~2020年）〉的通知》（鲁经信装〔2018〕207号）、《关于深化“银税互动”促进全省实体经济健康发展的实施意见》（鲁金监字〔2018〕89号）、《关于进一步推进落实无还本续贷政策的指导意见》（鲁金监字〔2018〕103号）等政策的发布实施也为山东中小企业营造了良好的政策环境。2018年10月31日，山东工信厅举行揭牌仪式，新组建的工信厅整合了省经济和信息化委（省国防科工办）、省中小企业局（省乡镇企业局）、省无线电管理办公室的职责，更好地为全省中小企业服务。

二　山东中小企业发展特点

2018年，山东商事制度改革持续深化，全省主要监管部门认真落实深化“一次办好”改革要求，推进市场主体准入改革。企业名称自主申报、压缩企业开办时间、多证合一、证照分离、全程电子化登记等举措普遍推行，小微企业“双升战略”深入实施，全省营商环境持续改善，为加快新旧动能转换和经济高质量发展发挥了积极作用。与此同时，山东各级财政部门将扶持中小企业作为工作的重点，全省全年共授予中小微企业政府采购合同总额高达2613.49亿元，占全省政府采购总额的88.61%。另外，中小企业按照省政府提出的“个转企、小升规、规改股、股上市”建立现代企业制度，省政府成立“放管服”改革协调小组和出台一系列政策，为中小企业营造了良好的营商环境和发展环境。在党中央和省委、省政府的高度重视下，山东中小企业加快发展。2018年，中小企业发展现状呈现一些新的特点。

（一）中小企业户数实现增长

党的十八大以来，山东营商环境持续优化，全省市场主体数量稳步增长。

截至2018年底，全省实有市场主体905.6万户，同比增长12.2%，占全国市场主体总数的比重为8.2%，总户数居全国各省份第三位；实有注册资本（金）20.5万亿元，同比增长23.0%，实有市场主体和实有注册资本（金）均保持较快增长。据统计，全省市场主体总量由2013年商事制度改革前的412.6万户增长到2018年的905.6万户；实有注册资本（金）由2013年的5.0万亿元增长到2018年底的20.5万亿元。2018年，全省新登记市场主体168.1万户，注册资本（金）3.5万亿元，同比分别增长12.3%和1.3%，日均登记市场主体4669户，占全国日均登记量的8.0%。新登记市场主体快速增长反映出山东经济发展的基础性支撑不断增强，全省中小企业发展呈现稳中向好的态势。

由于中小企业在数量上构成了民营经济市场主体的绝大部分，对民营经济市场主体的分析能够体现出山东中小企业的发展趋势。具体来看，截至2018年底，全省实有民营经济市场主体889.5万户，注册资本（金）15.1万亿元，同比分别增长12.5%、26.5%，占市场主体的98.2%和71.9%。私营企业、个体工商户以及农民专业合作社均呈上涨趋势，其中私营企业户数上涨速度较快（见图5）。民营经济市场主体持续增长极大地带动了就业。截至2018年底，全省个体私营企业累计承接3057.8万就业人口，同比增长12.5%。民营经济市场主体发展带动就业大幅增长，为全省经济发展做出了突出的贡献。

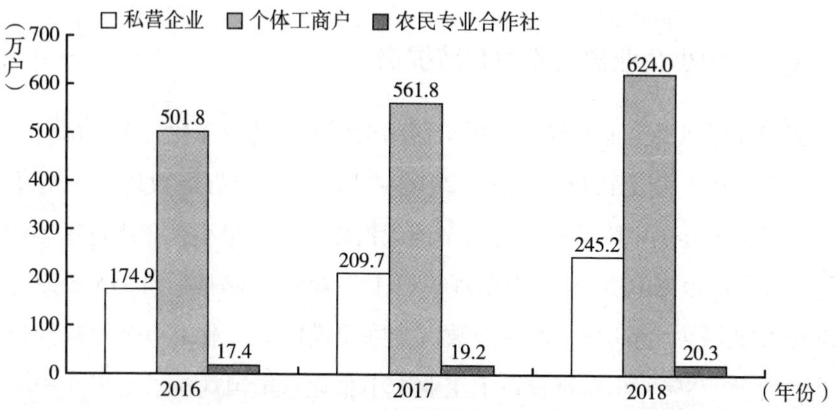

图5　山东民营经济各市场主体数量（2016～2018年）

资料来源：山东省市场监督管理局、齐鲁财富网。

2018 年，山东市场主体结构不断优化，企业发展态势良好。中小企业加快壮大，规模以下工业增加值增长 7.4%，比规模以上工业高 2.2 个百分点，与 2017 年相比大幅提升 7.2 个百分点。自商事制度改革以来，山东经营环境持续改善，中小企业数量连年增长，并在 2017 年突破 200 万户。截至 2018 年底，山东中小企业数量高达 261 万户（见图 6），与 2017 年同期相比增长了 16%。

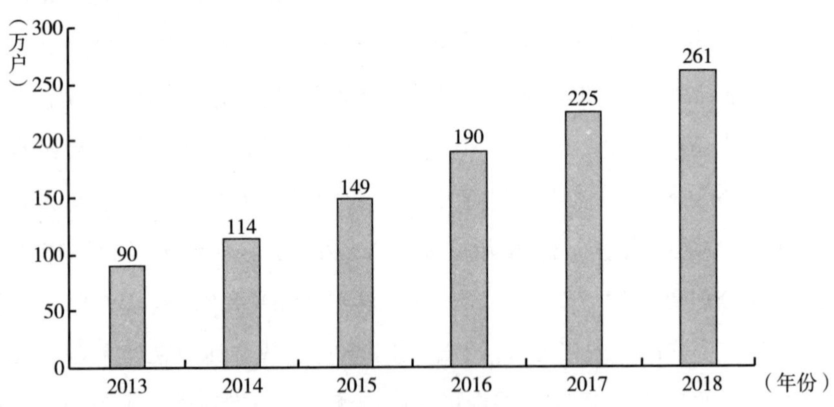

图 6　山东中小企业数量（2013～2018 年）

资料来源：山东省市场监督管理局、齐鲁财富网。

（二）中小企业盈利能力有待提高

随着环保风暴全面升级以及供给侧结构性改革持续深化，山东部分规模以上工业中小企业受到较大冲击。2016～2018 年，全省规模以上工业中小企业数量呈现逐年下降趋势，且占全国规模以上工业中小企业比重逐年降低（见图 7）。截至 2018 年底，山东规模以上工业中小企业达到 37508 户，与 2017 年相比减少 1869 户，减少户数占全国规模以上工业中小企业减少户数比重达到 28.78%；山东规模以上工业中小企业占全国规模以上工业中小企业总家数（369337 户）的比重为 10.16%，占比与 2017 年相比降低 0.32 个百分点，较 2016 年降低 0.58 个百分点。

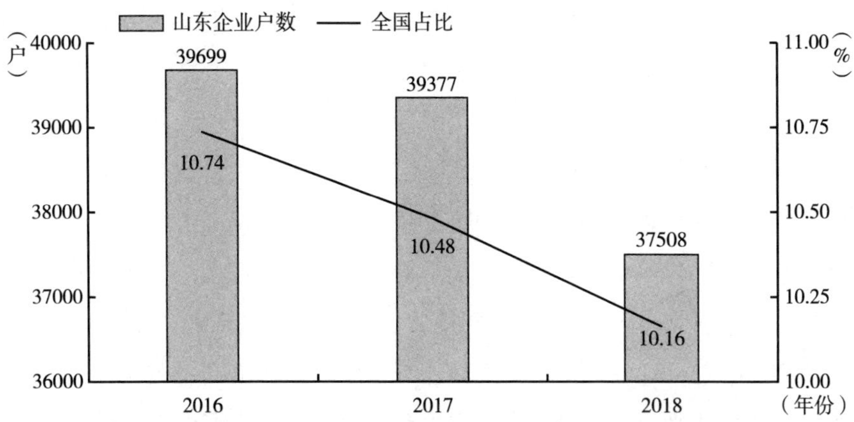

图7　山东规模以上工业中小企业户数及全国占比（2016～2018年）

资料来源：国家统计局、齐鲁财富网。

规模以上工业中小企业数量由于企业经营状况的变化而变动，有规模变大的新进企业，也有规模变小而退出的企业，很多企业还存在新建、注销、合并等情况，所以无法进行盈利指标年度趋势分析。但从可比口径来看，在全省新旧动能转换取得初步成效的背景下，山东中小企业经营情况得到改善，山东规模以上工业中小企业主营业务收入以及利润总额与2017年相比均实现一定程度的增长（见表4）。

表4　规模以上工业中小企业主要效益指标（2018年）

地域	企业数（户）	主营业务收入		利润总额	
		金额(亿元)	同比(%)	金额(亿元)	同比(%)
山东	37508	44695.80	3.00	2020.40	2.20
全国	369337	579399.00	8.40	34222.00	11.40
占比(%)	10.16	7.71	—	5.90	—

注：规模以上工业企业利润总额、主营业务收入等指标的增速均按可比口径计算。报告期数据与上年所公布的同指标数据之间有不可比因素，不能直接相比计算增速。

资料来源：国家统计局、齐鲁财富网。

在“营改增”政策实施后，服务业企业改交增值税且税率较低，工业企业逐步将内部非工业生产经营活动剥离，转向服务业，使工业企业财务数据

有所减小。统计数据显示，截至2018年底，山东规模以上工业中小企业主营业务收入为44695.80亿元，占全国规模以上工业中小企业主营业务收入的比重为7.71%，增速为3.00%，低于全国平均水平（8.40%）。结合平均主营业务收入来看，山东规模以上工业中小企业平均主营业务收入在2016年和2017年均高出全国平均水平，但截至2018年底，山东规模以上工业中小企业平均主营业务收入为1.19亿元，低于全国平均水平（1.57亿元）0.38亿元。

从利润总额来看，截至2018年底，山东规模以上工业中小企业利润总额为2020.40亿元，占全国规模以上工业中小企业利润总额的比重为5.90%。从增速来看，在可比企业中山东规模以上工业中小企业利润总额与2017年同期相比增长2.20%，与全国平均增速（11.40%）相比低了9.2个百分点。从平均利润总额来看，山东规模以上工业中小企业平均利润为0.05亿元，与全国规模以上工业中小企业平均利润（0.09亿元）相比低了0.04亿元，山东规模以上工业中小企业盈利能力有待进一步提升。

（三）多层次资本市场缓解中小企业融资难

现阶段解决中小企业融资难、融资贵问题既要靠企业“练好内功”，提高自身经营管理能力和抗风险能力，也要靠各级政府“输血供氧”，运用市场化手段给予政策支持。针对中小企业融资难问题，山东陆续出台《关于支持非公有制经济健康发展的十条意见》《支持实体经济高质量发展的若干政策》《关于进一步扩内需补短板促发展的若干意见》《关于支持民营经济高质量发展的若干意见》等文件，规范中小企业融资行为，缓解中小企业融资难、融资贵问题。另外，山东省财政厅会同山东省工信厅、山东省金融监管局①、山东省银保监局、中国人民银行济南分行等单位制定出台《山东省小微企业贷款风险补偿资金管理暂行办法》，对银行业金

① 2018年10月，根据山东省委、省政府《关于山东省省级机构改革的实施意见》，将山东省金融工作办公室（省地方金融监管局）调整为省地方金融监管局（省金融工作办公室），仍作为省政府直属机构。本报告涉及原山东省金融工作办公室相关资料来源及文件均调整为山东省地方金融监管局。

融机构发放的符合相关条件的小微企业贷款，由山东财金集团审核、山东工信厅等部门复核确认为不良部分的，省级风险补偿资金给予银行业金融机构贷款本金30%的损失补偿，鼓励和引导金融机构加大向依法纳税并有融资需求的小微企业发放贷款的力度。山东银保监局与山东省科技厅构建了科技金融联动工作机制，通过组织中小微企业创新竞技行动，挖掘优质小微企业并提供融资支持，2018年共对接1077家中小企业，意向授信金额高达72.52亿元。2018年12月，山东省地方金融监管局等多部门联合出台《关于深化“银税互动”促进全省实体经济健康发展的实施意见》，从深化“银税互动”合作领域、引导银行加大银税合作信贷支持力度、强化融资担保服务等方面，对深化“银税互动”工作提出具体要求。另外，山东中小企业融资慢问题也较为突出，在一定程度上影响了企业的正常经营活动。山东省地方金融监管局等五部门联合印发《关于进一步推进落实无还本续贷政策的指导意见》，要求各银行业机构在守住风险底线的基础上，积极通过开展无还本续贷业务帮助小微企业解决流动性风险。

中小企业发展经历不同成长阶段，其所对应的融资渠道也存在较大的差异。种子期、初创期的企业受到规模和经营状况限制，从银行等金融机构融资难度较大，往往依靠股东初期投资的资本金运营，部分有发展前景的中小企业采用风险投资、天使投资、私募投资等融资方式；处于成长期、成熟期的企业往往更倾向于银行信贷融资、债券融资、股票市场融资等方式。不管处在哪一个时期，银行贷款一直是中小企业融资的首选。截至2018年底，山东金融机构小微企业贷款余额1.51万亿元，占全部贷款的1/5左右，金融机构对小微企业的支持力度有待加大。省内有贷款余额的小微企业和个体工商户75.20万户，占所有小微企业和个体工商户的比重为11.41%，中小企业的贷款覆盖面有待扩大，可得性也有较大提升空间。山东金融机构小微企业贷款加权平均利率为5.63%，加上中间费用，综合成本普遍在10%左右①，

① 山东省人民政府网站，《关于“民营和小微企业首贷培植行动”的指导意见》山东省财政厅二级巡视员李学春答记者问。

企业融资仍面临支持力度不足、覆盖面窄、成本高等问题。然而，银行贷款难以满足中小企业资金需求，企业融资渠道少、成本高、门槛高、期限短、审批慢。

党的十九大和第五次全国金融工作会议均提出：要提高直接融资比重，促进多层次资本市场健康发展。山东正处在加快新旧动能转换、实现“由大到强”的战略性关键时期，发挥多层次资本市场作用对促进经济转型升级至关重要。山东省地方金融监管局联合十八部门出台《关于进一步运用资本市场助推全省新旧动能转换的若干意见》（鲁金办发〔2018〕9号）指出：“经过3年（2018~2020年）努力，全省上下运用资本市场的能力和水平不断提升，直接融资特别是股权融资大幅增长，资本市场服务我省实体经济能力显著增强。”从多层次资本市场发展来看，新三板、区域股权交易中心等场外市场在服务中小企业方面具有较大的优势。另外，针对区域经济现状，潍坊市设立了潍坊五板资本市场，在全国探索性地打造可借鉴、可复制、可推广的基层资本市场发展范本，为更多的中小企业提供基础的融资服务。

从区域性股权交易中心发展状况来看，齐鲁股权交易中心、青岛蓝海股权交易中心积极响应全省设立新旧动能转换综合试验区的号召，助力中小微企业新旧动能转换。截至2018年底，齐鲁股权交易中心、青岛蓝海股权交易中心挂牌企业数量分别达到3161家和1529家。其中，青岛蓝海股权交易中心价值优选板、成长进取板及科技创新板三个板块挂牌企业家数量分别为233家、1063家、233家。另外，2018年初在天津股权交易所挂牌的11家山东籍企业集体回归齐鲁股权交易中心，成为全国首批跨区域挂牌企业转回本省股权市场的案例。2018年，全省区域资本市场股权质押融资增信基金成立，为企业提供了充足的资金保障，有力促进了挂牌企业融资。近年来，山东高度重视多层次资本市场的发展情况，积极借助区域股权市场助推经济实现转型升级，缓解中小企业融资难、融资贵难题。

作为多层次资本市场的基础部分，潍坊五板市场成为中小企业进入资本市场的重要平台。五板市场是涵盖股份公司及有限责任公司产权（股权）转让（众筹）以及融资对接的场所，是小微企业品牌推广、信用征集和融资的场所。2018 年 10 月潍坊市政府发布《潍坊五板资本市场建设方案》，提出要依托潍坊产权交易中心，在全国探索性地打造最基层、最贴近中小微企业的资本市场，突出为中小微企业提供综合金融服务的功能，帮助企业发现价值、融通资源、创新提升，让广大中小微企业都能获得资本市场的支持。潍坊五板资本市场 2018 年正式投入运营，潍坊市金融服务中心、山东潍坊产权交易中心、风投基金、金融服务机构、有关市级媒体等入驻开展配套服务。

（四）创业、创新、创投协同互动发展

党的十九大报告强调要加强对中小企业创新的支持，促进科技成果转化，中小企业是经济发展中最具活力的组成部分。诺贝尔经济学奖得主埃德蒙·菲尔普斯所说："国家层面的繁荣源自民众对创新过程的普遍参与。"从山东来看，2018 年山东新一代信息技术产业、高新技术服务业、新兴现代服务业快速发展，并逐渐成为投资创业的热门领域。2018 年全省"四新"经济、新一代信息技术产业、高新技术服务业新登记企业同比分别增长 31.0%、53.2%、26.1%，创业、创新、创投的协同互动发展格局有效释放市场活力。商事制度改革以来，山东市场活力不断激发，创业、创新的热情持续释放，《关于支持非公有制经济健康发展的十条意见》的发布进一步激发了民间资本的创业热情。

2018 年，山东自主创新能力明显增强，全省发明专利数量和质量进一步提升。截至 2018 年底，全省有效发明专利 87362 件，与 2017 年相比增长 17.1%，每万人口发明专利拥有量达到 8.78 件，虽然低于全国平均水平（11.5 件），但与 2017 年相比增加了 1.21 件。全省国内发明专利申请量 75817 件，发明专利授权量 20338 件；PCT 国际专利申请量 1751 件。全省有效发明专利数量与每万人口发明专利拥有量稳步增长，标志着全省技术发展水平和创新能力不断增强。

2018 年全省新一代信息技术、新能源新材料、高端装备等行业增加值分别增长 6.7%、6.0% 和 5.5%，依次高于规模以上工业 1.5 个、0.8

个和0.3个百分点。以信息、生物、航空航天等产业为代表的高技术行业实现增加值增长9.6%，高于规模以上工业4.4个百分点，占规模以上工业的比重为9.5%，与2017年相比提高0.3个百分点。截至2018年底，山东每万人创办市场主体905.1户，每万人创办企业261.1户。2018年，山东省政府办公厅印发《关于促进创业投资持续健康发展的通知》（鲁政发〔2018〕14号），通过构建多元化创业投资机构体系、拓宽创业投资融资渠道、进一步健全创业投资退出机制、加强政府资金的引导作用、进一步完善创业投资政策环境、营造创业投资良好服务环境六大措施促进创业投资持续健康发展。

全省17个城市中，青岛在创新、创业、创投等方面取得显著成绩。2016年青岛启动市中小企业创新转型“131工程”，即至“十三五”末，培育100家“专精特新”隐形冠军、300家“专精特新”示范企业和1000项“专精特新”产品（技术）。两年来，青岛市引导全市中小企业以“专精特新”为路径、以隐形冠军为目标，“专精特新”企业实现井喷式增长，隐形冠军企业在国内也具有显著优势，并初步建立全市工业中小企业“专精特新”产品技术—示范企业—隐形冠军三层金字塔式创新转型成长梯队。

三　山东中小企业重点发展方向

习近平总书记在山东考察时强调，要坚持腾笼换鸟、凤凰涅槃的思路，推动产业优化升级，推动创新驱动发展，推动基础设施提升，推动海洋强省建设，推动深化改革开放，推动高质量发展取得有效进展。[①] 在此背景下，山东中小企业应该结合国家及省内重大部署，把握乡村振兴、新旧动能转换等重大历史机遇，实现企业的转型升级，助力经济高质量发展。

① 新华网，http：//www.xinhuanet.com//politics/leaders/2018-06/14/c_1122987584.htm。

（一）注重高质量发展助力新旧动能转换

近年来，国家政府相关部门陆续发布《关于促进中小企业“专精特新”发展的指导意见》（工信部企业〔2013〕264号）、《促进中小企业发展规划（2016～2020年）》（工信部规〔2016〕223号）等政策和文件，指出要将提高中小企业专业化能力和水平当作工作的重点内容之一，并大力促进中小企业高质量发展。相关部门积极推动民营企业及中小企业加强质量管理，促进企业协同制造和协同创新。另外，山东加快推动“个转企”“小升规”，按照不同梯次进行培养，抓好千亿级企业、百亿级企业、十亿级企业、“单项冠军”、“一企一技术”研发中心、专精特新“小巨人”企业、“瞪羚”企业、“隐形冠军”等培育工作，大力促进大中小企业融通发展。山东省人民政府发布《支持实体经济高质量发展的若干政策》（鲁政发〔2018〕21号），明确要求从政策实施力度、扶持小微企业创新发展及用地供应等方面为中小企业高质量发展提供有力保障。

山东省中小企业局发布《关于加快推进全省中小企业新旧动能转换的实施意见》（鲁中小企局字〔2018〕16号）指出：“按照高质量发展的要求，坚持稳中求进工作总基调，以质量第一、效益优先、培育现代优势产业集群为引领，以推进供给侧结构性改革为主线，大力推进数字化网络化智能化建设，统筹推进创业兴业、技术创新、公共服务、政策落实等重点工作，加快推动中小企业质量变革、效率变革、动力变革，努力形成全省中小企业创新发展、持续发展、领先发展的新格局。”山东中小企业发展应该聚焦优势产业集群，积极培育高成长性中小企业，山东相关部门应该大力提高公共服务水平，注重中小企业高质量发展，助力山东新旧动能转换。

（二）加速成长为“专精特新”企业

近年来，山东中小企业创新活力不断增强，发展质量以及企业效益稳步提升，新模式、新产业加速发展。惠企政策的加速落地，将进一步提高规模以上中小企业数量及占比，为培养“专精特新”企业奠定基础。按照《关于加快推进全省中小企业新旧动能转换的实施意见》要求，到 2020 年，省级“专精特新”企业达到 5000 家，“一企一技术”研发中心和创新企业达到 3000 家。山东中小企业借助新旧动能转换重大机遇实现“专精特新”的突破，支持中小企业掌握专有技术和独门绝活，走专业化、精细化、特色化、创新化发展道路。

2018 年，山东印发《山东省新一代人工智能产业发展三年行动计划（2018～2020 年）》（鲁工信技〔2018〕9 号），指出要加快新一代人工智能产业发展，促进全省新旧动能转换。另外，《数字山东发展规划（2018～2022 年）》也提出，加快数字山东建设，积极推动经济社会各领域数字化转型发展，优化“三核引领、协调联动、开放合作”发展布局，支持济南、青岛、烟台打造全国领先的数字经济集聚地和新型智慧城市标杆。从各项发展规划要求来看，中小企业应该积极发挥自身优势，不断提升企业实力，从而向“专精特新”方向发展。山东省工信厅发布的《2018 年山东省中小企业隐形冠军企业名单公示》数据显示，全省共有 223 家企业符合隐形冠军企业评选条件，另有 133 家企业符合隐形冠军入库培育条件。根据山东 2018 年拟入库科技型中小企业名单来看，全省科技型中小企业涉及多个行业并深入布局众多的领域，这也为部分符合条件的科技型企业对接科创板注入强劲动力。

（三）服务乡村振兴战略

乡村振兴战略的实施离不开中小企业，乡村振兴战略的实施也为全省广大中小企业提供了发展方向和机遇。乡村振兴战略的实施关键在于挖掘乡村特色，形成自有品牌。而这种强调个性化消费的产品则更适合灵活性较强的中小企业经营。随着乡村振兴战略的推进，更多的资本将流向乡村，解决农村发展资金匮乏等问题，作为乡村振兴战略实施的重要力量，全省中小企业也将受益。在乡村振兴战略持续推进的大环境下，中小企业与当地经济发展相互促进、相互带动的关系将持续深化，积极推进中小企业发展有助于实现区域经济加速发展。

作为农业大省，山东应该立足本省优势，在更高标准、更高层次推进农村现代化建设，打造乡村振兴齐鲁样板。山东陆续制定实施了乡村振兴战略规划和5个工作方案，印发实施农业“新六产”发展规划，启动了“十百千”示范工程，并大力发展现代农业，实施了农业良种工程、精准农业、盐碱地绿色开发等科技开发项目。全省新型经营主体带动能力持续增强，农民合作社、家庭农场数量分别达到20.3万家和6.37万家。在打造乡村振兴齐鲁样板的过程中，“诸城模式”“潍坊模式”“寿光模式”均需要中小企业的支持，特色产业镇建设也为当地中小企业带来发展机遇。符合条件的中小企业应该积极借助政府的惠企政策，紧抓乡村振兴机遇，实现企业的健康可持续发展。

（四）助力海洋强省战略

2018年，山东省委书记刘家义在山东海洋强省建设工作会议上强调：要聚焦聚力落实重要任务，加快推动海洋经济高质量发展。近年来，山东在海洋强省建设方面取得可喜的成绩，青岛海洋科学与技术试点国家实验室加快建设，“透明海洋”“问海计划”等重大科技创新工程进展顺利，全省海洋发展从战略规划阶段转入全面实施推进阶段，日照、威海入选国家海洋经济发展示范区。其中，山东示范区数量达到3个，占全国的比重为20%，居全国首位。

在加快推进海洋强省建设以及加大海洋科技创新支持力度建设完善的现代海洋产业体系的背景下，与海洋经济相关的中小企业将迎来历史新机遇。中小企业作为山东海洋产业集群建设的关键力量，在推动海洋强省建设方面发挥着重要的作用。青岛、烟台、日照等沿海城市中小企业在完善海洋经济产业链、促进海洋产业集群建设等方面具有明显的优势。近年来，山东海洋强省相关扶持政策陆续落地，有效带动海洋产业的快速发展，也为相关行业的中小企业营造了良好的发展环境。

（五）参与“一带一路”建设

随着“一带一路”倡议的不断推进，山东中小企业迎来了新的发展机遇和发展空间。2018 年，山东有进出口实绩的民营企业 4.19 万家，与 2017 年相比增加 10.9%，占全国的 11.26%，良好的政策环境和便利化措施吸引了更多民营企业参与到进出口贸易当中。海关数据显示，2018 年山东民营企业外贸进出口 1.19 万亿元，与 2017 年相比增长 12.3%，比山东外贸进出口整体增幅高出 4.6 个百分点，占山东进出口总值的 61.7%，与 2017 年相比提高 2.5 个百分点，高于全国占比 22 个百分点。

山东省委、省政府发布的《关于支持非公有制经济健康发展的十条意见》（鲁发〔2017〕21 号）指出：引导民营企业“走出去”，支持民营企业参与“一带一路”建设，注重对海外投资的真实性、合规性审查，引导民营企业参与国际产能和装备制造合作。提高山东中小企业在“一带一路”建设中的参与度能够有效帮助企业“走出去”，寻求更多国际合作机会，从而拓展市场、改善经营环境，同时也能为树立中小企业品牌奠定牢固的基础。积极参与“一带一路”建设，已经成为山东中小企业国际化发展的重要途径，也成为全面推进对外技术交流合作的窗口。

分 报 告

Topical Reports

B.2 山东省中小企业的社会贡献

孙国茂 李宗超 闫小敏*

摘 要： 2018年8月，国务院促进中小企业发展工作领导小组会议指出，中小企业是国民经济和社会发展的生力军，贡献了国家50%以上的税收，60%以上的GDP，70%以上的技术创新，80%以上的城镇劳动就业，90%以上的企业数量。处于新旧动能转换中的山东十分重视中小企业发展，在财政扶持、税收减免等政策方面给予大力支持，中小企业市场活力显现。2018年山东民营经济增加值平稳增长，占全省GDP的50.6%；私营企业数量快速增长，市场主体结构得到优化；

* 孙国茂，青岛大学经济学院特聘教授、博士生导师；研究领域为公司金融、资本市场、制度经济学；李宗超，齐鲁财富网研究中心高级研究员，研究领域为证券投资、商业银行；闫小敏，山东财经大学金融学硕士，齐鲁财富网副总经理、研究中心高级研究员，研究领域为证券市场、公司金融。

个体私营企业承接就业人口贡献显著，发挥了重要的社会效益；财政、税务等职能部门对中小企业实施减税降费政策，全省财政健康度得到提升；民营企业外贸进出口额同比增长超过10%，贡献了全省贸易额的60%；中小企业创新点不断涌现，知识产权贡献显著。

关键词： 山东中小企业　经济总量贡献　劳动就业贡献　进出口贸易贡献　知识产权贡献

改革开放以来，我国经济飞速发展，中小企业迅速崛起，并得到快速发展和壮大，对国民经济做出了重要的贡献，在国民经济中占有重要的地位。目前，我国中小企业具有“五六七八九”的典型特征，贡献了50%以上的税收，创造了60%以上的GDP，完成了70%以上的技术创新，提供了80%以上的城镇就业岗位，占据了90%以上的企业数量，为国民经济建设发挥了重要作用。中小企业作为最具活力的企业群体，是国民经济和社会发展的生力军，是建设现代化经济体系、推动经济实现高质量发展的重要基础，是扩大就业、改善民生的重要支撑，是企业家精神的重要发源地。做好中小企业工作对稳就业、稳金融、稳投资、稳外资、稳外贸、稳预期乃至增强我国经济的长期竞争力意义重大。

2018年8月20日，国务院促进中小企业发展工作领导小组第一次会议召开，从会议内容看，不仅明确肯定中小企业对国民经济的贡献，更着重强调要对国有和民营经济一视同仁，并对中小企业的高质量发展提出明确要求。10月17日，国务院促进中小企业发展工作领导小组第二次会议召开。这两次会议传达出的信号很明确：中小企业很重要，要高度重视中小企业发展难题。国务院促进中小企业发展工作领导小组组长刘鹤在会议上强调：要坚持基本经济制度，对国有和民营经济一视同仁，对大中小企业平等对待，充分发挥中小微企业和民营经济在我国经济社会发展中的重要作用。2018

年各省份加大对中小微企业的金融支持力度，加快体制创新和技术创新，健全激励机制，强化货币信贷政策传导，缓解中小企业融资难、融资贵问题，一系列政策促进了中小企业发展。国家市场监督管理局数据显示，截至2018年底，全国实有市场主体达1.1亿户，同比增长12.2%，其中企业3474.2万户，占31.58%；2018年新增市场主体2149.58万户，同比增长11.67%；新增企业670万户，平均每天新增企业1.83万户。可见，商事制度改革、企业减税降费等措施有效加快了市场主体的发展。

处于新旧动能转换过程中的山东比以往更加重视中小企业发展。山东通过积极推进商事制度改革极大简化市场审批程序，并在财政扶持、税收减免等政策方面给予大力支持，全省市场活力不断激发，创业创新热情持续释放。山东省市场监督管理局数据显示，截至2018年底，山东实有市场主体突破900万户，位列广东、江苏之后居全国第三位；全省新登记市场主体同比增长12.3%，新登记市场主体快速增长，反映出经济发展基础性支撑不断增强，并呈现企稳向好的趋势；实有中小企业261.3万户，比2017年增长了16%。广大中小企业紧紧围绕特色产业集群，完善产业链，提升价值链，培育智慧集群，加速推进产业智慧化、跨界融合化、品牌高端化，加快实现山东经济高质量发展。

2018年11月，工信部部长苗圩表示：我国广大中小企业主要是民营企业，民营企业中有99%以上是中小企业，中小企业和民营企业互为主体。[①]本报告编写过程中多处涉及民营企业，民营企业的贡献也可以视为中小企业的贡献。本报告将围绕经济总量贡献、劳动就业贡献、财政税收稳定性贡献、进出口贸易贡献和知识产权贡献5个方面阐述。

一　经济总量贡献

中小企业是构造市场经济主体、推动国民经济发展、促进社会稳定的基

① 中国经济网—经济日报，http：//www.ce.cn/cysc/newmain/yc/jsxw/201811/06/t20181106_30712774.shtml。

础力量。改革开放以来，我国中小企业发展迅速，在国民经济和社会发展中的地位和作用日益提升。做好中小企业工作对于落实中央要求，乃至增强我国经济的长期竞争力意义重大。山东相关部门继续深化商事制度改革和优化营商环境，有效推动了民营企业特别是中小企业的发展。

（一）商事制度改革助力市场主体数量稳步增长

我国原有商事登记制度脱胎于计划经济体制，原有的登记制度已经严重阻碍经济秩序的顺畅运行。2013 年 10 月，李克强总理在国务院常务会议上部署推进公司注册资本登记制度改革；同年 11 月，中共十八届三中全会决定对商事登记制度进行改革，由注册资本实缴登记制改为注册资本认缴登记制，取消了原有对公司注册资本、出资方式、出资额、出资时间等硬性规定，同时取消了经营范围的登记和审批，从以往的“重审批轻监管”转变为“轻审批重监管”。此后，“先照后证”“多证合一”等商事制度改革不断推进，一系列便利化政策的实施促进了市场主体总量快速增长，也充分显示了工商注册制度便利化改革的巨大动力和市场主体发展的巨大潜力。

创业创新政策与商事制度改革的叠加效应有效激发了社会资本的创业热情。山东省市场监督管理局数据显示，截至 2018 年底，山东实有注册资本（金）20.5 万亿元，同比增长 23.0%，保持较快增长态势。2018 年，山东新登记市场主体注册资本（金）3.5 万亿元，同比增长 1.3%；日均登记市场主体 4669 户（按 360 天计算），占全国日均登记量的 8%。新登记市场主体快速增长，反映出经济发展基础性支撑不断增强，全省经济呈现企稳向好的阶段性趋势。

（二）市场主体结构得到优化

2018 年，山东工商和市场监管系统继续深化商事制度改革和优化营商环境，加快“证照分离”改革，巩固扩大“多证合一”改革成果，推进工商登记便利化和企业名称自主申报制度，探索建立名称争议快速解决程序，深入推进全程电子化登记和电子营业执照跨区域、跨部门、跨领域应用工作，有效推动了民营经济的发展。“双升”战略的实施，也有力地激发了民营经济的市场活力，并优化了市场主体结构，对促进全省经济高质量发展、推动新旧动能转换具有重要意义。

1. 市场主体数量继续增长

截至 2018 年底，山东实有市场主体 905.6 万户，同比增长 12.2%，其中民营经济市场主体 889.5 万户，占市场主体总量的 98.2%。在民营经济市场主体中，私营企业 245.2 万户、个体工商户 624.0 万户、农民专业合作社 20.3 万户，其中私营企业以 16.9% 的增幅居三类市场主体第一位（见图 1）。民营企业中有 99% 以上的企业属于中小企业，两者互为主体，可见中小企业成为全省企业快速发展的绝对主力。另外，个体工商户占民营经济市场主体数量的 70.15%（见图 2），个体工商户数量居全国第二位（列广东之后）。

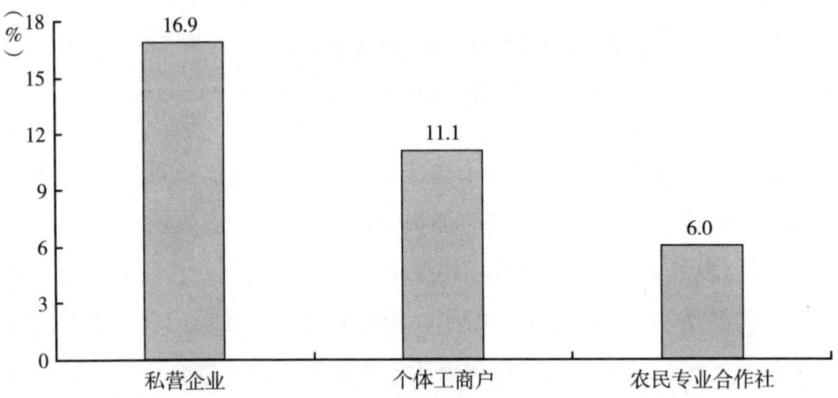

图 1　山东民营经济市场主体增长情况（2018 年）

资料来源：山东省市场监督管理局、齐鲁财富网。

2. 公司制企业数量增长

截至 2018 年末，山东规模以上工业中小企业达到 37508 户，比 2017 年减少 1869 户；减少户数占全国规模以上工业中小企业减少户数的比重达到 28.78%；山东规模以上工业中小企业占全国规模以上工业中小企业总家数（369337 户）的比重为 10.16%，占比与 2017 年相比降低 0.32 个百分点，与 2016 年相比降低 0.58 个百分点。随着环保风暴全面升级、供给侧结构性改革持续深化和长江经济带高质量发展的深入推进，山东工业企业受到较大的冲击。

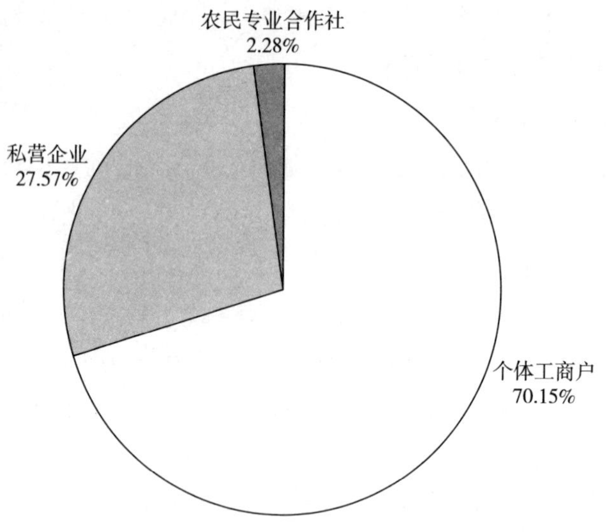

图2　山东民营经济市场主体占比（2018 年）

资料来源：山东省市场监督管理局、齐鲁财富网。

为提高中小企业数量，扭转个体工商户占市场主体比重居高不下的局面，山东积极推动“双升”战略，加快个体工商户转为中小微企业的步伐，提出支持转型后的小微企业继续使用原个体工商户的字号、商标，支持个体工商户成为转型后的小微企业的股东，转型后财产、知识产权、不动产过户按规定给予优惠。同时，对符合国家产业政策导向的小微企业加大信贷支持力度，开通信贷审批绿色通道，实施优惠的贷款定价。通过开展“银税互动”，降低信贷风险，扩大中小微企业融资规模。一系列优惠政策有力推动了山东市场主体结构不断优化，个体工商户在市场主体的占比逐渐下降，而企业的比重则由 2013 年的 21.9% 增加到 2018 年的 28.8%。公司制企业更受创业者青睐，在企业中占据主导地位。山东省市场监督管理局数据显示，截至 2018 年底，全省实有公司制企业 229.9 万户，同比增长 20.3%，比企业平均增幅高 7 个百分点，占企业总量的 88.0%，占比提高 3.3 个百分点。

（三）民营经济规模平稳增长

改革开放以来，山东民营经济发展经历了从无到有、从小到大、从弱到强的过程，民营经济已经成为促进全省经济社会发展的重要主体和重要推动力，已占据山东经济的“半壁江山”。2018 年以来，全省新旧动能转换、海洋强省建设、打造乡村振兴齐鲁样板、打造对外开放新高地等一系列重大部署全面展开，为民营经济发展提供了更为广阔的舞台，全省产业转型加速发力，综合实力日益增强，也为中小企业营造了良好的发展环境。2018 年 11 月，山东省委书记刘家义指出：“当前山东正处在转方式调结构的紧要关口，民营经济可以大有作为，也必须大有作为……民营经济过去是、现在是、将来也一定是山东发展不可替代的重要力量；民营企业家过去是、现在是、将来也一定是山东发展不可或缺的宝贵财富。”①

为支持经济高质量发展，山东出台了一系列政策措施为民营经济特别是中小企业纾难解困。2017 年 10 月，山东省委、省政府发布《关于支持非公有制经济健康发展的十条意见》（鲁发〔2017〕21 号），确保了非公有制经济在创新发展、持续发展、领先发展中能够发挥重要支撑作用。2018 年 11 月，山东省政府发布《关于支持民营经济高质量发展的若干意见》（鲁政发〔2018〕26 号），即“民营经济 35 条”，该意见在 6 个方面支持全省民营经济发展：减轻企业税费负担，增强民营企业竞争力；解决民营企业融资难、融资贵问题，提升金融服务水平；营造公平竞争环境，拓宽民营经济发展领域；构建亲清政商关系，全面优化政务服务；保护企业家人身和财产安全，维护民营企业合法权益；完善政策执行方式，充分发挥政策效应。除上述政策外，山东还推出了“支持实体经济高质量发展 45 条”（《支持实体经济高质量发展的若干政策》（鲁政发〔2018〕21 号）和“扩内需补短板促发展 42 条”（《关于进一步扩内需补短板促发展的若干意见》，鲁政发〔2018〕24 号）。同时，山东还要求提高政策知晓度，加强政策宣传解读，采取主动上门宣讲、组织企业培训等各种方式，把政策传递到企业，让政策“能感知、有温度、见效果”。尽管山东民营经济取得了很大成绩，但与广东、江苏和浙江相比还存在一定差距，随着山东支持民营经济发展节奏的加快，山

① 新华网，http：//www. xinhuanet. com/2018 - 11/19/c_ 129997418. htm。

东民营经济的舞台也将更加广阔。

由于中小企业与民营企业互为市场主体，所以对民营企业的分析能够体现山东中小企业的发展趋势。2018 年，山东民营经济增加值为 38656.2 亿元，占全省 GDP 的比重为 50.6%，民营经济增加值与 2017 年相比增长 5.6%，规模保持平稳增长。与广东等民营经济强省相比，山东民营经济占省内 GDP 比重明显落后（见表 1）。2017 年浙江民营经济增加值为 33831 亿元，占全省 GDP 的比重为 65.4%，比山东高出 14.6 个百分点。2018 年 11 月，山东省委书记刘家义在民营企业会议上指出："但无论是与先进地方相比，还是就我省经济结构现状而言，民营经济数量不是多了，而是还很不够；质量不是高了，而是还比较低；创新能力不是强了，而是还比较弱；速度不是快了，而是还比较慢。从一定角度讲，我们发展的活力不足，很大程度上是民营经济活力不足。"山东认识到全省经济发展的短板并密集出台多项鼓励民营经济发展的政策，对山东经济来讲，"民营经济是山东未来发展的巨大潜力板"。

表 1　山东与广东民营经济增加值增速及 GDP 占比（2014～2018 年）

单位：%

年份	山东		广东	
	增速	占比	增速	占比
2014	9.3	45.3	8.3	51.7
2015	8.7	50.9	8.4	53.4
2016	8.0	51.1	7.8	53.6
2017	7.2	50.8	8.1	53.8
2018	5.6	50.6	7.3	54.1

资料来源：山东省统计局、广东省统计局、齐鲁财富网。

（四）中小企业增加值平稳增长

近年来，山东大力推动创新发展、转型升级、提质增效，打造经济发展的新动能，全省工业总体发展势头良好，呈现稳中有进、稳中向好的良好势头。2018年，全省工业经济运行保持平稳增长，质量效益持续提升，工业增加值稳步提高，其中，新能源、新材料、高新技术产业增加值增长速度明显快于传统工业。目前，山东正在实施新旧动能转换工程，推动经济向着高质量发展，因此培养中小企业向着高科技、新经济、科研含量比较集中的终端产品方向发展极为重要。

1. 全省工业增加值保持增长

2018年，山东全部工业增加值为28897.0亿元，占全国全部工业增加值的比重为9.47%；全部工业增加值与2017年相比增长5.4%，但低于全国0.7个百分点（见图3）。山东全年规模以上工业增加值增长5.2%，低于全国1个百分点（见图4）。其中，装备制造业增长7.5%，高技术产业增长9.6%。山东规模以上工业主营业务收入增长5.3%，低于全国同期3.2个百分点（见图5）；利润总额增长10.3%，增长速度与全国持平（见图6）。规模以上工业主营业务收入利润率为5.26%，与2017年相比提高0.25个百分点，但低于全国同期1.23个百分点。

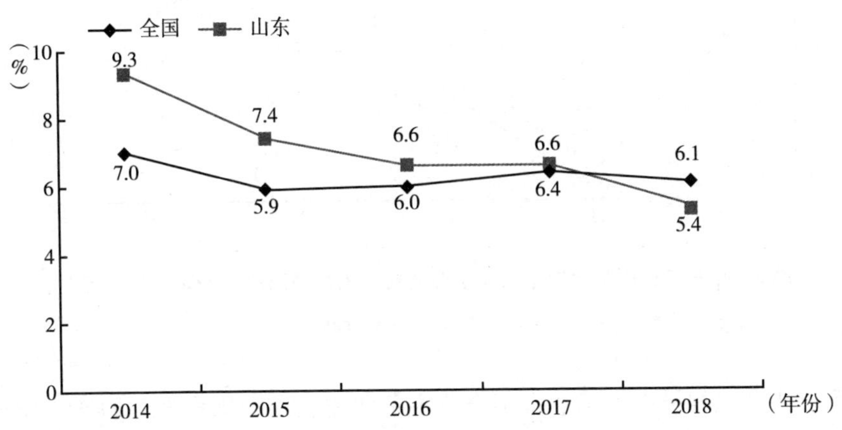

图3 山东与全国工业实现增加值增速对比（2014～2018年）

资料来源：国家统计局、山东省统计局、齐鲁财富网。

2. 中小企业盈利能力偏低

截至2018年底，山东规模以上工业中小企业主营业务收入为44695.80

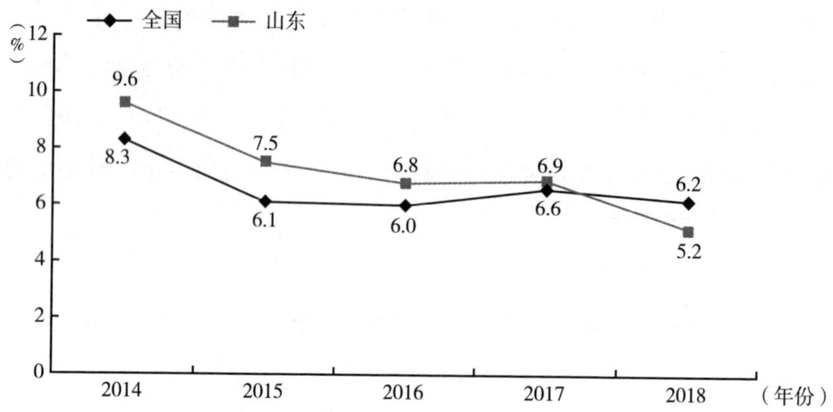

图4　山东与全国规模以上工业增加值增速对比（2014～2018年）

资料来源：国家统计局、山东省统计局、齐鲁财富网。

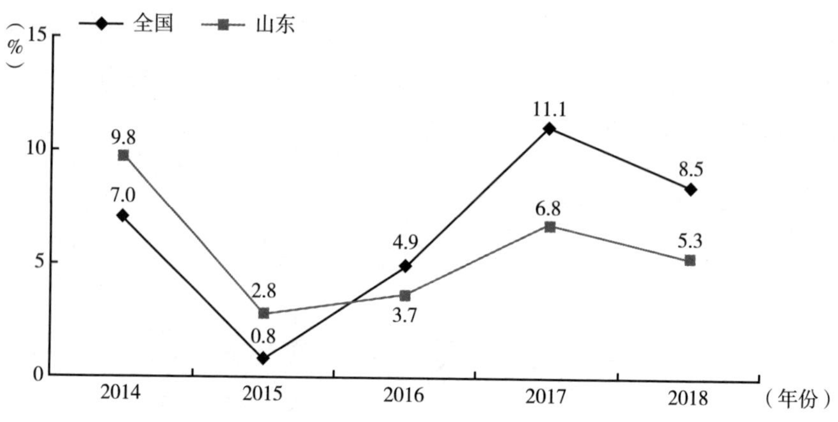

图5　山东与全国规模以上工业企业营业收入增速对比（2014～2018年）

资料来源：国家统计局、山东省统计局、齐鲁财富网。

亿元，占全国规模以上工业中小企业主营业务收入的比重为7.71%，增速为3.00%，比全国水平低5.40个百分点；规模以上工业中小企业利润总额为2020.40亿元，占全国规模以上工业中小企业利润总额的比重为5.90%，较2017年同期可比企业增长2.20%，比全国平均水平低了9.2个百分点。

山东中小企业盈利能力偏弱与所处产业链位置有很大关系。山东中小企业多处于产业链低端，以加工组装为主，技术含量较高的深加工环节所占比

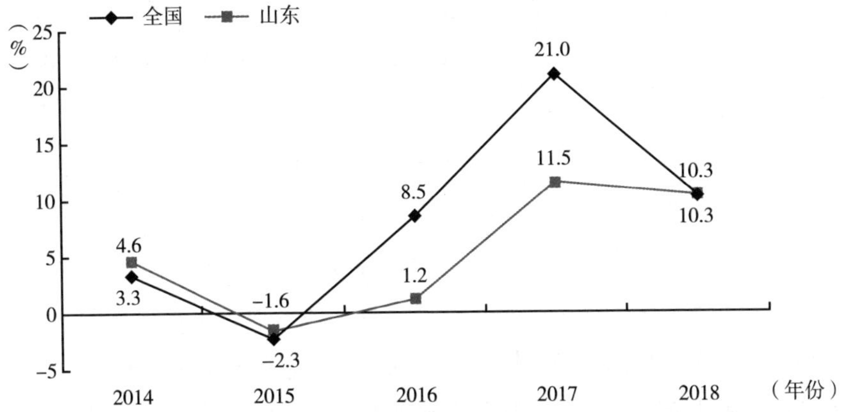

图 6　山东与全国规模以上工业企业利润增速对比（2014～2018 年）

资料来源：国家统计局、山东省统计局、齐鲁财富网。

重较少。要想实现中小企业的高质量发展，首先要推动中小企业转型，将产业链向精深加工延伸，发展高端制造业，发挥装备制造业的引领作用。另外，要提升中小企业发展的质量和效率，推动中小企业科学管理，提高管理人员素质和能力，培养一批新三板和科创板企业，为全省中小企业发展营造良好的氛围。另外还要加快全省新兴动能增势，增强十强产业的引领作用，支持新一代信息技术、新能源新材料、高端装备等产业发展，从而促进中小企业发展。

二　劳动就业贡献

2018 年 12 月，国务院发布《关于做好当前和今后一个时期促进就业工作的若干意见》（国发〔2018〕39 号），指出“就业是最大的民生，也是经济发展的重中之重”，就业一直受到国家的高度重视。随着商事制度改革的推进和各项支持民营企业发展政策的落实，民营经济活力不断增强，在扩大就业方面发挥了重要作用。而中小企业是实施大众创业、万众创新的重要载体，在增加就业、促进经济增长与社会和谐稳定等方面具有不可替代的作用。

（一）山东就业形势保持稳定

2018 年《政府工作报告》指出，2018 年全国要新增城镇就业 1100 万人以上，城镇调查失业率控制在5.5%以内，城镇登记失业率控制在4.5%以内。在我国经济下行压力加大的背景下，山东省政府十分重视中小企业民营经济在稳定和扩大就业中的作用，把稳就业摆在突出位置，实施就业优先政策，加大援企稳岗力度，千方百计保持就业稳定。

1. 全国新增就业岗位持续增加

2018年，我国经济运行整体呈现平稳态势，国家和地方政府出台多项稳就业、促就业政策，就业形势，稳中有进。面对经济运行出现的新变化，我国稳就业、促就业政策效果明显。一方面，全国新增就业大幅增加。全国城镇新增就业1361万人，与2017年相比增加10万人，连续6年超过1300万人（见图7）。另一方面，失业率保持低位。2018年1～12月，城镇调查失业率除3月和7月受春节和毕业季影响稍高外，余下10个月份都在5.0%及以下。2018年底城镇登记失业率为3.80%，达到了年初提出的控制在4.5%之下的要求。

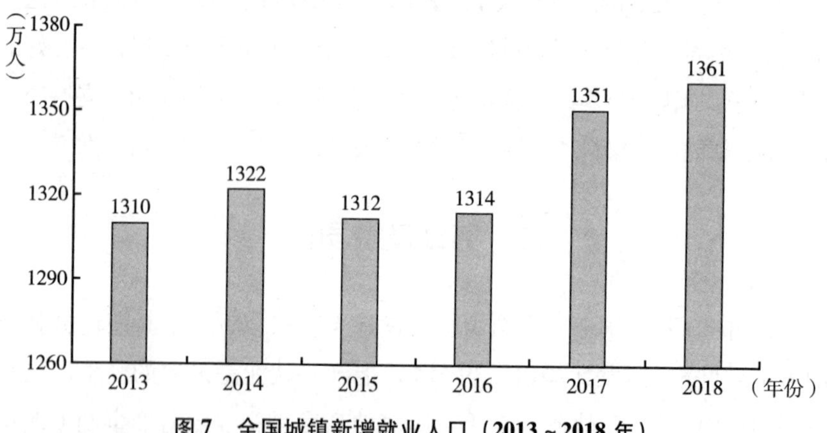

图7　全国城镇新增就业人口（2013～2018年）

资料来源：国家统计局、齐鲁财富网。

从各国经济发展来看，民营经济主体的就业人数占总就业人数的65%～80%，因此，吸纳就业被认为是民营经济主体重要的经济贡献之一。当今世界各国都把大力扶持与发展民营经济特别是中小企业作为解决就业问题的主要手段。我国中小企业数量占企业总数的90%以上，提供了80%以上的城镇劳动就业岗位，中小企业已成为我国提供劳动就业的生力军。2018 年 12 月，城镇私营企业和个体工商户就业人数与 2017 年同期相比分别增长 5.7% 和 6.7%。

2018 年，我国民营经济提供就业岗位继续增加，对稳就业发挥重要作用。随着我国经济发展和城镇化水平的提高，劳动力出现了从第一产业向第二产业再向第三产业转移的趋势。服务业属于第三产业，也是我国国民经济的第一大产业，在吸纳就业方面发挥着极其重要的作用。与第二产业相比，服务业劳动密集程度高，吸纳就业能力强。

2. 山东就业人口显著增加

2018 年，山东通过设立省级创新创业示范综合体，推动创新、创业、就业良性循环。另外，鼓励高校毕业生到基层工作，促进农民工多渠道就业创业。开展职业技能培训，缓解结构性就业矛盾。优化全方位的就业创业服务，建立创业载体发展联盟，加大就业创业资金支持力度，发挥好创业带动就业的倍增效应。2018 年山东就业形势稳中有进，城镇新增就业 136.8 万人，完成年度计划的 124.4%，与 2017 年相比增长 6.63%，也是 6 年来增长速度最快的一年（见图 8）。

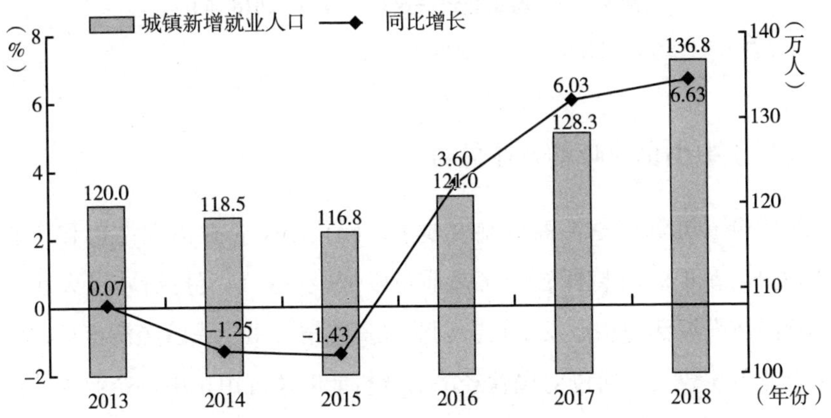

图 8　山东城镇新增就业人口及增长率（2013～2018 年）

资料来源：山东省统计局、齐鲁财富网。

2018年山东重点关注群体就业，尤其是高校毕业生和农民工两大群体。一方面，积极引导高校生面向民营经济、基层和实体经济就业，大力支持多渠道创业，总体就业率达94.67%；另一方面，稳步提升农民工就业质量，做好困难群体就业帮扶工作，困难人员就业10.1万人，城镇零就业家庭保持“动态清零”。在失业率方面，2018年山东城镇登记失业率为3.35%，低于同期全国城镇登记失业率（3.80%）0.45个百分点。从山东6年来失业率水平来看，城镇失业率自2016年之后处于下降趋势，2018年为3.35%，已恢复至2015年失业率水平（见图9）。

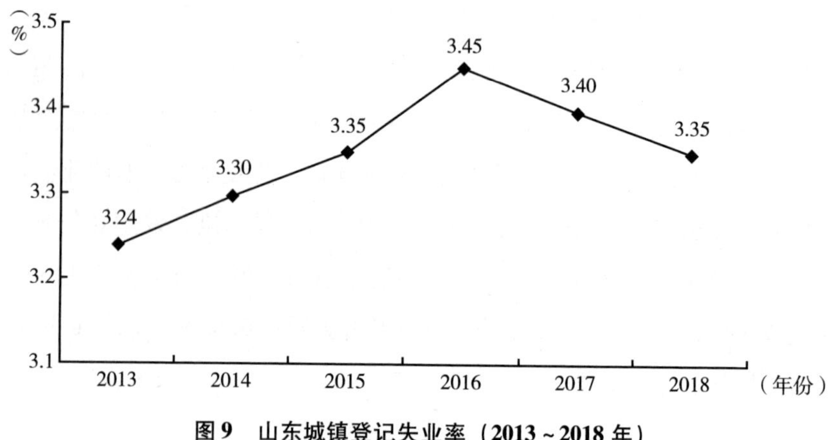

图9 山东城镇登记失业率（2013~2018年）

资料来源：山东省统计局、齐鲁财富网。

（二）中小企业吸纳就业显著

2018年山东积极落实商事制度改革，深化小微企业治理结构和产业结构“双升”战略，支持民营经济高质量发展，一系列支持措施极大地刺激了民营经济发展活力，激发了社会创业投资热情。由于民营经济市场主体中中小企业占比较大，所以对民营经济的分析能够体现山东中小企业的就业贡献情况。山东省市场监督管理局数据显示，截至2018年底，全省个体私营企业累计承接3057.8万就业人口，与2017年相比增长12.5%。民营经济市场主体的持续快速发展带动了就业的持续增长，有力稳定了就业，发挥了重要的社会效益。此外，从山东624家新三板挂牌企业员工数量来看，624家挂牌企业共计有219.97万员工，同比增长4.48%，比全国城镇就业人员增长率高出2.23个百分点，平均支付给员工的薪酬为10.36万元，较规模以上工业企业水平高68.18%。这从侧面反映了中小企业对劳动就业的贡献情况。

就业是最大的民生，也是经济发展的重中之重，党和政府历来十分重视就业问题。2018年11月，国务院出台《关于做好当前和今后一个时期促进就业工作的若干意见》（国发〔2018〕39号）；12月，人力资源和社会保障部、国家发改委、财政部联合印发《关于推进全方位公共就业服务的指导意见》，提出对民营企业等非公有制经济，要公平对待，提供同等服务。两份文件对支持中小企业稳定岗位、促进就业具有重要意义。山东是人口大省，且中小企业发展空间巨大，充分发挥中小企业市场活力可以为全省提供大量就业岗位，因此，山东应该重视中小企业的劳动贡献。

三　财政税收稳定性贡献

2018年8月，国务院促进中小企业发展工作领导小组第一次会议提出，中小企业贡献了我国50%以上的税收。但从目前情况来看，全国中小企业普遍面临严峻的生存问题。研究表明，我国每年约有100万家中小企业倒闭，每分钟就有2家中小企业关门，平均寿命不足3年。正如习近平总书记在全国民营企业座谈会上所说：一些民营企业在经营发展中遇到不少困难和问题，有的民营企业家将此形容为遇到了“三座大山”——市场的冰山、融资的高山、转型的火山①。在此背景下，实施减费降税政策，加大对中小企业扶持力度，不仅可以促进中小企业的发展，同时也对我国经济可持续发展和稳定国家财政税收具有重大意义。

（一）中小企业助力提升财政健康度

地方财政一般预算收入是衡量地方政府可支配财力的重要指标。一般公

---

① 《中小企业面临着哪些困境?》，https：//new. qq. com/omn/20190426/20190426A0LP3V00。

共预算是指对以税收为主体的财政收入，安排用于保障和改善民生、推动经济社会发展、维护社会安全、维持地方机构正常运转等方面的收支预算。地方一般公共预算收入由增值税、消费税、营业税、企业所得税等税收收入和专项收入、行政事业性收费收入、国有资本经营收入、罚没收入等非税收收入组成。通常，在衡量某地区财政健康程度时，税收占比不仅能够看出当地财政收入的稳定程度，还可以反映当地营商环境如何。例如，在某地区税收增长乏力的情况下，当地政府可以通过调节非税收收入来保证一般公共预算收入的增长。

2018 年，山东一般公共预算收入为 6485.4 亿元，与 2017 年相比增长 6.3%。其中，税收收入 4897.9 亿元，与 2017 年相比增长 10.8%；税收收入占一般公共预算收入的比重为75.5%，与2017 年相比提高3.0 个百分点。自营业税改征增值税试点在全国范围全面推开以来，山东积极推进商事制度改革，实施小微企业“双升”战略，中小企业营业收入稳步增长，税收收入占一般公共预算收入的比例也不断提高（见表2）。由上可以看出，山东对于非税收收入的依赖程度逐渐降低，山东财政健康度也在持续提升，这也从一个侧面反映出山东企业营商环境不断改善。

表 2　山东税收收入统计（2016～2018 年）

单位：亿元，%

年份	税收收入		
	金额	增长	占公共预算收入比重
2016	4212.6	4.6	71.9
2017	4419.3	9.1	72.5
2018	4897.9	10.8	75.5

资料来源：山东省统计局、齐鲁财富网。

（二）中小企业提升财政收入稳定性

中小企业税收贡献占全国税收总量的 50%，中小企业可持续健康发展能为我国提供稳定的财政收入，增强财政收入的稳定性，而适当地减税降费又能激发中小企业的发展活力，促进企业发展。从长期来看，对中小企业实施适当的财政扶持和稳定财政收入具有相互促进的关系。当前，税负重、融资难是中小企业发展的突出问题，加大金融支持中小企业力度，实施减税降费政策，提高财税政策支持精准度，在市场环境中给予中小企业平等地位，能够有效促进中小企业发展。

1. 中小企业增强税收稳定性

2018 年《政府工作报告》提出："进一步减轻企业税负，改革完善增值税制度，按照三档并两档方向调整税率水平，重点降低制造业、交通运输等行业税率，提高小规模纳税人年销售额标准。"2018 年，我国积极落实减税降费政策，在年初确定的 1.1 万亿元基础上，年中根据宏观经济形势微调，坚持问题导向、精准施策，继续出台一系列举措，全年实现减税降费约 1.3 万亿元。减税降费政策的实施对激发市场活力、降低企业负担发挥重要作用。对中小企业来说，减税降费内容主要体现在以下方面。

第一，深化增值税改革。通过深化增值税改革，降低制造业等行业增值税税率；统一增值税小规模纳税人标准；对装备制造等先进制造业、研发等现代服务业，在一定时期内未抵扣完的进项税额予以一次性退还。

第二，支持小微企业。为支持小微企业发展，将享受当年一次性税前扣除优惠的企业新购进设备器具单位价值上限提高到 500 万元；将享受减半征收企业所得税优惠政策的小型微利企业年应纳税所得额上限从 50 万元提高到 100 万元；支持小微企业融资，将符合条件的小微企业和个体工商户贷款利息收入免征增值税单户授信额度上限提高到 1000 万元。

第三，鼓励研发创新。鼓励企业研发创新，取消企业委托境外研发费用不得加计扣除限制；将企业研发费用加计扣除比例提高到 75% 的政策由科技型中小企业扩大至所有企业；将高新技术企业和科技型中小企业亏损结转年限由 5 年延长至 10 年；将一般企业的职工教育经费税前扣除限额与高新技术企业的限额统一，从 2.5% 提高至 8%；将创业投资企业和天使投资个人优惠政策推广到全国；对科技成果转化现金奖励实施个人所得税优惠。

第四，清理规范涉企收费。清理行政事业性收费和政府性基金，以及社会保险费、工程建设领域保证金、经营服务性收费等。例如，停征挥发性有机物排污费、专利登记费等，延长专利年费减缴期限；将重大水利工程建设基金征收标准在已降低25%的基础上，按原标准再降低25%。

第五，提高部分产品出口退税率，降低关税总水平。对进口包括抗癌药在内的绝大多数药品实施零关税，减按3%征收抗癌药品进口环节增值税，关税总水平由2017年的9.8%降至2018年的7.5%。

2. 全省降税减费效果明显

2017年9月，第十二届全国人大常委会第二十九次会议通过修订后的《中小企业促进法》，并于2018年初实施。修订后的《中小企业促进法》对符合条件的中小微企业按照规定实行缓征、减征、免征企业所得税、增值税等措施，简化税收征管程序，减轻了中小企业的税收负担。山东积极落实《中小企业促进法》，增强企业投资积极性，对振兴经济和提升民众信心具有重要作用。2018年7月，省委办公厅、省政府办公厅印发《关于支持新旧动能转换重大工程的若干财政政策》（鲁办发〔2018〕37号），在税收政策基础上继续释放政策红利，为企业“减负”。将研发费用加计扣除比例提高到75%的政策由科技型中小企业扩大至所有企业；将高新技术企业和科技型中小企业亏损结转年限由5年延长至10年；将企业职工教育经费税前扣除限额比例由2.5%提高至8%。一系列支持中小企业发展的普惠性税费减免政策落地，在很大程度上缓解了企业的资金压力，也极大地提高了中小企业的积极性。2018年，全省为企业减负规模超过1300亿元，有效减轻了企业负担，激发了市场活力。

2018年山东减税降费主要表现在两个方面。一是实质性减税。降低增值税税率、提高增值税小规模纳税人起征点、加大小型微利企业所得税优惠等。二是普惠性减税。普惠性减税涉及面较为广泛，例如，小型微利企业标准调整后，享受优惠的企业达到了纳税企业总数的95%以上。同时，还对服务业企业实行进项加计扣除，使所有行业都能享受减税红利。另外，山东还出台了一些具有本省特色的减税降费措施，主要表为：第一，降低城镇土地使用税税负，全省城镇土地使用税税额标准原则上下调20%，在此基础上，对高新技术企业实施差别化政策管理，减半征收城镇土地使用税，这在全国范围内也属于较低税负水平；第二，降低印花税税负，大幅下调企业6类合同核定征收印花税的征收比例；第三，降低车船税税负，减半征收货运车辆车船税，进一步减轻山东物流企业的税收负担。

四 进出口贸易贡献

改革开放以来，我国众多中小企业纷纷融入世界经济体，尤其是加入WTO后，它们利用机制灵活优势和低劳动力成本优势，向国外出口了大量产品，为我国出口创汇做出了重大贡献。在“一带一路”倡议背景下，广大中小企业应该根据实际状况，发挥特色优势，“走出去”开拓国际市场，继续为我国对外贸易做出贡献。

（一）全国对外贸易平稳有进

改革开放以来，我国对外贸易发展迅速，这离不开众多中小企业的贡献。目前，我国中小企业出口额占总出口额的60%左右。其中，加工贸易是我国主要对外贸易方式，而中小企业则是加工贸易的中坚力量。2018年，国际环境错综复杂，经济发展不稳定性、不确定性突出，世界贸易保护主义升温，中美经贸摩擦不断加剧，国内经济下行压力增大，供给侧结构性改革向纵深推进，经济结构处于转型升级阶段。在上述背景下，中国积极贯彻落实一系列促进外贸稳定增长的政策措施，有效应对外部环境变化，实现了对外贸易总体平稳、稳中有进，进出口规模创历史新高。

海关总署数据显示，2018年我国进出口总额创历史新高，贸易结构不断优化，全年货物进出口总额30.51万亿元，与2017年相比增长9.8%。这也是我国贸易额首次超过30万亿元，进出口稳中向好的目标较好实现。其中，出口16.42万亿元，同比增长7.1%，占进出口总额的比重为53.8%，与2017年相比提高1.4个百分点；进口14.09万亿元，同比增长12.9%。贸易顺差为2.33万亿元，与2017年相比收窄18.3%。我国对主要贸易伙伴进出口全面增长，对欧盟、美国和东盟进出口分别增长 7.9%、5.7% 和 11.2%；与“一带一路”沿线国家进出口增势良好，对“一带一路”沿线国家合计进出口增长 13.3%，高出货物进出口总额增速 3.6 个百分点。2018 年我国有进出口的民营企业 37.2 万家，与 2017 年相比增加 10.7%。从规模上看，民营企业对 2018 年中国外贸增长的贡献度超过 50%，对外贸发展的拉动作用更加突出。英国《金融时报》指出：“中国出口企业的韧性和调适能力不容低估。”并认为中国出口的多元化发展、全球贸易链的适应性调整、中国企业逆境生长和应对竞争的能力，都对中美贸易摩擦的冲击起到了承托作用。从近 5 年货物进出口情况来看，在经历了 2015 年和 2016 年的进出口额回落后，2017 年进出口额增长强劲，2018 年进出口额迈上 30 万亿元台阶（见图 10）。

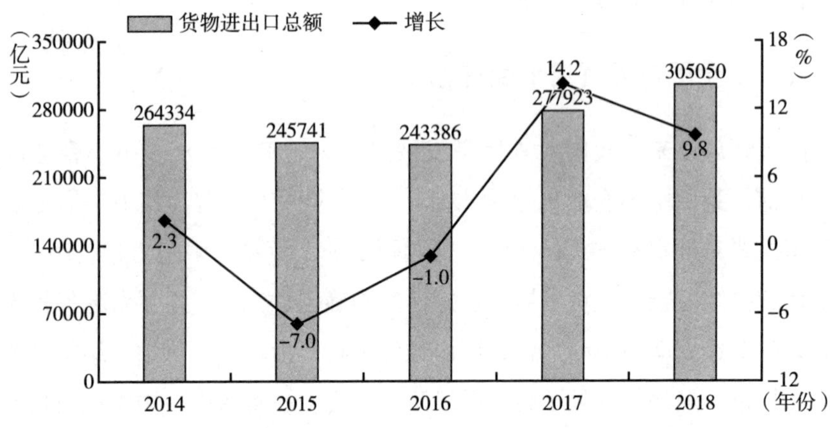

图 10　我国货物进出口总额及增长情况（2014～2018 年）

资料来源：海关总署、齐鲁财富网。

（二）山东对外贸易额创新高

山东是经济大省且地理位置优越，已形成新兴产业与传统产业协同发展的区域性集群。2018 年以来，全球制造业复苏带动了国际市场需求回暖，加之下半年人民币汇率的变化，为山东出口增长创造了良好外部条件，提高了出口产品价格竞争力，山东在农产品、机械设备、汽车零配件、钢材等优势产业方面的出口稳步增长。海关数据显示，2018 年山东外贸进出口总值创历史新高，达 1.93 万亿元，占全国进出口总额的 6.33%，与 2017 年相比增长 7.7%，增速低于全国 2 个百分点。其中，出口 1.06 万亿元，与 2017 年相比增长 6.1%，低于全国 1 个百分点；进口 8732.9 亿元，增长 9.7%，低于全国 3.2 个百分点；贸易顺差为 1900 亿元，与 2017 年相比收窄 9.82%。

第一，出口额和进口额均为历史最高值，其中出口额首次突破万亿元大关。出口方面，2011 年山东外贸出口额 1257.9 亿美元，按照 2011 年汇率计算，出口额站上 8000 亿元台阶；2016 年，外贸出口额为 9052.2 亿元，跃上 9000 亿元台阶；2018 年首次跨越 1 万亿元大关，实现历史性突破。进口方面，2013 年、2014 年山东连续两年进口额跃上 8000 亿元台阶，2015 年开始出现下滑，2018 年再次突破 8000 亿元大关并创历史新高。

第二，贸易方式结构持续优化。2018 年，山东一般贸易进出口 1.3 万亿元，增长 11.8%，占山东进出口总额的 67.4%，与 2017 年相比提高 2.5 个百分点，高出全国占比 9.6 个百分点；加工贸易进出口 4339.3 亿元，与 2017 年相比下降 8.4%，占山东进出口总额的 22.5%；保税物流进出口 1779.4 亿元，与 2017 年相比增长 28.8%，占山东进出口总额的 9.2%（见图 11）。

第三，主要贸易市场保持稳定，新兴市场开拓进一步深化。2018 年，山东前五大贸易市场依然为美国、欧盟、东盟、韩国和日本，进出口额分别为 2342.5 亿元、2187.3 亿元、2093.5 亿元、1934.6 亿元和 1470.0 亿元，合计 10027.9 亿元，占进出口总额的 52.0%。2018 年山东新兴市场多元化开拓进一步深化，对“一带一路”沿线国家进出口 5195.9 亿元，与 2017 年相比增长 7.3%，其中，对俄罗斯和印度进出口分别增长 24% 和 15.8%，“一带一路”沿线国家增幅显著。

第四，新兴贸易业态进出口快速增长。2018 年山东跨境电子商务进出口 27.5 亿元，与 2017 年相比增长 39.2%。其中，出口 17.8 亿元，与 2017

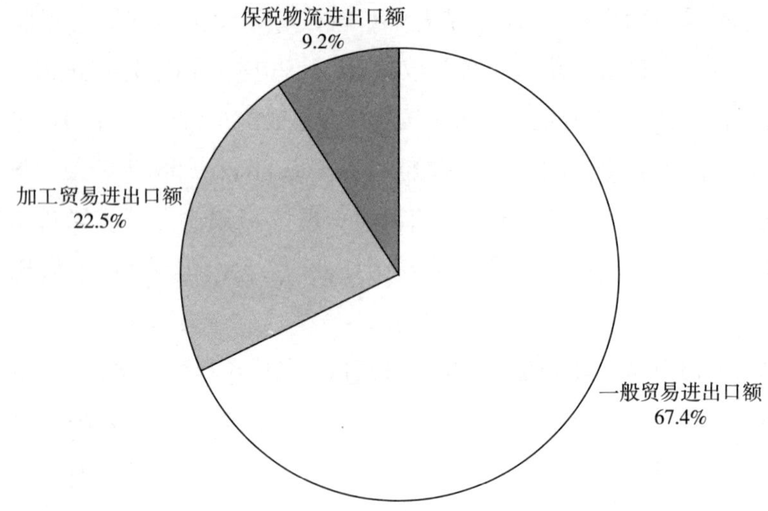

图11　山东贸易方式进出口占比（2018年）

资料来源：青岛海关、济南海关、齐鲁财富网。

年相比增长45.1%；进口9.7亿元，与2017年相比增长29.4%。2018年开始启动的保税电商业务，全年实现进口1.6亿元。此外，2018年山东市场采购出口73.4亿元，与2017年相比增长17%。

（三）山东区域进出口情况

山东东部沿海城市在进出口贸易中占据优势地位，青岛、烟台、潍坊、威海进出口额稳居前五名，西部地市进出口额明显靠后，而省会济南进出口额在全省处于中游位置。2018年，青岛进出口贸易额5316.1亿元，与2017年相比增长5.8%，占全省进出口总额的27.5%，遥遥领先于其他地市，2018年青岛贸易还表现出结构不断优化、贸易主体活力更足、海外市场多元化、新业态模式不断涌现等特点。烟台、潍坊、威海历来都是山东的进出口贸易主力城市，进出口额稳居山东前列。

值得一提的是，2018年东营以1627.2亿元的进出口额位居全省第三，进出口额与2017年相比增长20.2%，其进口额是出口额的3.42倍，这主要与大宗商品中的原油进口有关。东营是山东省地炼大市，2018年全省原油进口量7809.5万吨，同比增长9.5%，带动全省进口额增长近10个百分点，原油、铜矿砂、纸浆等大宗商品进口的增加带动了东营贸易额的增长。从进出口额增速来看，淄博贸易进出口950.7亿元，同比增长35.9%，增速居全省第一位，进出口总额由全省第8位攀升至第6位。2018年，淄博采取有效措施积极应对贸易摩擦，培育外贸增长点，加大国际市场开拓力度，加快推动外贸转型升级，大力发展外贸新业态，推动原油进口，大大提高了淄博进出口贸易额。

出口方面，排名前三的青岛、烟台和潍坊出口额均超过1000亿元，三市出口额合计5970.4亿元，占全省出口总额的56.5%。2018年，日照出口额增加16.1%，居全省首位。日照通过优化营商环境，全力突破外资、稳定外贸、提升园区、强化内贸、拓展外经、打牢基础，打造对外开放新高地，进出口总额保持稳定增长，境外投资增长25%左右。进口方面，2018年淄博进口额增长63.0%，居全省第一位。淄博海关通过推进通关便利化改革，对外贸产生了强大助力。推动进口货物“提前申报”，加快通关速度，提高通关效率，进口整体通关时间81.93小时，同比压缩47.43%。德州以59.6%的进口额增速居全省第二位。2018年德州进口105.1亿元，高于全省增幅49.9个百分点，增幅列全省第二位；贸易顺差82.7亿元。2018年，机电产品为德州进口第一大类商品，原油进口异军突起。进口机电产品28.2亿元，与2017年相比增长15.9%，其中电器及电子产品进口24.9亿元，与2017年相比增长28.7%；进口原油34.7亿元，2017年同期无进口。2018年山东各城市进出口统计如表3所示。

表3　山东各城市进出口统计（2018年）

单位：亿元，%

地域	进出口总额			出口			进口		
	金额	增长	占比	金额	增长	占比	金额	增长	占比
青岛	5316.1	5.8	27.5	3167.1	4.8	30.0	2149.0	7.3	24.6
烟台	3047.6	-1.3	15.8	1767.0	1.9	16.7	1280.6	-5.4	14.7
东营	1627.2	20.2	8.4	368.2	10.3	3.5	1259.0	23.5	14.4

续表

地域	进出口总额			出口			进口		
	金额	增长	占比	金额	增长	占比	金额	增长	占比
潍坊	1623.4	11.1	8.4	1036.3	9.6	9.8	587.1	13.9	6.7
威海	1389.8	-1.1	7.2	911.7	6.9	8.6	478.1	-13.5	5.5
淄博	950.7	35.9	4.9	416.8	12.0	3.9	533.9	63.0	6.1
日照	894.9	-1.5	4.6	405.7	16.1	3.8	489.2	-12.5	5.6
济南	870.5	13.7	4.5	564.7	11.1	5.3	305.7	19.0	3.5
滨州	818.4	21.5	4.2	303.9	12.5	2.9	514.5	27.6	5.9
临沂	673.8	1.2	3.5	532.4	8.3	5.0	141.5	-18.8	1.6
菏泽	512.5	26.5	2.7	151.6	-3.2	1.4	360.9	45.2	4.1
聊城	487.0	6.2	2.5	243.2	4.0	2.3	243.8	8.3	2.8
济宁	423.8	3.4	2.2	218.6	-7.6	2.1	205.2	18.4	2.3
德州	292.8	19.3	1.5	187.7	4.5	1.8	105.1	59.6	1.2
泰安	157.5	4.6	0.8	124.2	7.3	1.2	33.2	-4.4	0.4
莱芜	111.0	4.2	0.6	72.0	3.0	0.7	39.0	6.4	0.4
枣庄	105.5	5.4	0.5	98.5	11.8	0.9	7.0	-41.4	0.1

注：增长是指该市与2017年相比增长幅度；占比是指该市占全省合计总量的比例。
资料来源：青岛海关、济南海关、齐鲁财富网。

（四）中小企业贸易贡献突出

作为沿海省份，山东历来重视民营企业对外贸易的发展，2013年山东民营企业进出口贸易额占全省进出口总额的比重首次超过50%，之后稳步提高，2018年这一比例已达到61.7%，民营企业成为外向型经济的主力军。2018年11月，省政府出台《关于支持民营经济高质量发展的若干意见》（鲁政发〔2018〕26号），即“支持民营经济发展35条”，明确鼓励民营企业拓展国内外市场，为有实力、有信誉的民企“走出去”积极创造条件，帮助它们实现跳跃式发展。同时指出，自2019年起，山东财政对统一组织的“一带一路”国家及新兴市场重点展会的展位费补贴标准提高到80%以上，对面向“一带一路”国家及新兴市场出口投保的出口信用保险保费按50%予以补贴，对小微企业在全省出口信用保险统保平台项下投保的出口信用保险保费予以全额支持，对省级新认定的“海外仓”每个最高支持150万元。

为支持民营企业发展，服务民营企业“走出去”，2018 年山东积极打造“经认证的经营者”（AEO）示范点。截至 2018 年底，山东省内民营企业中高级认证企业超过 80 家，经认证企业可以享受当地海关提供的便利措施。以信用管理为核心的海关企业管理制度，有效提升了民营企业的进出口活力。为改善口岸营商环境，2018 年 7 月 31 日，省政府办公厅印发《山东省优化口岸营商环境专项行动方案》（鲁政办发明电〔2018〕60 号），在优化流程、压缩时间、降低成本、通关服务保障、放管服改革 5 个方面进行优化改革，打造“审批事项少、通关成本低、办事效率高、服务质量优、企业群众获得感强”的一流口岸营商环境。2018 年，山东民营企业进出口贡献度超过 60%，拉动作用更加突出。

2018 年，山东民营外贸企业队伍不断壮大。全省有进出口实绩的民营企业 4.19 万家，与 2017 年相比增加 10.9%，占全国的比重为 11.26%，良好的政策环境和便利化措施吸引了更多的民营企业参与到进出口贸易当中。海关数据显示，2018 年山东民营企业进出口额达 1.19 万亿元，与 2017 年相比增长 13.3%，比山东进出口额整体增幅高出 4.6 个百分点，占山东进出口总额的 61.66%，与 2017 年相比提高 2.67 个百分点，高于全国占比 22 个百分点。从近 3 年来看，民营企业进出口额及占全省进出口总额的比重稳步提高，民营企业的外贸主导作用更加凸显（见图 12）。从山东民营企业进出口商品结构来看，2018 年机电产品出口 1667.2 亿元，与 2017 年相比增长 15.6%，占民营企业出口总额的 26%；农产品出口 814.5 亿元，与 2017 年相比增长 2.2%，占民营企业出口总额的 12.7%；劳动密集型产品出口 1493 亿元，增长 10.9%，占民营企业出口总额的 23.3%；高附加值产品出口增速较快，出口商品结构持续优化。进口方面，大宗商品成为民营企业进口主力商品，大宗商品进口额 3990.9 亿元，与 2017 年相比增长 17.3%，占民营企业进口总额的 72.6%；其中，原油进口 2447.5 亿元，与 2017 年相比增长 42.8%。

2018 年，山东有进出口实绩的民营企业 4.19 万家，与 2017 年相比增加 10.9%，占全国的 11.26%，良好的政策环境和便利化措施吸引了更多的

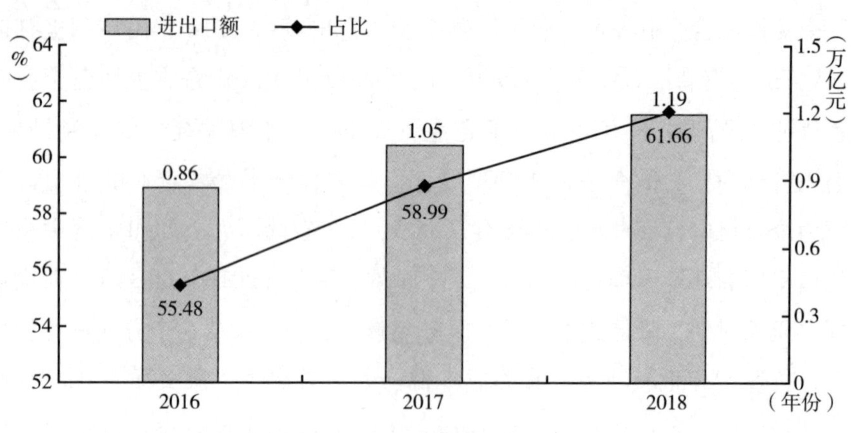

图12　山东民营企业进出口额及占比（2016~2018年）

资料来源：青岛海关、济南海关、齐鲁财富网。

民营企业参与到进出口贸易当中，这其中中小企业贡献突出。提高山东中小企业在“一带一路”建设中的参与度，能够有效帮助企业“走出去”寻求更多国际合作机会，也能为企业品牌国际推广奠定基础。积极参与“一带一路”专项行动，已经成为山东中小企业加速国际化发展的重要途径，也成为全面推进中小企业对外技术交流合作的窗口。

五　知识产权贡献

十九大报告强调要加强对中小企业创新的支持，促进科技成果转化。中小企业是经济发展中最具活力的部分，是技术创新主体中最富有活力的组成部分，是推动大众创业、万众创新的重要基础。近年来，我国改革开放向着更深层次发展，与世界经济体的联系更加紧密，在世界一体化进程中完善我国知识产权法律制度成为必然选择。鼓励山东中小企业掌握专有技术和独门绝活，走专业化、精细化、特色化、创新化发展道路，对于山东新旧动能转换具有重要意义。

（一）法规体系更加健全

知识产权法律制度，是商品经济和科学技术发展的产物，欧洲、美国、日本等科学技术发达的国家和地区已建立了较为完善的知识产权法律制度，知识产权法也成为世界各国法律体系的重要组成部分。2018 年 5 月，工信部中小企业发展促进中心主任苗长兴在“创扶汇”2018 中小企业服务创新战略发布会上表示，我国中小企业完成了 70% 以上的发明专利。完善知识产权制度，对于保护中小企业知识产权、推动中小企业创新具有重要意义。

坚实的法治保障、良好的法治环境、优质的法律服务，是民营经济实现高质量发展所不可或缺的。2018 年 3 月 19 日，山东省知识产权局印发《知识产权创新支持新旧动能转换工作措施》（鲁知规字〔2018〕7 号），从知识产权创造、运用、保护、服务等方面提出了 10 条具体工作措施，推进新旧动能转换重大工程。12 月，山东省司法厅印发《关于进一步加强法治保障和法律服务支持民营企业发展的实施意见》（鲁司〔2018〕156 号），加强民营企业产权保护，依法保障民营企业和企业家合法财产不受侵犯、合法经营不受干扰。另外，山东省检察院、省国资委、省人社厅等多个部门也出台了保障知识产权政策，健全了山东知识产权法规政策体系。

着眼于解决民营企业市场准入条件高、审批流程长等问题，致力于减轻民营企业负担、支持民营企业转型升级，2018 年 12 月山东省市场监督管理局出台了《关于支持民营经济高质量发展的十二条措施》（以下简称《措施》），旨在为民营企业市场准入提供便利化服务、促进民营企业做大做强、保障民营企业权益等。《措施》提出：“推动企业质量品牌发展……引导民营企业推进商标作价出资、商标转让、商标许可等市场化运作，提高商标运用管理水平……支持开展知识产权质押融资。将知识产权质押融资项目扶持资金的资助范围由小微企业扩大到中小微企业……查处损害企业权益的不正当竞争和垄断行为……依法打击市场混淆、商业贿赂、虚假宣传、侵犯商业秘密、商业诋毁等不正当竞争行为。”

（二）专利发明稳步增长

知识产权是指具有经济价值并受法律保护的新颖的创造性产品，其主要形式有专利、著作权和商标。近年来，我国中小企业蓬勃发展，完成了

70%以上的发明专利。中小企业对推动生产技术创新具有不可替代的作用，因此，对正在实施新旧动能转换的山东具有重要意义。鉴于中小企业发明专利数据获取困难，本报告采用了全部主体发明专利数据。2018 年山东自主创新能力明显提升，知识产权竞争力增强，发明专利数量和质量进一步提高。截至 2018 年底，全省有效发明专利 87362 件，与 2017 年相比增长 17.1%，每万人口发明专利拥有量达到 8.78 件，较 2017 年提高 1.21 件。全省国内发明专利申请量 75817 件，发明专利授权量 20338 件；PCT 国际专利申请量 1751 件。发明专利申请量和授权量平稳发展，标志着全省整体技术水平和创新能力提升，山东创新发展环境持续改善，中小企业创新水平也有所提升。青岛、济南两市在全省发明专利申请量方面均突破 10000 件，在发明专利授权量方面都突破 4000 件，遥遥领先于其他地市（见表 4）。

表 4　山东各城市发明专利申请量和授权量排名（2018 年）

单位：件

地域	发明专利申请量		发明专利授权量	
	排名	申请量	排名	授权量
青岛	1	22521	1	6496
济南	2	13685	2	4887
潍坊	3	7470	3	1612
淄博	4	5874	5	1250
烟台	5	5402	4	1364
济宁	6	3197	7	621
泰安	7	2449	9	523
威海	8	2336	6	642
临沂	9	2234	8	538
枣庄	10	2081	17	228
滨州	11	1601	12	330
东营	12	1555	10	401
聊城	13	1457	11	388
德州	14	1447	14	286
日照	15	959	13	300
菏泽	16	913	16	234
莱芜	17	636	15	238

资料来源：山东省市场监督管理局（省知识产权局）、齐鲁财富网。

PCT专利是指通过专利合作条约途径向国外提出的专利申请，是反映地区外向型经济发展水平和地区国际技术竞争能力的重要指标。2018年，山东对国际专利体系的使用稳步增长，表明山东省内创新主体日益把目光投向海外，期待将自己的创意传播到新市场。山东全年PCT国际专利申请量1751件，与2017年相比增加51件，同比增幅3%。2018年，青岛以1088件居全省首位，也是余下16市合计总量的1.64倍，济南、潍坊、淄博三市申请量均超过百件（见图13）。

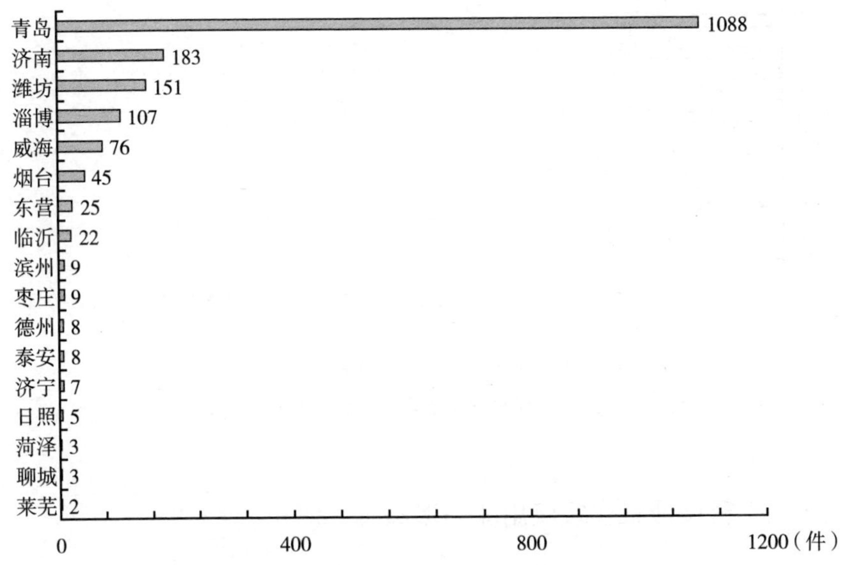

图13　山东各市PCT国际专利申请量（2018年）

注：图中数量为已缴费PCT专利申请数量。

资料来源：山东省市场监督管理局（省知识产权局）、齐鲁财富网。

在知识产权融资方面，2018年山东在国家知识产权局备案的专利权质押合同登记达到508项，与2017年相比增长10.9%，质押融资金额59.4亿元，与2017年相比增长19.04%。知识产权质押融资取得新突破。其中，知识产权质押融资金额超过1亿元的市有14个，临沂、日照和菏泽三市则低于1亿元，东营以10.46亿元居全省首位，也是全省唯一超过10亿元的城市（见图 14）。济南以 8. 47 亿元的融资额居全省第二位，融资额与 2017 年相比减少 11. 40%，位次也比 2017 年退后一位。

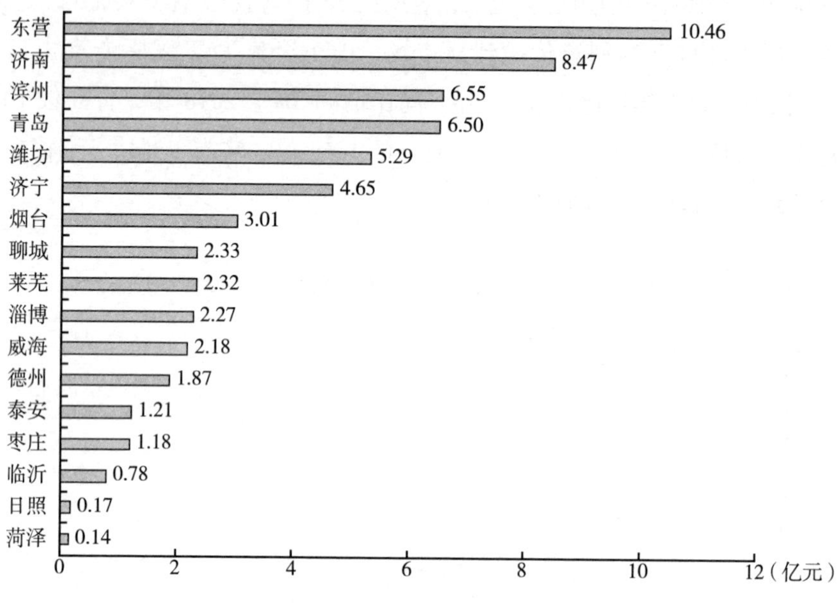

图 14　山东各市知识产权质押融资（2018 年）

资料来源：山东省市场监督管理局（省知识产权局）、齐鲁财富网。

（三）科技成果实践应用能力提高

2018 年，山东有关部门着力提升知识产权运营效益，知识产权对全省经济发展的支撑作用进一步显现。各创新主体坚持效益优先，不断提升市场主体的知识产权运用能力，知识产权运用成果丰硕。山东省市场监督管理局（省知识产权局）数据显示，山东 2018 年知识产权质押融资件数和规模稳步提高，共办理专利权登记 508 件，金额 59. 4 亿元，与 2017 年相比分别增长 10. 7%、18. 9%；知识产权质押融资贴息、知识产权评估补助资金共计 1872. 43 万元，其中，贴息资金 1790. 51 万元，评估费补助 81. 92 万元。

建设山东知识产权信息服务体系。在国家知识产权局区域专利信息服务（济南）中心、专利信息传播利用（山东）基地和山东知识产权公共服务平台的基础上，建设省—市—县区—创新主体（企业、高校及科研院所）和服务机构全省知识产权信息公共服务体系。截至2018年底，全省建设知识产权信息传播利用站点5个，全国专利信息传播利用服务网点5家，全国专利信息重点促进单位7家，实现专利信息公共服务工作协调发展。

完善省知识产权公共服务平台的服务功能。2018年，山东知识产权公共服务平台引进省内外近20家优质知识产权服务机构，先后举办大型活动10余次，共接待来自政府、高校、科研院所以及企业的各界人士110余批、3200余人次，为各类创新主体提供知识产权咨询和服务近1000次。构建线上、线下相结合的知识产权交易运营体系：线上建立“新旧动能转换专利库”，截至2018年底，入库专利已超过1万件，并启动了“山东齐鲁知识产权交易中心线上交易系统”；线下举办知识产权拍卖会、交易会，共实现专利拍卖成交60余件，推动18项专利成果转化实施。

（四）助力中小企业创新发展

我国中小企业已成为经济发展中最具活力的部分，也是大众创新的主体。在创新驱动发展战略持续深入实施的大环境下，全国各类主体科技创新能力大幅提升，创新生态持续优化。2018年，中国全社会研究与试验发展（R&D）经费支出占GDP的比重为2.18%。高新技术企业达到18.1万家，科技型中小企业突破13万家，全国技术合同成交额为17697亿元。

2018年，山东出台一系列政策支持中小企业创新发展，其中省政府颁布的《关于支持民营经济高质量发展的若干意见》（鲁政发〔2018〕26号）指出：“开展瞪羚、独角兽企业培育行动，对认定的瞪羚、独角兽企业，省财政分档给予奖励和融资支持……对成功创建为国家技术创新中心、制造业创新中心的企业，省财政给予每个1000～3000万元经费支持（省财政厅、省科技厅、省工业和信息化厅牵头负责）。”全年山东省科技厅共为7950家企业落实2017年度研发加计扣除所得税减免64.1亿元，落实户数同比增长113.7%，其中科技型中小占70%以上；为2095家高新技术企业落实2017年度高新技术企业所得税减免118.75亿元，落实户数同比增长15.9%，其中科技型中小企业占75%以上。全年省市两级财政共投入4亿元对2017年811家企业的研发投入给予补助，带动企业研发投入110亿元。近两年创新券政策和小微企业升级高新技术企业补助政策累计投入2亿元，惠及4000家企业。科技创新与经济发展深度融合极大促进新技术、新产业、新业态的快速成长，全省经济社会高质量发展迈出坚实步伐。

B.3
山东省中小企业经营绩效分析

孙国茂　孙东东　闫小敏*

摘　要： 截至2018年底，山东实有中小企业261.3万户，与2017年底相比增长15.7%；其中，规模以上工业中小企业37508家，与2017年底相比减少4.75%。全年规模以上工业中小企业累计实现营业收入44695.80亿元，与2017年相比增长3.00%；累计实现利润总额2020.40亿元，与2017年相比增长2.20%；销售利润率为4.52%。2018年山东597家样本公司营业收入合计为916.21亿元，与2017年相比增长13.16%；利润总额合计为49.42亿元，与2017年相比下降4.32%；销售利润率为5.39%，与2017年相比下降0.99个百分点。本报告通过对山东部分中小企业的总资产、净资产、营业收入等指标进行汇总分析，以此来反映全省中小企业经营绩效情况。

关键词： 中小企业经营绩效　规模以上工业中小企业　民营经济　新旧动能转换

2018年，面对复杂严峻的国际环境和艰巨繁重的改革发展稳定任务，全国经济运行总体平稳、稳中有进，质量效益稳步提升。全年实现国内生产

* 孙国茂，青岛大学经济学院特聘教授、博士生导师，研究领域为公司金融、资本市场、制度经济学；孙东东，齐鲁财富网研究中心高级研究员，研究领域为普惠金融、公司金融、中小企业；闫小敏，山东财经大学金融学硕士，齐鲁财富网副总经理、研究中心高级研究员，研究领域为证券市场、公司金融。

总值90.03万亿元，与2017年相比增长6.6%。全部工业实现增加值30.52万亿元，与2017年相比增长6.1%，其中规模以上工业增加值增长6.2%。在经济由高速增长转向高质量发展阶段，山东经济运行稳中有进，新旧动能转换全面起势，资源在转型升级中的配置进一步优化，2018年实现生产总值7.65万亿元，与2017年相比增长6.4%。看到成绩的同时也要清醒认识到，山东经济大而不强、发展不平衡不充分的问题仍然比较突出，质量效益有待进一步提高。

2018年2月22日，山东省委书记刘家义在山东省全面展开新旧动能转换重大工程动员大会上提到：长期以来，山东在全国区域发展格局中一直处于优势地位，既是人家谋求合作的伙伴，又是人家努力追赶的目标。但浮云一别后，流水十年间。现在，我省在全国区域竞争大棋局中，已经不那么耀眼，产业结构不优，新动能成长不快，发展活力不足，经济效益不高，拉低了山东区域竞争优势，从某种程度上讲，我们陷入了由别人追着跑到追着别人跑的尴尬境地。当前，世界经济深刻调整，保护主义、单边主义抬头，经济全球化遭遇波折，多边主义和自由贸易体制受到冲击，全球不稳定、不确定因素增多，山东处于价值链中低端的多数产业面临巨大的转型升级压力，全省传统动能仍占据主体地位，新动能对经济发展的引领支撑作用尚未充分发挥。在这种大环境下，山东中小企业面临生产成本上升、融资难融资贵、创新发展能力不足等困境。

山东实有市场主体保持平稳增长。山东省市场监督管理局数据显示，截至2018年底，山东共有市场主体905.6万户，与2017年同期相比增长12.2%，实有注册资本20.5万亿元，与2017年同期相比增长23%。仅2018年山东新登记市场主体就高达168.1万户，与2017年同期相比增长12.3%；注册资本3.5万亿元，与2017年同期相比增长1.3%。全省新登记市场主体快速增长，反映出经济发展的基础性支撑不断增强，并呈现企稳向好的阶段性趋势。截至2018年底，山东实有中小企业261.3万户，与2017年同期相比增长15.7%，占市场主体总量的比重为28.8%，占比较2017年提高0.8个百分点；实有企业注册资本19.5万亿元，与2017年同期相比增长23.4%。

山东市场环境总体平稳，市场主体活力不断增强，新创立的市场主体逐渐成为主力军。商事制度改革以来，全省新设市场主体持续大量涌现，对促进就业以及经济健康发展发挥了重要作用，有效激发了市场活力和创造力，也在一定程度上改善了中小企业的经营状况。山东省统计局数据显示，截至2018年底，山东共有规模以上工业中小企业[①]37508家，累计实现营业收入44695.8亿元，与2017年相比增长3%[②]，累计实现利润总额2020.4亿元，与2017年相比增长2.2%，全省规模以上工业中小企业发展较为稳定。

值得注意的是，山东中小企业在经营发展中遇到不少困难和问题。在转变发展方式、优化经济结构、转换增长动力的攻关期，经济扩张速度放缓、需求结构快速调整给众多的中小企业带来巨大转型升级压力。经济高速增长时期，部分中小企业经营比较粗放，过于依赖负债扩大经营规模，在环保、社保、质量、安全、信用等方面存在不规范、不稳健甚至不合规、不合法的问题，随着国家监管执法力度不断加大，这类中小企业面临巨大转型压力，甚至可能面临停业的风险。另外，在国际、国内市场急剧变化的大环境下，很多中小企业面临生产成本上升、创新发展能力不足等问题，解决这些问题对促进经济高质量发展以及推进新旧动能转换均有极其重要的意义。

一　山东规模以上工业中小企业经营绩效分析

2018年，山东坚持新的发展理念，践行高质量发展，全省新旧动能转换全面起势，乡村振兴、海洋强省等战略稳步推进，“四新”经济快速发展，全年新登记“四新”经济企业大幅增长31%，高新技术产业产值占规模以上工业产值的比重达到36.9%，与2017年相比提高2个百分点。山东

① 规模以上工业中小企业是指年主营业务收入2000万元及以上且符合中小企业筛选标准的工业企业。

② 规模以上工业中小企业利润总额、主营业务收入等指标的增速均按可比口径计算，报告期数据与2017年所公布的同指标数据之间有不可比因素，不能直接相比计算增速。

工业生产保持平稳增长，全年全部工业增加值高达28897亿元，与2017年相比增长5.4%。其中，装备制造业增长7.5%，高技术产业增长9.6%，工业机器人、太阳能电池、服务器等新产品产量与2017年相比分别增长71.5%、58.9%和76.3%。高端装备制造业持续发挥引领作用，并逐渐成为支撑工业增长的重要驱动力量。山东省统计局数据显示，山东规模以上工业企业①主营业务收入为148322.2亿元，与2017年相比增长5.3%；利润总额为8965.4亿元，与2017年相比增长10.3%。主营业务收入利润率为5.26%，比2017年提高0.25个百分点；规模以上工业企业人均创造利润7万元，比2017年增长14.3%。

（一）规模以上工业企业分析

随着新旧动能转换工程加快实施，山东经济发展质量和效益呈现稳中向好的态势，规模以上工业企业增加值增长5.2%，多数企业生产效率提高。截至2018年底，山东全部规模以上工业企业为3.8万家，累计总资产为10.22万亿元；累计负债为6.22万亿元；期末资产负债率高达60.86%，与2017年同期（54.61%）相比提高了6.25个百分点。全省规模以上工业企业利润增长10.3%，主营业务收入利润率为5.26%，与2017年相比提高了0.25个百分点。

2018年，山东工业运行基本面保持稳定，但也要看到全省各地市和企业之间存在明显的分化，工业运行中的不稳定、不确定因素仍然较多，全省工业发展还面临很大的下行压力，部分规模以上工业企业的经营状况并不乐观。从不同地市来看，临沂、日照、莱芜等13个地市规模以上工业增加值的累计增速高于全省平均水平（5.2%）。其中，临沂规模以上工业增加值累计增速高达8.7%，比全省平均水平高了3.5个百分点。滨州、聊城、枣庄、东营4个地市规模以上工业增加值增速低于全省平均水平，其中滨州规模以上工业增加值出现负增长（见表1）。

① 规模以上工业企业指年主营业务收入2000万元及以上的工业法人企业。

表 1　山东各地市规模以上工业企业统计（2018 年）

单位：%

地市	增加值增速	利润总额增速
临沂	8.7	16.8
日照	8.4	22.9
莱芜	8.3	39.8
德州	7.3	34.9
菏泽	7.2	0.3
济南	7.1	9.8
淄博	6.9	22.5
青岛	6.8	6.0
烟台	6.8	-9.2
济宁	6.1	11.2
威海	6.0	6.8
潍坊	5.6	4.4
泰安	5.5	20.5
枣庄	4.0	36.7
东营	3.8	-141.2
聊城	2.8	-6.2
滨州	-2.3	-35.5
全省	5.2	10.3

资料来源：山东省统计局、齐鲁财富网。

莱芜、枣庄、德州等 8 个地市利润总额增速高于全省平均水平。其中，莱芜规模以上工业企业利润总额增速高达 39.8%。经济总量居全省前三位的青岛、济南、烟台三个地市利润总额增速均低于全省平均水平，烟台规模以上工业企业利润总额出现负增长。2018 年，山东经济仍面临较大的下行压力，规模以上工业企业出现亏损的数量与 2017 年（3098 家）相比增加 3949 家。当前，全国正处在转变发展方式、优化经济结构、转换增长动力的攻关期，给众多企业带来巨大经营压力。

（二）规模以上工业中小企业分析

2018 年中央经济工作会议指出："结构性政策要强化体制机制建设，坚持向改革要动力，深化国资国企、财税金融、土地、市场准入、社会管理等领域改革，强化竞争政策的基础性地位，创造公平竞争的制度环境，鼓励中小企业加快成长……要巩固‘三去一降一补’成果，推动更多产能过剩行业加快出清，降低全社会各类营商成本，加大基础设施等领域补短板力度。要增强微观主体活力，发挥企业和企业家主观能动性，建立公平开放透明的市场规则和法治化营商环境，促进正向激励和优胜劣汰，发展更多优质企业。”会议还确定：“一是推动制造业高质量发展……加大对中小企业创新支持力度，加强知识产权保护和运用，形成有效的创新激励机制。”

2018 年 12 月 24 日，李克强总理在国务院常务会议上指出：“落实中央经济工作会议精神，加力支持民营企业和中小企业发展，有利于增强经济发展内生动力、推动创业创新和就业扩大。”① 近年来，我国中小企业数量不断增加，产业结构不断优化，发展质量和效益不断提升，主要经济效益指标保持稳定增长。以习近平同志为核心的党中央充分肯定中小企业在中国经济发展中的重要地位。推动中小企业健康发展对实现经济高质量发展、建设现代化经济体系、提高全要素生产率、增强我国经济创新力和竞争力具有重大意义。2018 年，山东密集出台《关于进一步扩内需补短板促发展的若干意见》（鲁政发〔2018〕24 号）、《关于支持民营经济高质量发展的若干意见》（鲁政发〔2018〕26 号）等政策促进中小企业高质量发展，助推山东经济新旧动能转换。

截至 2018 年底，山东共有规模以上工业中小企业 37508 家，与 2017 年同期相比减少 4.75%，全省规模以上工业中小企业数量明显下降。全年山东规模以上工业中小企业累计实现营业收入 44695.8 亿元，与 2017 年相比增长 3%，增速提升 1.02 个百分点；累计实现利润总额 2020.4 亿元，与 2017 年相比增长 2.2%；累计产成品存货为 2340.9 亿元，与 2017 年同期相比下降 2.5%；累计应收账款 5575.6 亿元，与 2017 年相比增长了 8.1%。累计应收账款增速远高于累计营业收入增速，应收账款的快速

① 新华网，http://www.xinhuanet.com//politics/2018-12/24/c_1123898397.htm。

增加在一定程度上影响了企业的健康发展。山东规模以上工业中小企业累计营业收入与累计利润总额与2017年相比均有所提升，但两者增速均低于累计应收账款增速，这从一个侧面反映出全省规模以上工业中小企业应收账款占比不断提升，部分企业承受较大的现金流压力。

2018年山东规模以上工业中小企业销售利润率为4.52%，与全省规模以上工业企业主营业务收入利润率（5.26%）相比低了0.74个百分点，与2017年山东规模以上工业中小企业销售利润率相比也低了1.24个百分点。山东规模以上工业中小企业累计营业收入和累计利润总额虽然稳步增长，但利润转化率相对偏低，与全省大型工业企业相比仍存在明显差距，并且有进一步下滑的趋势。在全国经济面临较大下行压力的情况下，山东部分规模以上工业中小企业盈利能力表现偏弱。

2018年《政府工作报告》指出，发展是解决我国一切问题的基础和关键，要着力解决发展不平衡不充分问题，围绕建设现代化经济体系，坚持质量第一、效益优先，促进经济结构优化升级。要尊重经济规律，远近结合，确保经济运行在合理区间，实现经济平稳增长和质量效益提高互促共进。总体来说，山东规模以上工业中小企业虽然面临一定的经营压力，但在促进经济结构优化升级、大力推动经济高质量发展和创新发展等方面做出了突出贡献，并逐渐成为全省经济稳定发展和新旧动能转换的重要支撑力量。

二 山东中小企业经营绩效分析

山东拥有庞大的中小企业群体，中小企业实现良好的经营发展能够有效地平衡市场结构，对全省来说具有重要的经济效益和社会效益。为了解山东中小企业的经营状况，本节综合考虑数据的客观性、真实性、权威性和可获得性，选取山东在新三板和青岛、淄博两家区域股权交易中心挂牌并公开披露年度报告的597家中小企业为研究样本。需要说明的是，将未按时披露年报信息和信息披露不全面的企业予以剔除后，有510家新三板企业符合中小企业标准；截至2018年底，尽管在青岛、淄博两家区域股权交易中心挂牌的企业数量近4700家，但仅位于淄博的齐鲁股权交易中心披露了87家中小企业年报信息，其余4600余家，两个区域股权交易中心均未公开披露。我们把符合中小企业筛选标准的597家挂牌企业统称为样本企业。同样，由于区域股权交易中心公开披露的企业信息减少，本年度报告与2017年样本公司数量相比减少了236家。另外，我们根据中小企业筛选标准分别从广东、江苏和浙江的新三板挂牌企业中分别选取1318家、1096家、783家中小企业作为各省的样本公司与山东情况进行对比，以此反映四省中小企业经营绩效之间存在的共性与差异。

商事制度改革以来，山东市场主体发展进入高速增长期，但与江苏、浙江、广东相比仍有较大发展空间。2018年，山东新登记市场主体168.1万户，注册资本（金）3.5万亿元，但新登记市场主体的资金规模与广东、浙江等先进省份相比还有较大差距。四省市场主体注册资本（金）之间的差距在四省样本公司中也有所反映。据统计发现，山东样本公司平均注册资本（金）与广东、江苏和浙江三省相比存在明显差异。受山东新三板挂牌公司数量较少，且区域股权交易中心挂牌公司披露财务信息不积极等因素影响，山东可以作为样本分析中小企业经营绩效的数据也相对较少。具体来看，广东、江苏、山东、浙江样本公司注册资本（金）合计分别为581.95亿元、534.05亿元、242.96亿元、356.92亿元，平均注册资本（金）分别为4415.40万元、4872.74万元、4069.61万元、4558.37万元，四省中山东样本公司数量、累计注册资本（金）、平均注册资本（金）均低于广东、江苏、浙江三省。从已经获取的数据分析来看，山东样本公司平均注册资本（金）仅为4069.61万元，比江苏低了803.13万元、比浙江低了488.76万元，也比广东低了345.79万元，平均注册资本（金）偏低反映出山东中小企业整体实力偏弱（见图1）。

中小企业对推动经济实现高质量发展具有十分重要的意义，一个国家出口贸易和经济可持续发展往往得益于中小企业，纾解中小企业所面临的困难，改善中小企业经营状况，对进一步激发中小企业活力和发展动力起到积极的作用。山东样本公司累计营业收入为916.21亿元，与2017年相比增长

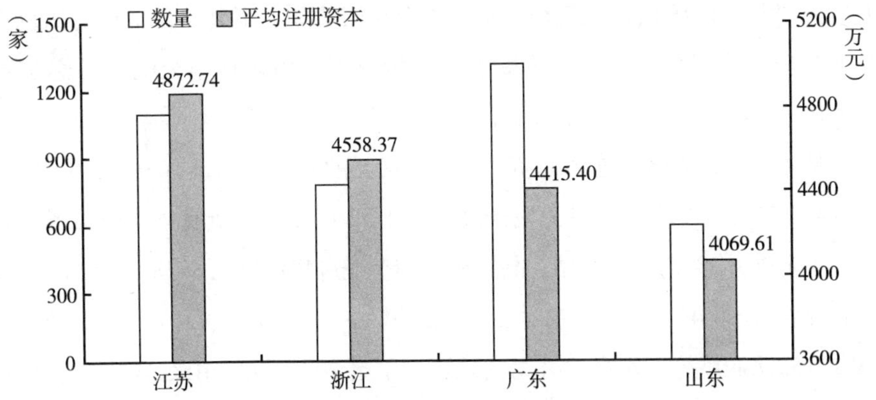

图1　四省样本公司家数与平均注册资本对比（2018 年）

资料来源：Wind、齐鲁股权交易中心、齐鲁财富网。

13.16%；累计利润总额为49.42亿元，与2017年相比下降4.32%。累计营业收入虽然稳步增长，但企业盈利能力表现欠佳。2018年，山东样本公司平均销售利润率为5.39%，与2017年相比下降0.99个百分点，低于全国规模以上工业企业利润率（6.49%），略高于山东规模以上工业企业利润率（5.26%）。

截至2018年底，山东样本公司的资产负债率为46.49%，低于全省规模以上工业企业资产负债率（60.86%），财务杠杆水平整体偏低反映出全省范围内的中小企业存在融资难问题。山东样本公司总资产收益率为4.44%，低于中国银保监会发布的银行业2018年第四季度新发放普惠型小微企业贷款平均利率（7.02%），很多中小企业通过负债经营所产生的收益远不能覆盖融资成本。本节主要通过对样本公司的总资产、净资产、营业收入等指标进行汇总梳理，以此来反映山东中小企业的经营绩效情况，并进一步反映出山东中小企业的发展水平，为促进山东经济高质量发展提供重要依据。

（一）总资产分析

2018年，山东样本公司累计总资产达到937.64亿元，与2017年同期相比增加71.27亿元，增长了8.23%。样本公司数量虽然是全省196家沪深上市公司[①]的3.05倍，但累计总资产占196家沪深上市公司总资产的比重仅为3.67%。在经济下行压力不断加大的情况下，山东样本公司累计总资产虽然稳步增长，但增速明显偏低，企业扩张意愿持续下降。

具体来看，2018年全省总资产超过5亿元的样本公司仅有34家，占比为5.70%。34家样本公司累计总资产高达274.57亿元，占所有样本公司累计总资产的比重为29.28%。其中，新三板挂牌企业鲁华泓锦（833831.OC）的总资产高达20.43亿元。另外，文韬武略（300513.QLE）、淄博顺安（302115.QLE）等3家样本公司的总资产不足100万元。山东各样本公司的规模具有较大差异，这从一个侧面反映出全省中小企业在规模上存在较大分化现象。另外，山东共有409家样本公司总资产出现不同程度的增长，其中有279家总资产增速超过全省平均水平（8.23%），齐鲁股权交易中心挂牌企业草根快递（302869.QLE）总资产增幅高达2143.21%。

济南、青岛、淄博样本公司累计总资产居全省前三位，分别为186.23亿元、128.65亿元、118.12亿元，三个地市累计总资产高达432.99亿元，占全省样本公司累计总资产的比重高达46.18%。烟台、潍坊、威海三个地市总资产均超过50亿元，分别为94.81亿元、75.34亿元、61.75亿元。淄博样本公司数量虽然少于烟台、威海两市，但由于规模较大，其总资产排名也较为靠前，居全省第三位。

从平均总资产来看，枣庄、德州、莱芜等7个地市样本公司平均总资产超过全省平均水平（1.57亿元），枣庄平均总资产高达3.04亿元。经济总量居全省前三位的青岛、济南、烟台的平均总资产均低于全省平均水平，分别为1.37亿元、1.56亿元、1.34亿元（见图2）。

---

① 截至2018年末，山东共有196家沪深上市公司，合计营业收入为17940.66亿元，与2017年相比增长13.11%；合计净利润为1093.81亿元，与2017年相比增长9.94%；合计总资产为25577.90亿元，与2017年同期相比增长10.80%；合计净资产为11184.05亿元，与2017年同期相比增长11.90%；资产负债率为56.48%，与2017年同期相比下降0.30个百分点；销售利润率为7.64%，与2017年相比下降0.15个百分点；总资产收益率为4.50%，与2017年相比下降了0.18个百分点；净资产收益率为10.33%，与2017年相比下降了0.49个百分点。

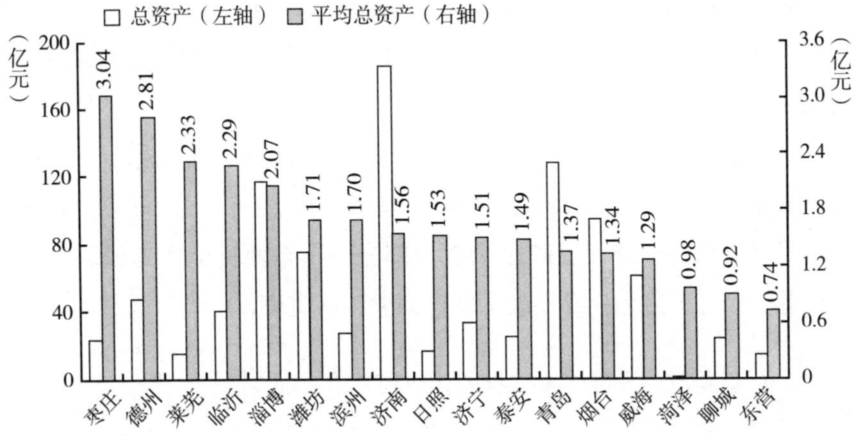

图 2　山东各地市样本公司总资产和平均总资产对比（2018 年）

资料来源：Wind、齐鲁股权交易中心、齐鲁财富网。

与 2017 年同期相比，山东共有滨州、青岛、济宁等 15 个地市样本公司累计总资产出现不同程度的增长，其中有 7 个地市累计总资产增速超过全省平均水平（8.23%），滨州增速高达 15.74%，东营、烟台累计总资产出现不同程度下滑（见图 3）。

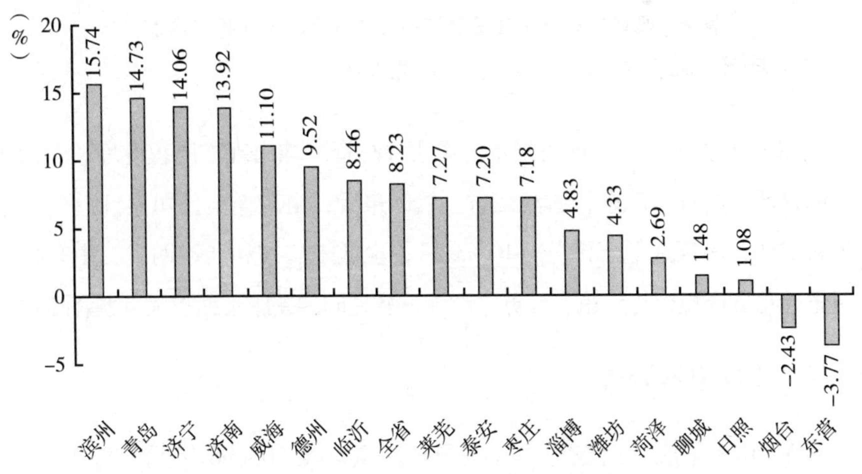

图 3　山东各地市样本公司累计总资产增速对比（2018 年）

资料来源：Wind、齐鲁股权交易中心、齐鲁财富网。

截至2018年底，山东样本公司累计总资产与广东、江苏、浙江三省相比存在较大差距。浙江经济总量虽然低于山东，但样本公司数量和累计总资产远高于山东省，其累计总资产为1431.96亿元，是山东的1.53倍。从平均总资产来看，山东样本公司平均总资产为1.57亿元，比江苏、浙江、广东分别低了0.34亿元、0.26亿元、0.09亿元。四省中，山东样本公司平均总资产最低，从一个侧面反映出全省大部分中小企业资金实力偏弱，与广东、江苏、浙江三省相比存在较为明显的差距（见图4）。

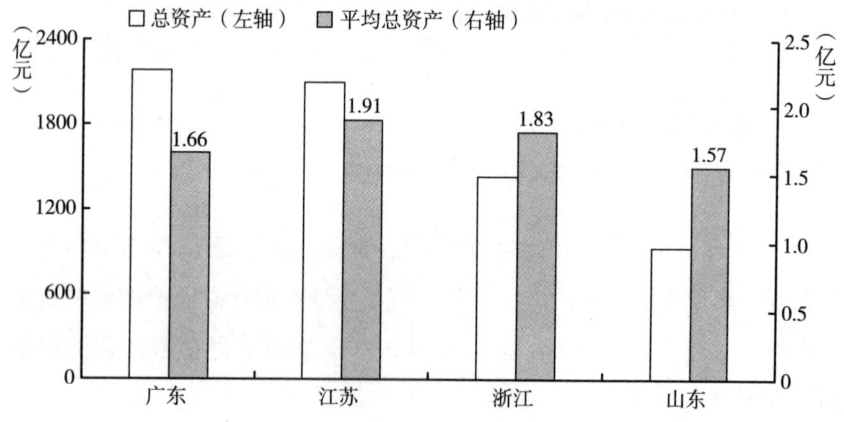

图4 四省样本公司总资产和平均总资产对比（2018年）

资料来源：Wind、齐鲁股权交易中心、齐鲁财富网。

与2017年同期相比，四省样本公司累计总资产均出现不同程度增长，山东增速明显低于江苏、广东、浙江三省。具体来看，山东样本公司累计总资产增速为8.23%，不仅远低于江苏（10.53%），也低于广东和浙江两省，山东样本公司累计总资产规模与广东、江苏、浙江三省之间的差距不断扩大（见图5）。

（二）净资产分析

截至2018年底，山东样本公司累计净资产为503.08亿元，与2017年同期相比增长8.83%，增速高于全国规模以上工业企业净资产增速（7.2%），也高于样本公司累计总资产增速（8.23%）。具体来看，全省样

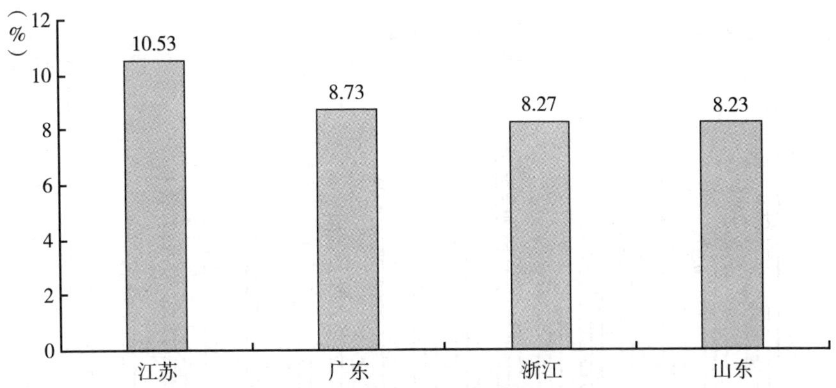

图5 四省样本公司累计总资产增速对比（2018年）

资料来源：Wind、齐鲁股权交易中心、齐鲁财富网。

本公司中有158家净资产规模超过1亿元，累计为347.50亿元，占样本公司累计净资产比重为69.07%。ST奥盖克（430395.OC）、ST鲁虹（836835.OC）等4家企业净资产为负值，面临较大债务风险。另据统计，山东样本公司中有436家净资产出现不同程度增长，其中18家净资产增速超过100%。

由于数量存在较大差异，各地市样本公司累计净资产也存在较大的差别。统计发现，山东17个地市中仅济南累计净资产超过100亿元，为108.96亿元；青岛、淄博两市累计净资产分别居第二和第三位，分别为63.38亿元和62.55亿元。从平均净资产来看，山东共有8个地市样本公司平均净资产超过全省平均水平（0.84亿元），德州、枣庄、莱芜3个地市平均净资产居全省前三位，分别为1.52亿元、1.35亿元、1.22亿元。青岛、烟台平均净资产均低于全省平均水平，分别为0.67亿元、0.70亿元，东营平均净资产仅为0.41亿元（见图6）。

2018年，山东共有9个地市的样本公司净资产增速超过全省平均水平（8.83%），济宁增速高达20.74%；东营、烟台两市出现不同程度下滑，下滑幅度分别为6.18%和2.83%（见图7）。

山东样本公司累计净资产为503.08亿元，与广东、江苏和浙江三省相

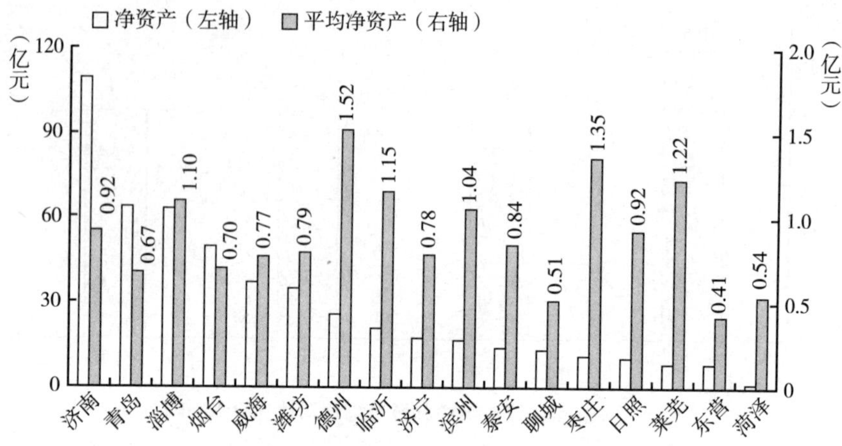

图6　山东各地市样本公司净资产和平均净资产对比（2018年）

资料来源：Wind、齐鲁股权交易中心、齐鲁财富网。

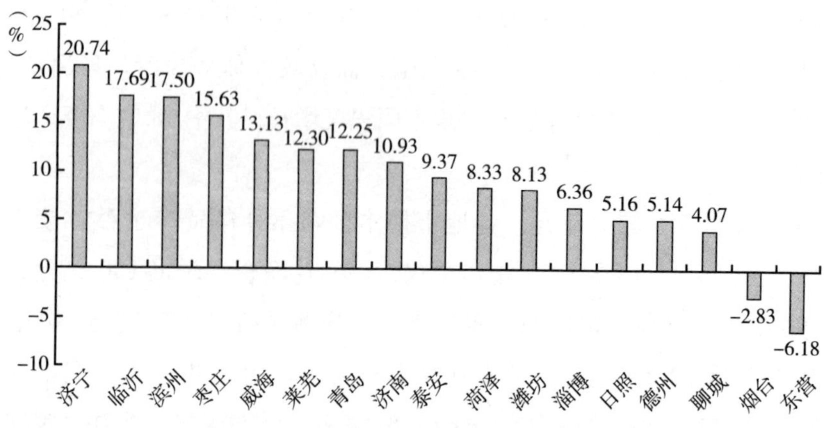

图7　山东各地市样本公司累计净资产增速对比（2018年）

资料来源：Wind、齐鲁股权交易中心、齐鲁财富网。

比存在较大差距。广东累计净资产高达1166.42亿元，为山东的2.32倍。江苏、浙江两省净资产也分别达到1077.60亿元和764.49亿元，分别为山东的2.14倍和1.52倍。从平均净资产来看，山东样本公司平均净资产为0.84亿元，远低于江苏（0.98亿元）、浙江（0.98亿元）两省，略低于广东省（0.88亿元），自有资金实力明显弱于其余三省（见图8）。

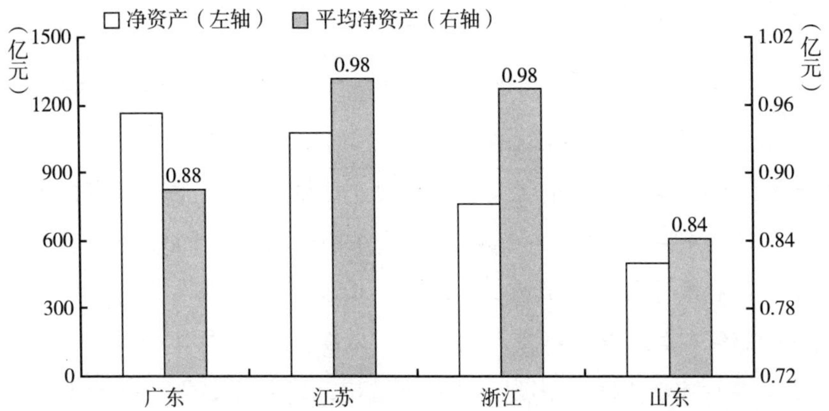

图 8　四省样本公司净资产和平均净资产对比（2018 年）

资料来源：Wind、齐鲁股权交易中心、齐鲁财富网。

与 2017 年相比，山东样本公司累计净资产增长 8.83%，高于广东、浙江两省增速，比江苏低了 1.64 个百分点。山东样本公司累计总资产增速虽然低于江苏、广东、浙江三省，但累计净资产增速相对较高，全省样本公司自有资金实力稳步增强（见图 9）。

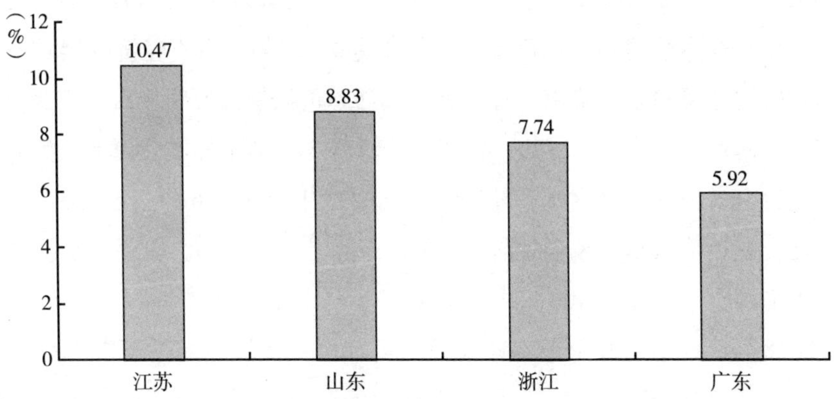

图 9　四省样本公司累计净资产增速对比（2018 年）

资料来源：Wind、齐鲁股权交易中心、齐鲁财富网。

（三）总负债分析

负债经营既是一项财务策略又是一种经营战略，当生产性资产收益率大于债务本息率时才能保证经营的可持续性，通过分析样本公司负债情况可以更好地了解山东中小企业的经营风险情况。截至2018年底，山东样本公司累计总负债为434.54亿元，与2017年同期相比增长7.52%，高于全国规模以上工业企业累计总负债增速（5.2%），但低于山东样本公司累计总资产增速（8.23%）以及累计净资产增速（8.83%）。山东样本公司中有367家总负债与2017年同期相比出现不同程度增长，其中君安泰（301665.QLE）、金兜福（301389.QLE）等36家总负债增速超过100%。在全国信用收缩、产能过剩、企业经营效益明显恶化的背景下，市场资金更偏好有政府隐性担保或充足抵押品的国有和大型企业，民营和中小企业经营面临较大的融资困难，很多中小企业资产增长速度放缓，债务负担持续加重，一些中小企业甚至出现严重经营危机，这在一定程度上影响了山东中小企业总负债增长速度。

从不同地市来看，济南、青岛、淄博样本公司的总负债居全省前三位，分别为77.27亿元、65.27亿元、55.56亿元，三市累计负债高达198.10亿元，占山东样本公司累计总负债的比重高达45.59%。由于经济发展较快以及样本公司数量较多，济南、青岛等市累计总负债规模要明显高于鲁西南等地市。从平均负债来看，枣庄、德州、临沂等7个地市样本公司平均负债达到或超过全省平均水平（0.73亿元），其中枣庄高达1.69亿元。济南、青岛、烟台总负债虽然排在全省前列，但由于企业数量较多，其平均负债均低于全省平均水平（见图10）。

2018年，全省有6个地市样本公司累计总负债增速超过全省平均水平（7.52%），其中济南增速高达18.43%，青岛、德州、滨州增速也超过10%，这些地市累计总负债增速相对较高（见图11）。

对比四省，山东样本公司累计总负债为434.54亿元，远低于广东、江苏两省，也低于浙江省。从平均负债来看，山东样本公司平均负债为0.73

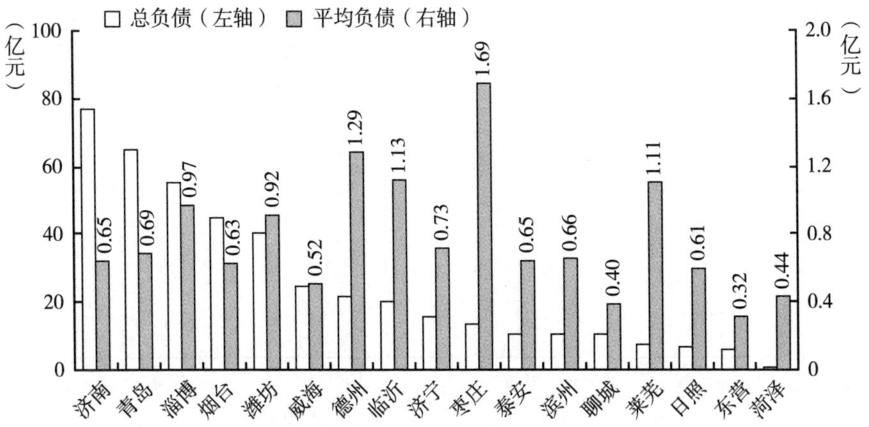

图 10 山东各地市样本公司总负债和平均负债对比（2018 年）

资料来源：Wind、齐鲁股权交易中心、齐鲁财富网。

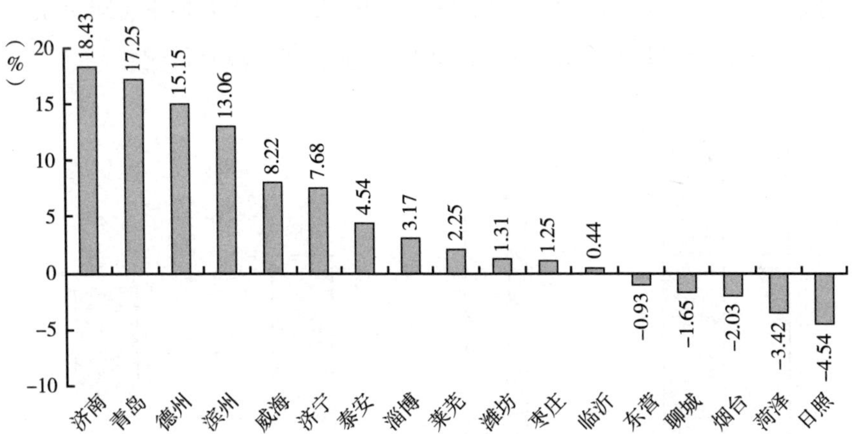

图 11 山东各地市样本公司累计负债增速对比（2018 年）

资料来源：Wind、齐鲁股权交易中心、齐鲁财富网。

亿元，分别比江苏、浙江、广东低了 0.20 亿元、0.12 亿元、0.05 亿元，山东样本公司平均负债水平偏低（见图 12）。

另据统计，山东样本公司总负债与 2017 年相比增长 7.52%，增速比广东、江苏、浙江分别低了 4.59 个、3.08 个和 1.37 个百分点（见图 13）。增

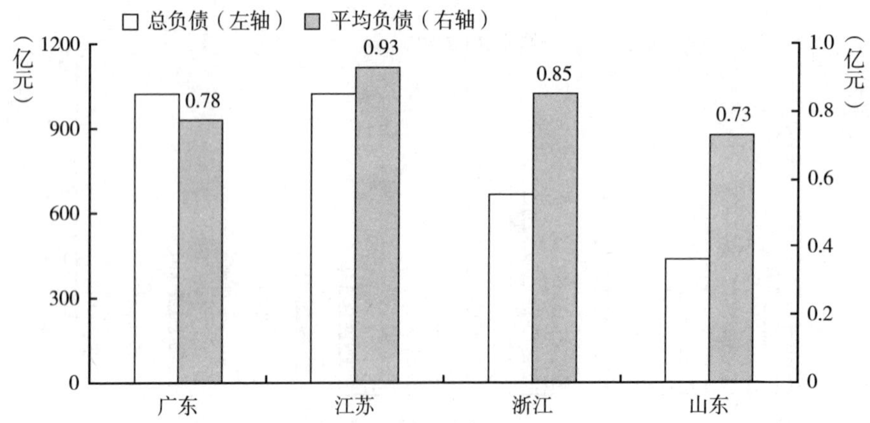

图 12　四省样本公司总负债和平均负债对比（2018 年）

资料来源：Wind、齐鲁股权交易中心、齐鲁财富网。

速明显低于广东、江苏等省份，在一定程度上反映出山东样本公司负债经营积极性较弱以及获取贷款难度较大，中小企业融资环境有待改善。

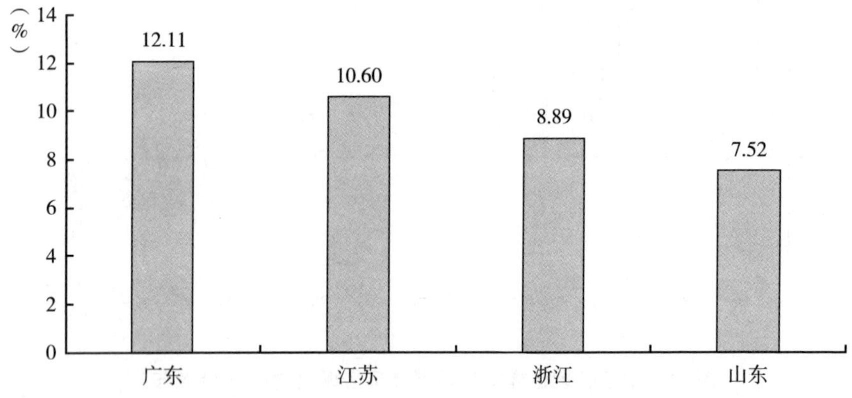

图 13　四省样本公司总负债增速对比（2018 年）

资料来源：Wind、齐鲁股权交易中心、齐鲁财富网。

（四）营业收入分析

山东省人民政府印发《山东省新旧动能转换重大工程实施规划》指出：

“把握全球科技革命和产业变革趋势，加快推动新技术异军突起、新产业培育壮大、新业态层出叠现、新模式蓬勃涌现，积极培育新的经济增长点，形成引领支撑经济发展的强大动能……加快互联网、大数据、人工智能和实体经济深度融合，推动新兴产业加速崛起、扩容倍增、重点突破，打造先进制造业集群和新兴产业发展策源地，培育形成新动能主体力量。”山东中小企业应抓住新旧动能转换历史机遇，不断提升营业收入的规模和质量，助推全省经济高质量发展。

2018 年，山东样本公司累计实现营业收入 916.21 亿元，与 2017 年相比增长 13.16%，高于全省规模以上工业企业主营业务收入增速（5.30%），与山东 196 家沪深上市公司累计营业收入增速（13.11%）基本持平。全省样本公司中有 223 家营业收入超过 1 亿元，招金励福（835776.OC）、一诺威（834261.OC）、华宝食品（100301.QLE）、鲁华泓锦（833831.OC）等 10 家超过 10 亿元。其中，招金励福共实现营业收入 84.36 亿元，与 2017 年相比增长 0.25%。山东样本公司中，有 401 家营业收入出现不同程度增长，其中 28 家增幅超过 100%。全年，山东 375 家工业样本公司累计实现营业收入 686.60 亿元，占全省样本公司营业收入比重为 74.94%，与 2017 年相比下降了 0.45 个百分点。山东非工业样本公司营业收入贡献能力逐渐增强，在一定程度上反映出全省经济结构不断优化。

从山东各地市来看，淄博、烟台、济南、青岛 4 个地市样本公司累计营业收入超过 100 亿元，其中淄博高达 157.23 亿元，居全省首位。从平均营业收入来看，淄博、济宁、枣庄 3 个地市样本公司平均营业收入居全省前 3 位，分别高达 2.76 亿元、2.50 亿元、2.15 亿元，远高于全省平均水平的 1.53 亿元（见图 14）。

在“放管服”改革深入推进以及各项支持民营企业发展壮大的政策措施不断落实的情况下，山东大部分地市样本公司营业收入出现较快增长，其中滨州、济宁、日照、东营 4 个地市增速超过 20%，分别为 44.70%、37.99%、33.69%、24.10%。菏泽、聊城、临沂 3 个地市累计营业收入与 2017 年相比出现不同程度下降，其中菏泽下降幅度高达 17.77%（见图 15）。

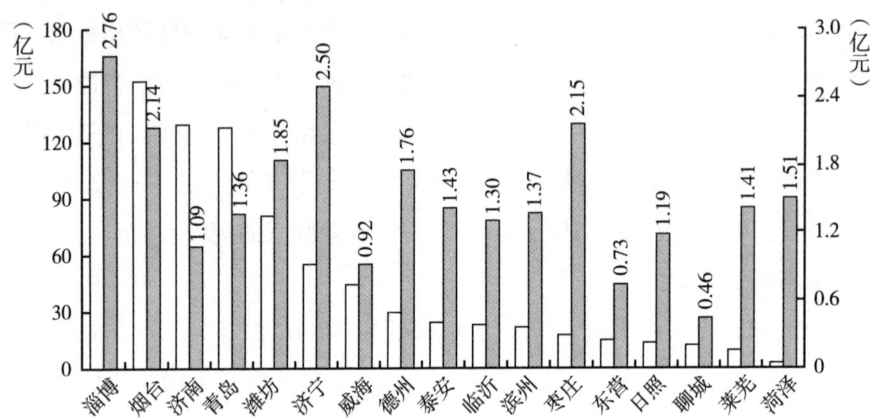

图 14　山东各地市样本公司平均营业收入对比（2018 年）

资料来源：Wind、齐鲁股权交易中心、齐鲁财富网。

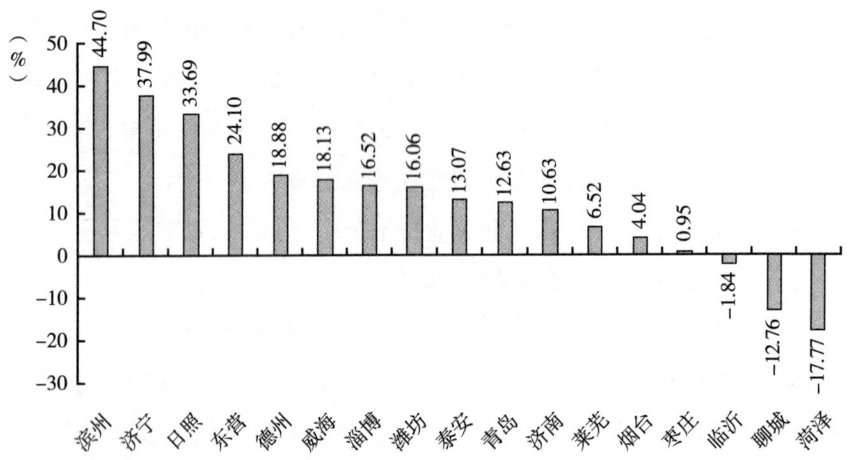

图 15　山东各地市样本公司累计营业收入增速对比（2018 年）

资料来源：Wind、齐鲁股权交易中心、齐鲁财富网。

从四省对比来看，2018 年山东样本公司累计实现营业收入 916.21 亿元，低于江苏、广东、浙江三省。其中，江苏为 1755.09 亿元，是山东的 1.92 倍，广东为 1733.82 亿元，是山东的 1.89 倍。由于数量和规模之间存在较大差异，山东样本公司累计营业收入偏低，但平均营业收入高达 1.53

亿元，远高于广东省（1.32 亿元），略低于江苏（1.60 亿元）和浙江两省（1.54 亿元/家）（见图 16）。

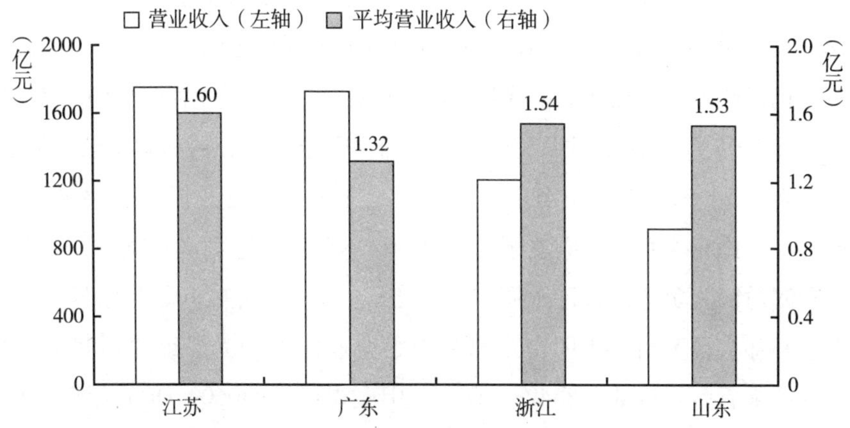

图 16　四省样本公司营业收入和平均营业收入对比（2018 年）

资料来源：Wind、齐鲁股权交易中心、齐鲁财富网。

四省样本公司累计营业收入均出现不同程度增长，其中山东与 2017 年相比增长 13.16%，增速比江苏、浙江、广东分别高了 0.93 个、4.49 和 11.12 个百分点（见图 17）。山东样本公司营业收入能力稳步增强，累计营业收入增速远高于广东、浙江两省，略高于江苏省。

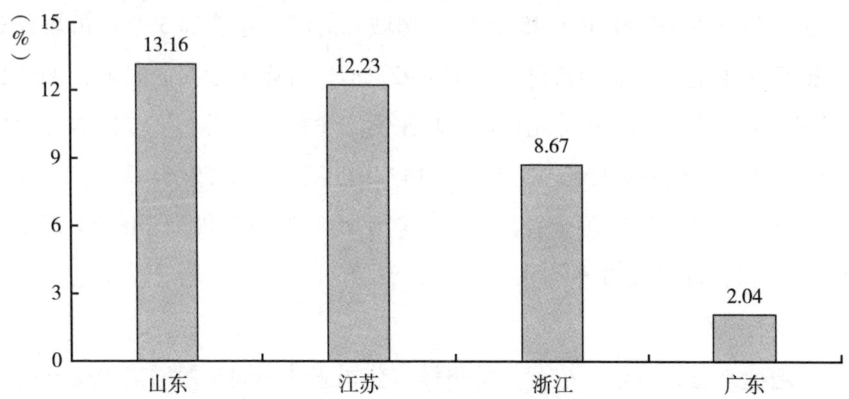

图 17　四省样本公司累计营业收入增速对比（2018 年）

资料来源：Wind、齐鲁股权交易中心、齐鲁财富网。

（五）利润总额分析

随着创新驱动发展战略的大力实施，山东经济新动能逐渐成为保持经济平稳增长的重要动力。但在新旧动能转换重大工程实施的关键时期，山东中小企业仍面临较大经营压力。2018 年，山东样本公司累计利润总额为 49.42 亿元，与 2017 年相比下降 4.32%。全省有 147 家样本公司利润总额为负值，亏损率高达 24.62%，高于山东规模以上工业中小企业亏损率（18.40%）。另据统计，山东 450 家利润总额为正值的样本公司累计利润总额为 61.15 亿元，利润总额为负值的合计亏损 11.73 亿元。累计营业收入稳步增长，累计利润总额却大幅下滑，表明山东部分中小企业面临较为严重的利润下滑情况。具体来看，一诺威（834261.OC）、中磁视讯（430609.OC）、招金励福（835776.OC）利润总额超过 1 亿元，分别为 1.19 亿元、1.17 亿元和 1.10 亿元。海德尔（832220.OC）、三祥科技（831195.OC）、卓能材料的（834314.OC）利润总额亏损分别为 0.73 亿元、0.53 亿元和 0.50 亿元。样本公司中，工业企业累计实现利润总额 36.85 亿元，占比为 74.57%，与 2017 年相比提升 3.68 个百分点。

2018 年，济南、青岛、淄博样本公司累计利润总额居全省前三位，分别为 9.38 亿元、7.29 亿元和 5.62 亿元，三市累计利润总额高达 22.29 亿元，占全省样本公司比重为 45.10%。聊城、菏泽、东营等 5 个地市累计利润总额低于 1 亿元。受创新科技（830792.OC）等企业亏损的影响，聊城累计利润总额仅为 1391.09 万元。从平均来看，枣庄、临沂、济宁样本公司居全省前三位，分别为 2199.10 万元、1427.45 万元、1252.64 万元。济南、青岛累计利润总额虽然居全省前两位，但平均利润总额仅为 788.50 万元和 775.27 万元，低于全省平均水平（827.82 万元），单个公司盈利能力表现偏弱（见图 18）。

从增速来看，济宁、东营、德州样本公司累计利润总额增速居全省前三位，分别高达 55.27%、51.74%、41.93%。另外，全省共有 9 个地市样本公司累计利润总额与 2017 年相比出现不同程度下降，其中聊城下降幅度高

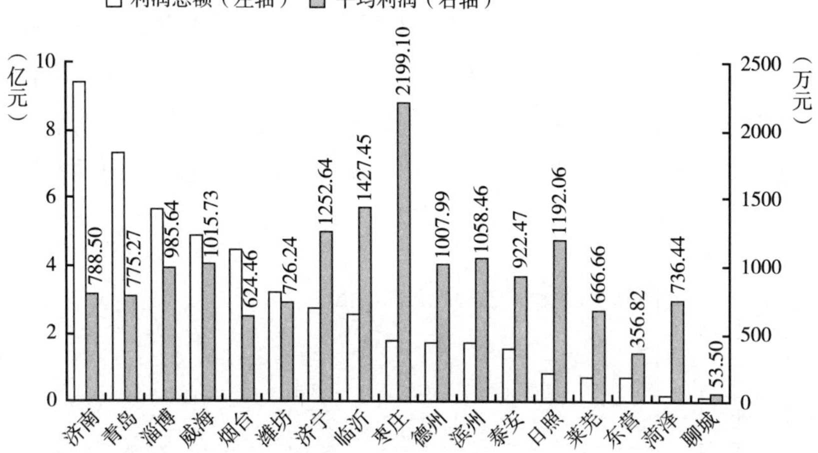

图 18　山东各地市样本公司利润总额和平均利润总额对比（2018 年）

资料来源：Wind、齐鲁股权交易中心、齐鲁财富网。

达 82.16%（见图 19）。由于中小企业经营环境以及所在地政府支持政策不同，山东各地中小企业盈利状况也存在明显差异。

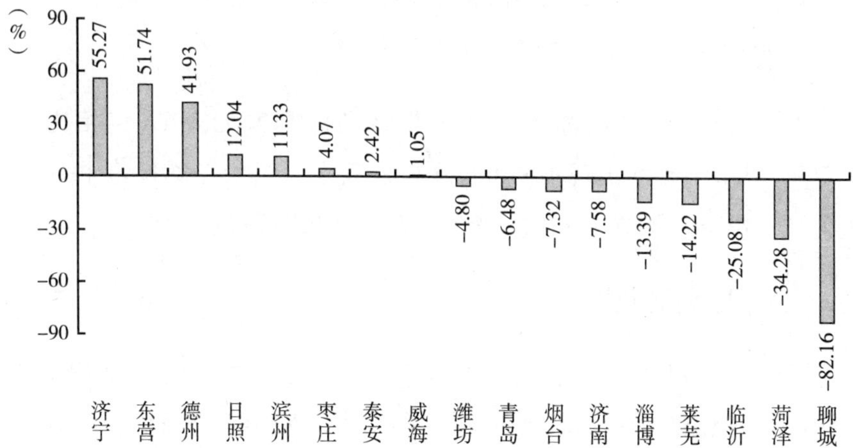

图 19　山东各地市样本公司累计利润总额增速对比（2018 年）

资料来源：Wind、齐鲁股权交易中心、齐鲁财富网。

与营业收入表现一致，山东样本公司累计利润总额为49.42亿元，远低于广东、江苏、浙江三省。四省中，仅江苏累计利润总额超过100亿元，广东样本公司数量虽多，但累计利润总额仅为67.97亿元，远低于江苏省。据统计，山东样本公司累计利润总额虽然四省垫底，但平均利润总额为827.82万元，远高于广东省，比江苏、浙江两省分别低了191.87万元和25.86万元（见图20）。

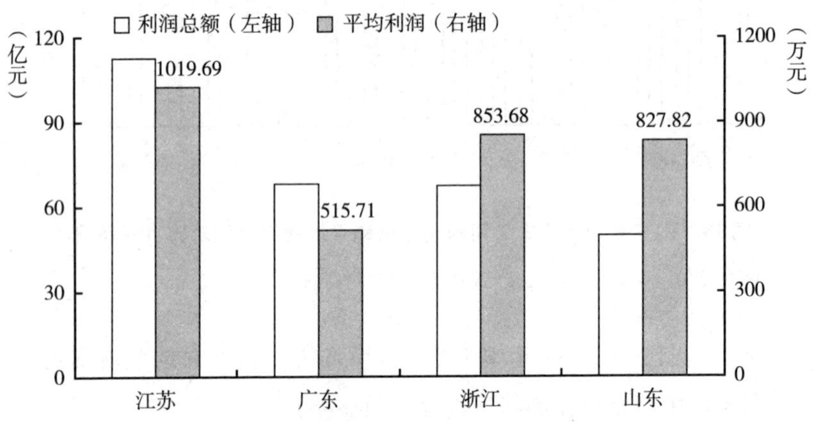

图20　四省样本公司利润总额和平均利润总额对比（2018年）

资料来源：Wind、齐鲁股权交易中心、齐鲁财富网。

另外，四省中仅江苏样本公司累计利润总额与2017年相比增长7.32%，其余三省均出现不同程度下降。其中，广东与2017年相比下降38.37%，山东与2017年相比下降了4.32%（见图21）。

（六）净利润分析

“十三五”以来，供给侧结构性改革取得明显成效，经济增长内生动力不断增强，但山东经济仍然面临较大下行压力，实体经济运行比较困难，内需增长有所放缓，支撑经济高质量发展的新动能仍相对偏弱。2018年，山东样本公司累计实现净利润40.02亿元，与2017年相比下降6.01%，样本公司盈利能力大幅下降。全省有150家样本公司出现不同程度亏损，亏损率

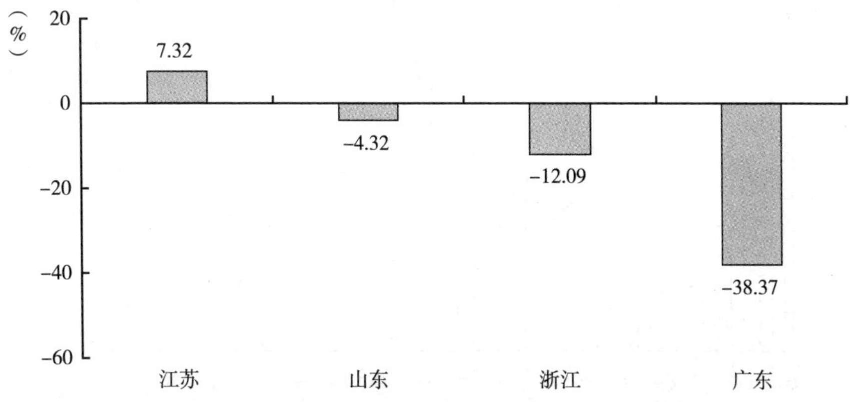

图21　四省样本公司累计利润总额增速对比（2018年）

资料来源：Wind、齐鲁股权交易中心、齐鲁财富网。

高达25.13%，其中有89家[①]连续两年亏损。

具体来看，山东有148家样本公司净利润超过1000万元，一诺威（834261.OC）、中磁视讯（430609.OC）超过1亿元，分别为1.09亿元和1.02亿元。另据统计，山东净利润超过1000万元的样本公司累计实现净利润42.01亿元，高于全部样本公司所实现净利润的绝对值。样本公司中，工业企业在2018年累计实现净利润29.89亿元，与2017年相比下降了1.07%；工业企业累计净利润占全部样本公司累计净利润的比重为74.70%，与2017年同期相比增加了3.73个百分点，累计净利润占比明显提升。

与利润总额排名一致，济南、青岛、淄博样本公司累计净利润居全省前三位，分别为7.96亿元、5.76亿元和4.83亿元，三市累计净利润占全省比重为46.35%。从平均净利润来看，山东有9个地市平均净利润超过全省平均水平（670.30万元）。济南、青岛、烟台平均净利润均低于全省平均水平，分别为668.92万元、612.39万元、380.15万元（见图22）。

与2017年相比，全省仅济宁、德州、枣庄等7个地市样本公司累计净利润出现不同程度增长，其中，济宁增幅为63.96%，居全省首位。聊城、

① 在统计续亏时仅对样本公司2017年和2018年数据进行统计。

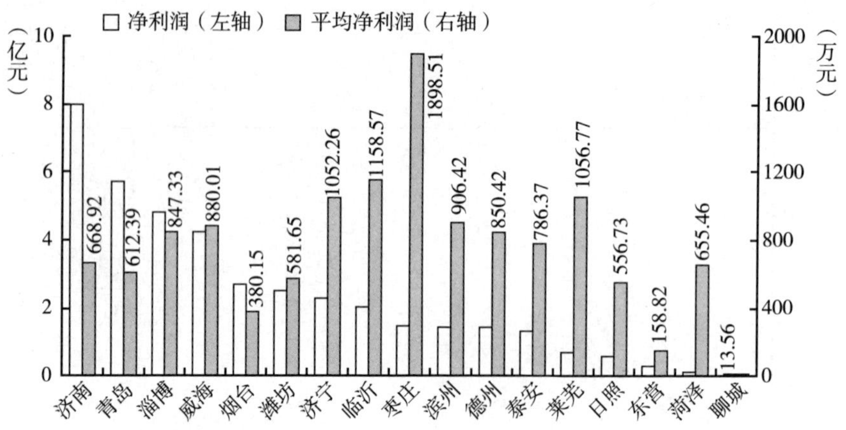

图 22　山东各地市样本公司净利润和平均净利润对比（2018 年）

资料来源：Wind、齐鲁股权交易中心、齐鲁财富网。

菏泽、烟台等 10 个地市出现不同程度下降，聊城下降幅度高达 93.64%（见图 23）。

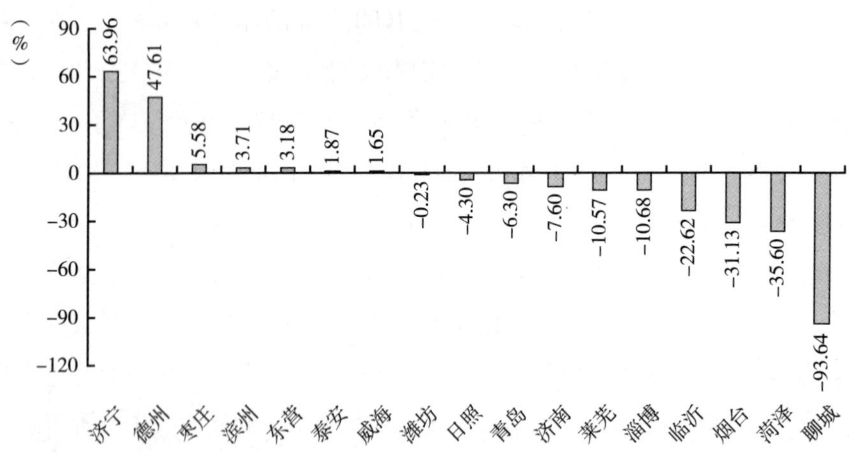

图 23　山东各地市样本公司累计净利润增速对比（2018 年）

资料来源：Wind、齐鲁股权交易中心、齐鲁财富网。

从四省对比来看，江苏样本公司累计净利润高达 93.20 亿元，明显高于广东、浙江、山东三省。由于样本公司数量偏少以及部分公司盈利能力偏弱，山东样本公司累计实现净利润仅为40.02亿元，远低于江苏、广东、浙江三省。另据统计，山东样本公司平均净利润为670.30万元，远低于江苏（850.40万元），略低于浙江（692.60万元），远高于广东（421.91万元）（见图24）。

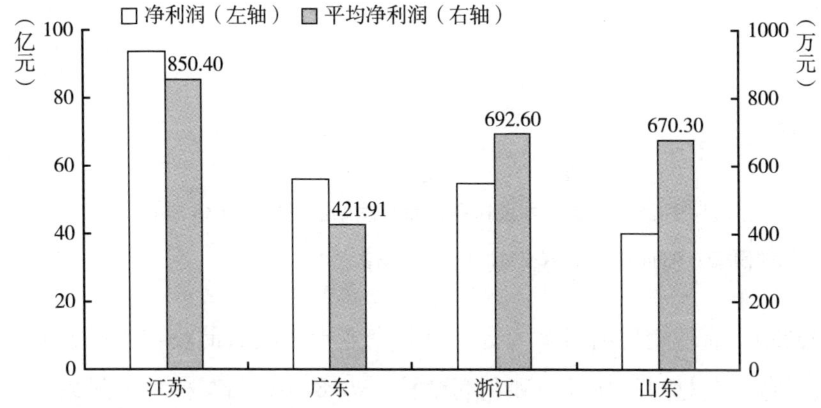

图24　四省样本公司平均净利润对比（2018年）

资料来源：Wind、齐鲁股权交易中心、齐鲁财富网。

另外，四省中仅江苏样本公司累计净利润与2017年相比增长11.14%，其余三省均出现不同程度下降。其中，山东与2017年相比下降6.01%（见图25）。我国经济从高速增长阶段转向高质量发展阶段后，依靠要素投入实现经济的高速增长变得越来越困难，依靠全要素生产推动质量变革、效率变革、动力变革显得尤为重要。山东中小企业不应仅仅依靠规模取胜，应该大力提升企业科技实力和经营质量，从而提升企业的盈利能力。

（七）销售利润率分析

当前，世界经济下行风险加大，国际贸易增长动能减弱，山东经济也面临较大压力，全省样本公司盈利能力出现明显下滑。2018年，山东样本公司销售利润率为5.39%，比2017年低了0.99个百分点，比全国规模以上工业企业利润率低了1.10个百分点，略高于山东规模以上工业企业利润率

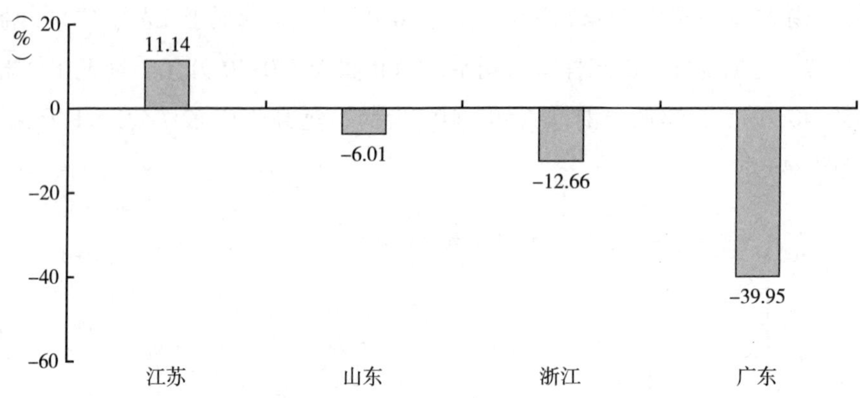

图 25　四省样本公司累计净利润增速对比（2018 年）

资料来源：Wind、齐鲁股权交易中心、齐鲁财富网。

(5.26%)。企业销售利润率主要是反映企业销售收入的收益水平，通过计算可以考察企业的盈利能力和利润结构。2018 年，山东样本公司累计营业收入虽然有所增长，但累计利润总额明显下滑，这表明山东部分中小企业很难将营业收入转化为利润，并且有相当一部分中小企业在经营过程中存在亏损现象。

具体来看，山东有 268 家样本公司销售利润率高于全省平均水平，但高于全国规模以上工业企业利润率的样本公司仅有 241 家（占比为 40.37%）。不考虑非工业企业影响，山东有近 60% 样本公司销售利润率低于全国规模以上工业企业利润率。山东另有 147 家样本公司销售利润率为负值，这些企业在 2018 年出现不同程度亏损。从统计数据看，山东样本公司销售利润率存在明显分化，经营状况较好的企业盈利能力明显优于全省平均水平，表现较差的公司盈利能力明显弱于全省平均水平，甚至出现严重亏损。

从不同地市来看，威海、临沂、枣庄等 10 个地市样本公司销售利润率高于全省平均水平（5.39%），其中威海高达 11.08%，居全省首位（见图 26）。济南、青岛、淄博累计利润总额虽然明显高于全省平均水平，但销售利润率表现并不是特别突出，济南（7.24%）、青岛（5.69%）两市高于全省平均水平，淄博仅为 3.57%。2018 年，山东仅德州、东营、济宁、枣庄

4 个地市销售利润率与 2017 年相比出现不同程度增长，其中德州提升 0.93 个百分点，盈利能力有所增强。

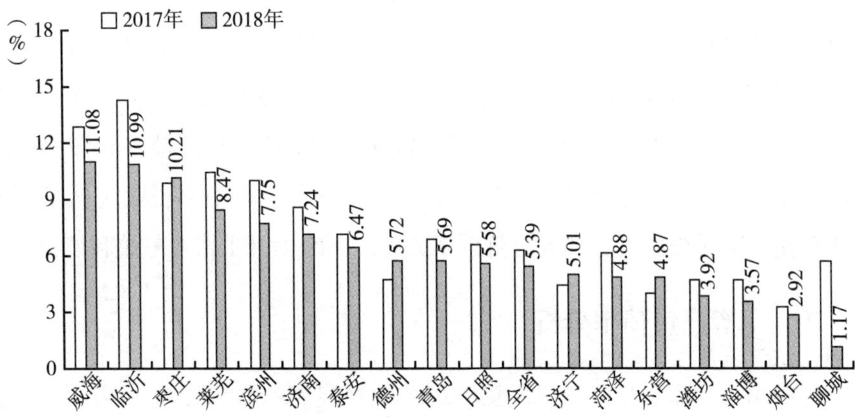

图 26　山东各地市样本公司销售利润率对比（2018 年）

资料来源：Wind、齐鲁股权交易中心、齐鲁财富网。

据统计梳理发现，2018 年山东样本公司销售利润率为 5.39%，低于江苏（6.37%）和浙江（5.54%）两省，高于广东省（3.92%）（见图 27）。与广东、江苏、浙江对比，山东样本公司销售利润率表现并不好，这从一个侧面反映出山东中小企业主营业务的利润转化情况不容乐观。

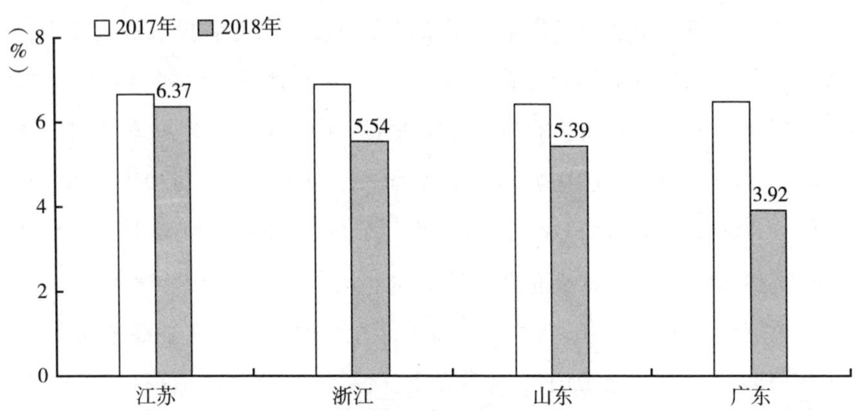

图 27　四省样本公司销售利润率对比（2017 ~ 2018 年）

资料来源：Wind、齐鲁股权交易中心、齐鲁财富网。

2018 年中央经济工作会议强调："要实施好积极的财政政策和稳健的货币政策，实施就业优先政策，推动更大规模减税、更明显降费，有效缓解企业融资难融资贵问题。要着力优化营商环境，深入推进'放管服'改革，促进新动能加快发展壮大。"推动更大规模减税降费以及优化营商环境，对改善企业经营状况以及提升中小企业盈利能力具有重要的意义。2018 年，山东样本公司累计营业收入稳步增长，利润总额明显下滑，导致销售利润率明显下降，反映出山东中小企业面临较大的经营困难。全省中小企业应抓紧新旧动能转换重大历史机遇，加大自身创新力度，不断提升主营业务盈利能力。

（八）资产负债率分析

2018 年 11 月 1 日，习近平总书记在主持民营企业座谈会时指出："要优先解决民营企业特别是中小企业融资难甚至融不到资问题，同时逐步降低融资成本……对有股权质押平仓风险的民营企业，有关方面和地方要抓紧研究采取特殊措施，帮助企业渡过难关，避免发生企业所有权转移等问题。对地方政府加以引导，对符合经济结构优化升级方向、有前景的民营企业进行必要财务救助。"① 供给侧结构性改革以来，中小企业融资难度不断增加，导致中小企业在经营上面临巨大压力和困境。与其他指标表现基本一致，山东样本公司之间资产负债率也存在明显分化。

高资产负债率说明企业资金主要来源于负债，所有者投入资金较少，因此这类企业的财务风险相对较高，在现金流不足时极有可能导致资金链断裂，出现违约风险，从而影响当地经济发展。山东有 137 家样本公司资产负债率高于 60%，其中 ST 中颐（835143. OC）、ST 奥盖克（430395. OC）、强盛工具（300065. QLE）3 家资不抵债，资产负债率分别高达 129. 27%、107. 86% 和 104. 35%，这类企业面临较大债务风险。截至 2018 年底，山东样本公司资产负债率为 46. 49%，不仅低于全国规模以上工业企业资产负债率（56. 50%），也远低于山东规模以上工业企业资产负债率（60. 86%），

① 新华网，http：//www. xinhuanet. com//2018 -11/01/c_ 1123649488. htm。

比山东196家沪深上市公司资产负债率（56.48%）也低了9.99个百分点。山东样本公司资产负债率明显偏低，在一定程度上反映出山东中小企业融资环境持续恶化，部分中小企业负债经营的积极性明显降低。

从不同地市来看，枣庄、潍坊、临沂等9个地市样本公司资产负债率高于全省平均水平（46.49%），其中枣庄资产负债率高达57.09%，但仍低于山东规模以上工业企业资产负债率（60.86%）。由于胶东半岛经济发展较快，当地中小企业更倾向于通过负债扩大经营规模，因此青岛、烟台等经济较为发达地市资产负债率略高于全省平均水平（见图28）。

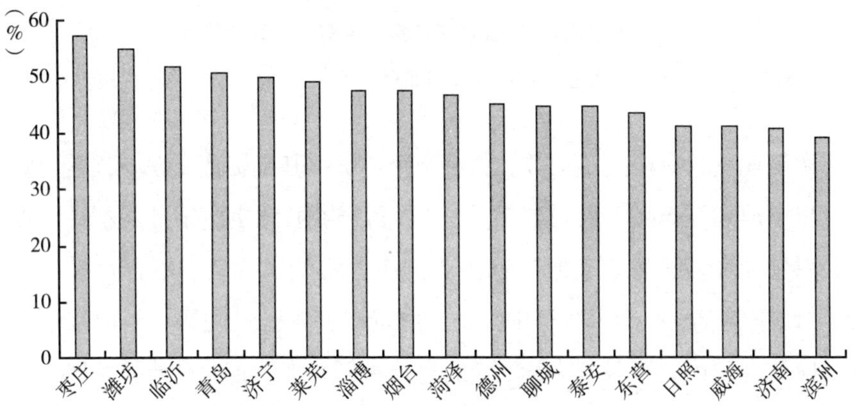

图28　山东各地市样本公司资产负债率对比（2018年）

资料来源：Wind、齐鲁股权交易中心、齐鲁财富网。

从四省对比来看，2018年山东样本公司资产负债率为46.49%，低于江苏省（48.57%），与浙江省持平，略高于广东省（见图29）。四省样本公司资产负债率均低于全国规模以上工业企业资产负债率（56.50%），在一定程度上表明中小企业普遍面临融资难问题。

山东样本公司资产负债率相对偏低反映出山东中小企业融资难的问题仍然存在，政府应该积极改善中小企业的融资环境，进一步缓解企业经营压力。山东省政府发布的《关于支持民营经济高质量发展的若干意见》指出："解决民营企业融资难融资贵问题，提升金融服务水平……支持金融机构发

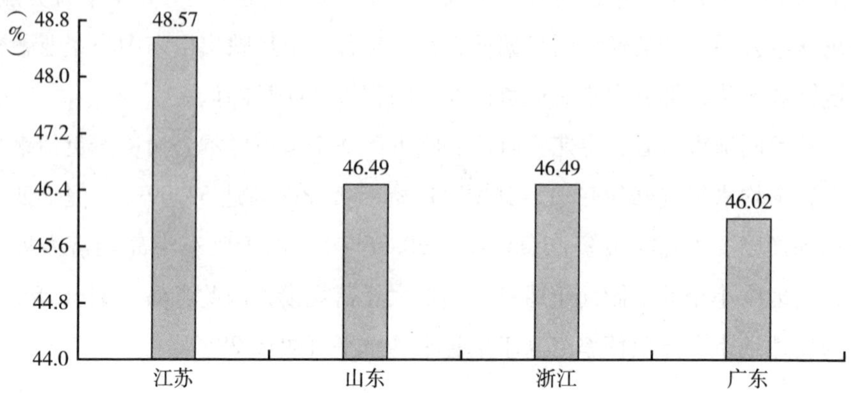

图 29　四省样本公司资产负债率对比（2018 年）

资料来源：Wind、齐鲁股权交易中心、齐鲁财富网。

行小微企业贷款资产支持证券，将小微企业贷款基础资产由单户授信 100 万元及以下放宽至 500 万元及以下……银行机构对不同所有制企业要一视同仁，对生产经营正常、暂时遇到困难的企业稳贷、续贷，不盲目抽贷、压贷。”政策的发布有助于缓解中小企业融资难、融资贵问题，但山东中小企业也应该合理控制经营风险，不断通过技术创新推动企业高质量发展，从而助力全省经济高质量发展。

（九）总资产收益率分析

当前，中国一些民营企业特别是中小企业在经营中遇到许多困难和问题，主要表现为经营环境较差、盈利能力偏弱等，这在山东样本公司的总资产收益率上也有所体现。总资产收益率是反映企业发展能力的重要指标，也是决定企业是否通过借债扩大经营规模的重要依据，分析总资产收益率可以更好地了解企业盈利的稳定性和可持续性。截至 2018 年底，山东样本公司总资产收益率为 4.44%，略高于同期基准贷款利率（4.35%），但远低于中国银保监会发布的银行业 2018 年第四季度新发放普惠型小微企业贷款平均利率（7.02%），这反映出山东样本公司中有较大一部分通过负债经营取得的收益不能完全覆盖融资成本。具体来看，山东有 258 家样本公司的总资产收益率高于全省平均水平，也就是说占比达 43.22% 的样本公司通过负债经营可以覆盖银行最低融资成本，但能够覆盖银行业第四季度新发放普惠型小微企业贷款平均利率（7.02%）的仅有 179 家（占比为 29.98%）。

从不同地市来看，济宁、威海、菏泽等 10 个地市样本公司总资产收益率高于全省平均水平（4.44%），其中济宁高达 7.42%（见图 30）。烟台、潍坊经济发展水平虽然较高，但总资产收益率远低于全省平均水平，也远低于同期基准贷款利率，总资产收益率不能完全覆盖融资成本。近年来，山东经济面临前所有未有的机遇和挑战，全省新动能对经济发展的引领支撑作用尚未充分发挥，山东面临民营企业活力不足、资本等要素市场发育不充分、市场配置资源能力偏低等问题。由于受到经济结构、资源禀赋、区域位置等因素影响，山东部分地市中小企业盈利能力表现偏弱。

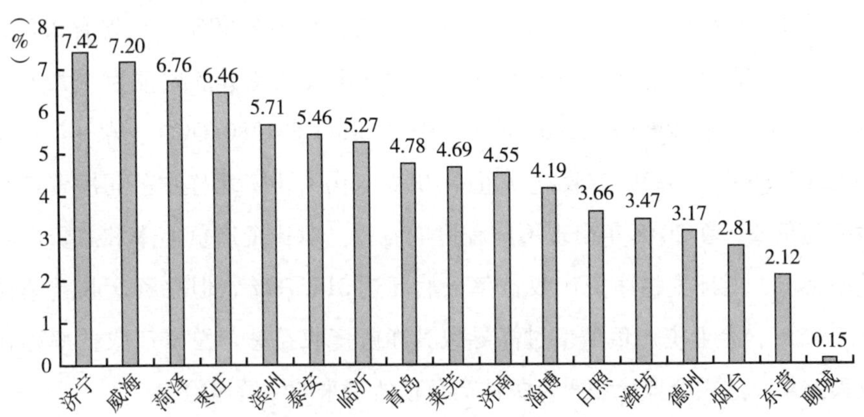

图 30 山东各地市样本公司总资产收益率对比（2018 年）

资料来源：Wind、齐鲁股权交易中心、齐鲁财富网。

从四省对比来看，山东样本公司总资产收益率为 4.44%，略低于江苏省（4.67%），但明显高于广东、浙江两省（见图 31）。受经济下滑压力增加等因素影响，山东中小企业面临巨大经营压力。

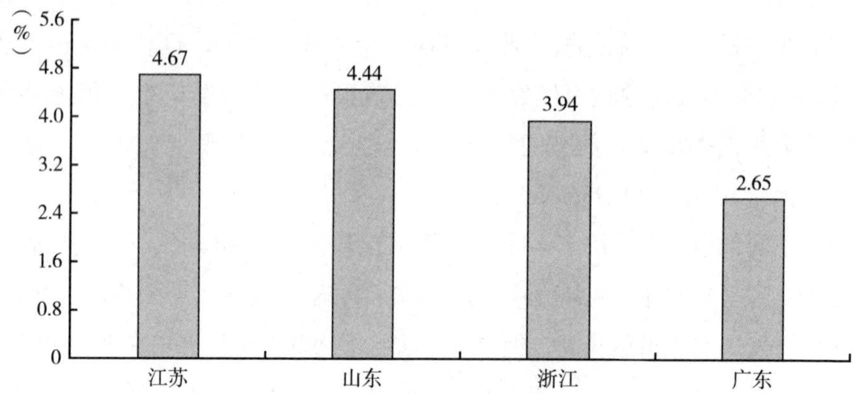

图 31 四省样本公司总资产收益率对比（2018 年）

资料来源：Wind、齐鲁股权交易中心、齐鲁财富网。

（十）净资产收益率分析

截至 2018 年底，山东样本公司净资产收益率为 8.29%。全省有 258 家公司净资产收益率高于全省平均水平，占样本公司总数的比重为 43.22%。其中，凯翔生物（832286.OC）、中财信（871380.OC）、草根快递（302869.QLE）的净资产收益率超过 100%，另有 147 家样本公司净资产收益率为负值，在 2018 年出现不同程度的亏损。对比资产负债率和总资产收益率来看，凯翔生物净资产收益率虽然高达 314.78%，但总资产收益率仅为 5.25%，企业资产负债率过高导致其净资产收益率与总资产收益率存在较大差异，这类企业应该重点关注高负债所带来的经营风险。

在新旧动能转换关键节点，山东中小企业面临较大转型压力，过高的企业融资成本和经营成本明显增加了企业经营压力。从不同地市来看，2018 年山东共有 9 个地市样本公司净资产收益率高于全省平均水平，枣庄、济宁、菏泽居全省前三位，分别为 15.06%、14.74% 和 12.64%（见图 32）。

从四省对比来看，2018 年山东样本公司净资产收益率为 8.29%，低于

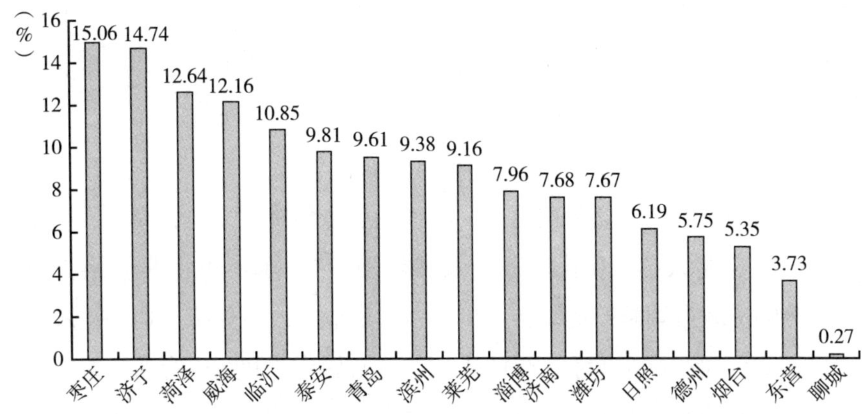

图 32　山东各地市样本公司净资产收益率对比（2018 年）

资料来源：Wind、齐鲁股权交易中心、齐鲁财富网。

江苏省（9.08%），略高于浙江、广东两省（见图 33）。山东样本公司净资产收益率虽然高于浙江省，但差距相对较小。由于山东非公有制经济发展活力不足，民营经济发展质量较低，全省样本公司净资产收益率与江苏、浙江等省份相比表现并不是特别好。

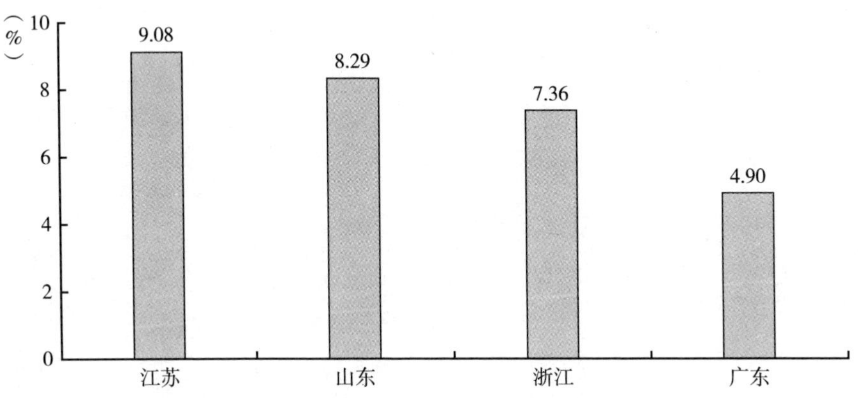

图 33　四省样本公司净资产收益率对比（2018 年）

资料来源：Wind、齐鲁股权交易中心、齐鲁财富网。

“十三五”以来，我国加快推进供给侧结构性改革取得明显成效，经济增长的内生力量不断增强，经济运行由降转稳态势更加巩固，国内外经济形势持续发生深刻变化，山东发展面临前所未有的机遇和挑战。

山东省委书记刘家义在2018年2月22日召开的新旧动能转换重大工程动员大会上提到："我省主营业务收入排前列的轻工、化工、机械、纺织、冶金多为资源型产业，能源原材料产业占40%以上，而广东、江苏两省第一大行业均为计算机通信制造业……服务业仍以传统的交通、商贸、餐饮住宿等传统服务业为主，现代服务业发展较慢。"山东中小企业应该积极创新，充分响应政府调整产业结构、培育新兴产业、改造传统产业、化解落后产能、打造现代产业新体系、全面提升经济发展质量和竞争力的号召，助力全省新旧动能转换。山东中小企业应坚持新发展理念，在培育发展新动能、推动实体经济加快升级中发挥更大作用。

B.4
山东省中小企业融资报告

董彦岭　姚丽婷　刘庆玉*

摘　要： 长期以来，融资难、融资贵一直是困扰企业发展的重点问题。《中小企业法》修订后，中小企业融资问题受到进一步重视。中国人民银行等四部委《关于进一步深化小微企业金融服务的意见》提出，督促和引导金融机构加大对小微企业的金融支持力度，缓解小微企业融资难、融资贵问题。针对中小企业融资难问题，山东省出台了《关于支持民营经济高质量发展的若干意见》等文件，不断增强金融机构服务能力，支持企业直接融资，助力中小企业发展。本报告结合正规融资和民间融资情况，对山东中小企业银行贷款现状、票据市场、债券市场、资本市场直接融资及民间借贷等方面进行分析，发现山东中小企业融资呈现金融服务获得能力有待提升、银行为主要融资渠道、直接融资比重偏低以及积极发展供应链金融等特征。

关键词： 中小企业融资　民间融资　正规融资

中小企业融资难、融资贵是个世界性难题，我国中小企业融资难、融资贵问题则又带有鲜明的中国特色。20 世纪 30 年代英国的《麦克米伦报告》

* 董彦岭，南开大学经济学博士，山东财经大学区域经济研究院院长、教授、硕士研究生导师，研究领域为区域经济学、金融理论与政策；姚丽婷，西北民族大学硕士，齐鲁财富网研究中心主任、高级研究员，研究领域为普惠金融、中小企业；刘庆玉，山东财经大学研究生，研究领域为金融理论与实践。

最早提出了中小企业在发展过程中普遍存在金融资源供给不足、资金短缺、中长期融资匮乏等问题。因此，中小企业资金配置产生的不足也被称为“麦克米伦缺口”。从我国经济发展现实来看，融资难已经成为中小企业发展中的最大瓶颈。为此，2017 年我国对《中小企业法》进行修订，专门增加了“融资促进”一章。2018 年 11 月 1 日，习近平总书记在民营企业座谈会上指出：要优先解决民营企业特别是中小企业融资难甚至融不到资问题，同时逐步降低融资成本。

在经济增速放缓、流动性趋于短缺的压力下，中小企业融资难的问题更加突出，政府相关部门陆续出台多项举措缓解中小企业融资难问题。中国银保监会 2018 年发布的《关于 2018 年推动银行业小微企业金融服务高质量发展的通知》（银监办发〔2018〕29 号）重点针对单户授信 1000 万元以下（含）的小微企业贷款，提出“两增两控”的新目标；中国人民银行、中国银保监会、中国证监会、国家发改委及财政部发布的《关于进一步深化小微企业金融服务的意见》（银发〔2018〕162 号）提出加大货币政策支持力度，引导金融机构聚焦单户授信 500 万元及以下小微企业信贷投放。国家税务总局印发的《关于实施进一步支持和服务民营经济发展若干措施的通知》（税总发〔2018〕174 号）精准助力民营企业实现更好更快发展；国务院印发《关于推动创新创业高质量 发展打造“双创”升级版的意见》（国发〔2018〕32 号），着重从环境、金融服务等 8 个方面提出了升级举措，助力中小企业高质量发展；财政部、国家税务总局印发《关于金融机构小微企业贷款利息收入免征增值税政策的通知》（财税〔2018〕91 号），进一步加大对小微企业的支持力度。

近年来，山东中小企业数量逐年递增，但是中小企业融资难问题越来越突出。为缓解中小企业融资难、融资贵问题，山东政府陆续出台多项政策。省政府发布《关于支持民营经济高质量发展的若干意见》（鲁政发〔2018〕26 号）指出：要不断提升金融服务水平，着力解决民营企业融资难、融资贵问题，同时提出 9 条具体政策措施解决增强金融机构服务民营经济动力问题、民营企业融资增信问题、民营企业流动性风险问题、民营企业直接融资问题。另外，省政府发布《支持实体经济高质量发展的若干政策》（鲁政发〔2018〕21 号），从创新创业、产业升级以及金融支持等方面入手，指明了实体经济高质量发展的方向，为中小企业的发展提供了政策参考。2018 年，山东陆续出台一系列政策支持经济高质量发展，为中小企业提供了发展方向和融资新渠道。

为破解中小企业融资难问题，山东税务局和相关金融机构合力推进“银税互动”，提升纳税信用的增值应用。山东税务局按照“换位思考、主动服务、有求必应、无需不扰、结果评价”的要求，不断强化具体举措，推动纳税服务提质增效，为缓解中小企业融资难营造良好的氛围。截至 2018 年底，山东税务局已与 27 家商业银行签署“银税互动”协议，累计发放贷款 3.85 万笔，发放贷款金额高达 609 亿元，其中针对小微企业发放贷款金额高达 195 亿元。另外，山东税务局帮助解决中小企业融资难的同时也大力落实减税降负的政策，仅 2018 年前 10 个月山东税务局在改善民生、支持创新等领域对民企落实税收减免 644 亿元。山东税务局积极调整土地使用税，并协调房产税困难减免等税收优惠政策，为中小企业带来税收红利 5.60 亿元。虽然相关政策极大地缓解了中小企业的资金压力，但中小企业仍面临融资难题。

从中小企业融资方式来看，有银行贷款、资本市场融资等方式，也有方便快捷的民间融资。不同融资方式具有各自特点及弊端：银行贷款和资本市场融资等利率低、资金充足，但贷款限制较多且手续繁杂；民间融资简单快捷但借贷利息偏高。无论是哪种融资方式，都是中小企业发展的重要影响因素。本报告从山东中小企业的银行贷款、资本市场融资、民间融资等方面入手，对融资现状进行阐述，以期发现山东中小企业的融资特征。

一　中小企业正规融资

正规融资具有成本相对较低，安全性较高等特点，合理运用银行、债券市场及资本市场等进行融资可以改善企业资产结构，促进企业的健康稳定发展。本节主要从银行、票据市场、债券市场以及资本市场等角度分析山东中小企业融资情况，并结合其他中小金融机构金融服务情况，反映山东中小企业正规融资现状。

（一）银行业加大对中小企业支持力度

2018 年，银行业金融机构以供给侧结构性改革为主线，积极对接国民经济和社会发展需求，支持民营经济高质量发展。全年银行业等金融机构服务民营企业以及中小企业的力度进一步加大，贷款利率也维持稳中有降的态势，有效缓解了中小企业融资难、融资贵问题。2018 年第四季度，6 家国有大型银行、18 家主要商业银行普惠型小微企业贷款平均利率较第一季度分别下降 1.11 个和 1.14 个百分点。2018 年 12 月，金融机构新发放的 500 万元以下小微企业贷款平均利率为 6.16%，比 2017 年同期下降 0.39 个百分点。

由于银行贷款具有利率低等优势，因此往往会成为中小企业首选的融资渠道。但是，商业银行选择客户群体时更偏爱资金实力雄厚的大型企业或者稳定发展且经营状况良好的中小企业；对于初创期的中小企业，银行出于控制风险等方面的考虑，往往难以提供其急需的资金帮助。在普惠金融工作持续推进的情况下，这类现象逐渐缓解。2018 年 4 月 8 日，中国银保监会办公厅印发《关于 2018 年推动银行业小微企业金融服务高质量发展的通知》（银监办发〔2018〕29 号），确保小微企业信贷总量稳步扩大的基础上重点针对单户授信 1000 万元（含）以下的小微企业贷款，提出“两增两控”的新目标。全年，全国商业银行小微企业贷款实现“两增两控”目标，小微企业贷款余额与普惠型小微企业贷款余额均保持高速增长，普惠小微企业贷款利率明显降低，有效减轻了中小企业的资金成本。

2018 年，山东金融机构加大对小微企业的贷款支持力度，效果逐步显现。各大型商业银行山东省分行积极助力小微企业融资，形成多种产品。截至 2018 年底，中国农业银行山东分行针对中小企业金融需求特点，重点打造“金色通道”专属品牌体系，涵盖四大系列 20 余种小微企业专项信贷产品及结算类产品。中国银行山东分行自 2009 年 9 月信贷工厂成立以来，累计投放中小企业授信2400多亿元，累计授信客户数量2万余户，授信余额和客户数量始终保持在全国前列。中国建设银行山东分行普惠金融贷款余额也突破150亿元；民营企业贷款余额高达1087亿元，占对公贷款的41%。在同业中，中国建设银行山东分行率先下调民营和小微企业贷款利率，仅2018年就累计让利7000余万元。交通银行山东分行民营企业贷款余额高达508亿元，占全部贷款的比重为42%。中国邮政储蓄银行山东分行小微贷款余额高达283亿元，年度净增贷款余额高达67亿元。

山东14家城市商业银行中，针对中小企业特点，青岛银行成立治理营商环境专项行动领导小组，并开通小微企业融资绿色通道，出台“申贷明白纸”。截至2018年底，青岛银行“创e融”业务累计放款笔数323笔，累计发放贷款4.41亿元，贷款余额达到3.08亿元，在创新服务中为小微企业和个体工商户提供急需的信贷资金支持。2018年，日照银行的服务能力和服务水平大幅提升，全年累计投放“房抵快贷”“即时贷”等产品17.69亿元。截至2018年底，日照银行完成“两增两控”“三个不低于”目标，普惠型小微贷款余额为57.96亿元，覆盖3722户小微企业。

截至2018年底，山东农村商业银行达到110家，在省内17个城市均有分布，为全省中小企业融资提供重要支撑。其中，青岛农村商业银行一直积极为中小企业提供高效的金融服务。截至2018年底，青岛农村商业银行小微贷款余额为798.66亿元，与2017年同期相比增长135.25亿元。

另据统计，截至2018年底，全国村镇银行数量达1616家，覆盖全国1286个县；其中，山东村镇银行数量达到了126家，稳居全国第一位。目前，山东仅烟台长岛县没有设立村镇银行，其余县市已经实现全覆盖，全省中小企业融资可得性大幅度提高。村镇银行快速发展可以为广大中小企业提供更加便捷的金融服务，也为中小企业的健康发展奠定了牢固的基础。

（二）票据市场资金供给增加

随着经济从高速增长向高质量增长转变，我国对货币政策精准有效的要求也在不断提高，票据再贴现调控功能进一步强化。银行承兑汇票具有信用增级、延期支付和背书转让三大优点，同时具有期限短、便利、流动性大等特点，可以很好地满足中小企业的融资需求，作为经济贸易往来的一种主要支付结算工具，票据也可以为中小企业提供更加便捷的融资渠道，降低企业融资成本。2016 年和 2017 年受票据风险事件频发、监管趋严以及金融去杠杆等因素影响，票据市场发展回归理性，2018 年票据业务进入恢复性增长阶段，累计承兑额和贴现额均实现同比增长。截至 2018 年底，全国票据融资余额比 2001 年增长了 16 倍，其中由中小企业申请的贴现业务量约占 2/3，票据业务已成为中小企业获得金融支持的重要渠道。

另外，中小企业票据产品也在不断创新，并推出“票付通”等业务为供应链金融提供服务。市场也在积极探索“贴现通”业务，缓解中小企业贴现难的问题。同时，中国工商银行、中国银行等结合科技手段相继推出“极速贴现”等创新产品，极大地提高了企业票据贴现的融资效率。2018 年，银行体系流动性充裕，票据市场资金供给明显增加，全年票据贴现加权平均利率为 4.60%。截至 2018 年末，票据承兑余额 9.4 万亿元，同比上升 14.9%。其中，由中小型企业签发的银行承兑汇票约占 66.67%，单张平均面额为 123.20 万元，比 2017 年下降 17.52 万元，银行承兑汇票对中小企业支持力度持续加大。与此同时，山东省临沂市也推出服务中小企业发展的商业承兑票据新措施，积极引导核心企业遵循公开原则，充分利用互联网平台培育中小企业使用商业汇票，并及时准确地披露相关数据促进商业汇票业务合规和长远发展，从而更好地为中小企业服务，在一定程度上缓解企业的资金压力。

（三）债券市场产品趋于多样化

相对银行贷款，通过债券市场融资能够加大财务杠杆，获取成本更低且资金使用期限更长的资金。债券市场通过服务大中型企业发债、推出民企债券融资支持工具、创新中小微企业融资产品，支持金融机构发行小微企业专项金融债、微小企业贷款资产支持证券等，为小微企业腾挪信贷资源，拓宽金融机构资金来源渠道，支持小微企业发展。中国人民银行会同中国银保监会发布的《中国小微企业金融服务报告（2018）》数据显示，截至2018年末，我国债券市场总余额达86万亿元，成为仅次于信贷市场的第二大融资渠道，累计支持中小微企业注册各类创新债务融资工具3917亿元。2018年，共支持16家银行业金融机构发行小微企业专项金融债券1245亿元，募集资金全部用于发放小微企业贷款，共支持5家银行业金融机构发行微小企业贷款资产支持证券108亿元。

2018年，全国债券市场稳健发展，债券新品种不断涌现。中国人民银行发布的《2018年金融市场运行情况》数据显示，2018年全国债券市场共发行各类债券43.60万亿元，与2017年相比增长6.80%。通过沪深交易所发行债券（包括公司债、可转债、可交换债、政策性金融债、地方政府债和企业资产支持证券）各类主体共筹集资金56878亿元，与2017年相比增长48.29%。青岛证监局数据显示，截至2018年底，青岛证监局辖区内存续公司债券数量有37只，与2017同期相比增加17只；存续公司债券余额为446.63亿元，与2017年同期相比增加205.33亿元。另外，首单“一带一路”公募熊猫公司债、首单公募类双创债务融资工具、首单挂钩民企债券信用风险缓释凭证（CRMW）、首批纾困专项公司债等发行，在一定程度上满足了各类市场主体的资金需求，也为中小企业提供了大量的资金支持。山东债务融资工具创新产品也取得新突破：兖矿集团成功发行全国首单“新旧动能转换债券”，齐鲁银行成功发行全国首单商业银行“债券通”绿色金融债券30亿元。

公司信用类债券加速发展。2018年10月，中国人民银行报国务院批准设立“民营企业债券融资支持工具”。其中，11月和12月民企债券月均发行1237亿元（含ABS），与前10个月月均水平相比增长了70%，民企债券净融资额也由负转正，债券市场信心大幅增强。截至2018年底，中小微企业各类创新债务融资工具累计发行1231.68亿元，惠及家数超过1000家；“创新创业公司债券”累计发行79.33亿元，其中小微企业发行18.20亿元。2018年，中小微企业各类创新债务融资工具共发行781.55亿元，小微企业共发行公司债券350.55亿元。2018年，两单民营企业债券融资支持工具顺利落地山东省。其中，全省首单民营企业信用风险缓释凭证成功发行，此单信用风险缓释凭证由青岛银行创设，配套瑞康医药股份有限公司4亿元超短期融资券发行，创设规模1.5亿元，标志着民营企业债券融资支持工具正式落地山东。

（四）多层次资本市场体系加快构建

2018年11月，山东省人民政府发布《关于支持民营经济高质量发展的若干意见》（鲁政发〔2018〕26号）指出：做好中小科技企业登陆上海科创板的培训服务等工作，支持民营企业通过多层次资本市场挂牌上市。多层次资本市场是中小企业重要的融资场所之一，满足了众多高成长性企业的融资需求。由于中小企业规模以及信息披露等因素限制，很多中小企业难以通过首发上市从资本市场直接融资。但多层次资本市场体系不断完善，众多企业可以选择通过新三板、区域股权交易中心等门槛相对较低的场外市场融资。据统计，广大中小企业积极对接资本市场并取得显著成绩。2018年，潍坊五板资本市场正式投入运营，山东多层次资本市场体系逐步完善。考虑到数据可得性，本报告主要对新三板和区域股权交易中心等市场的中小企业融资情况进行分析。

1. 新三板挂牌企业融资金额减少

国务院《关于全国中小企业股份转让系统有关问题的决定》（国发〔2013〕49号）明确规定，全国中小企业股份转让系统是经国务院批准，依据证券法设立的全国性证券交易场所，主要为创新型、创业型、成长型中小微企业发展服务。新三板作为我国多层次资本市场的重要组成部分，在服务实体经济、促进中小企业发展等方面起到了重要作用。但是受国内经济形势和证券市场持续低迷影响，全国范围内的新三板挂牌企业合计融资金额与2017年相比出现明显下降。截至2018年底，全国新三板挂牌企业数量为10691家，与2017年相比减少939家；全年股票发行次数为1402次，与2017年相比减少1323次；合计融资金额为604.43亿元，与2017年相比减少731.82亿元。从山东来看，截至2018年底，山东累计在新三板发行股票

65 次，与 2017 年相比减少 74 次；合计融资金额为 24. 70 亿元，与 2017 年相比减少 76. 51%。

目前，新三板挂牌已经成为中小企业进入资本市场的重要方式之一，很多企业通过挂牌获得急需的资金支持。由于新三板挂牌企业信息披露不规范，部分挂牌企业并没有按照监管要求及时、完整地披露年度财务报表，因此我们无法取得这些企业的财务数据和相关信息。在充分考虑数据的可得性和完整性后，我们按照 2011 年工信部、国家统计局、国家发改委和财政部制定的《关于印发中小企业划型标准规定的通知》（工信部联企业〔2011〕300 号）划分标准，对新三板挂牌企业进行筛选，取得新三板挂牌企业数据，并对 510 家样本新三板挂牌企业进行统计梳理。

据统计，山东新三板挂牌企业财务费用逐年增加。2018 年，山东新三板挂牌企业平均财务费用为 173. 64 万元，与 2017 年相比增长 2. 98 万元（见图 1）。从财务费用构成来看，由于利息支出、汇兑损益、金融机构手续费等费用发生变化，山东新三板挂牌企业财务费用有所增加。财务费用逐年增加明显加重了企业负担，这也给降低企业融资成本提供了充足的空间。值得一提的是，虽然山东新三板挂牌企业的财务费用有所增长，但增加值与 2017 年（39. 85 万元）相比有所减小，说明企业间接融资成本增速有所趋缓。

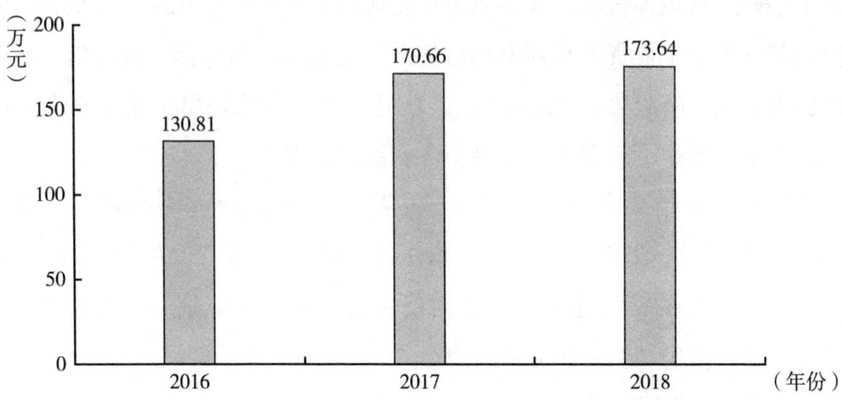

图 1　山东新三板挂牌企业平均财务费用（2016～2018 年）

资料来源：Wind、齐鲁财富网。

与广东、江苏、浙江三省相比，2018 年山东新三板挂牌企业平均财务费用明显偏高，不仅高于江苏，也远高于广东。四省中，广东新三板挂牌企业平均财务费用最低，仅为 106.57 万元，比山东低了 67.07 万元（见图 2）。

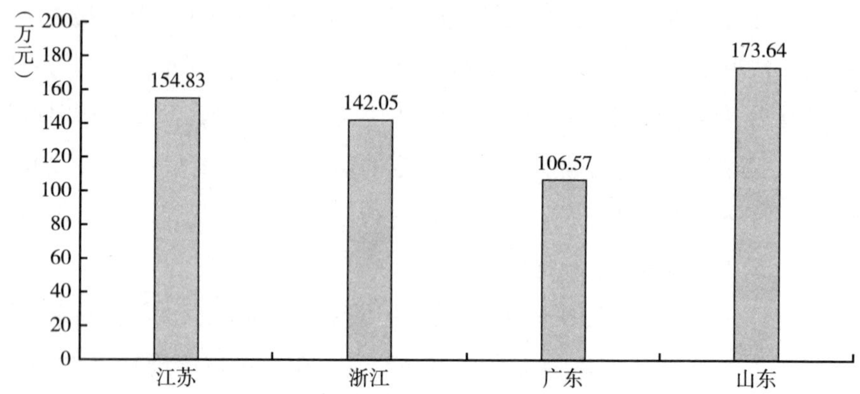

图 2　四省新三板挂牌企业平均财务费用（2018 年）

资料来源：Wind、齐鲁财富网。

近年来，我国企业整体杠杆率呈上升趋势，持续增长的债务规模和债务负担不仅影响企业的稳定发展，也增加了经济运行中的系统性金融风险。由于中小企业经营规模偏小，大多数中小企业很难从银行拿到急需资金，因此我国大部分中小企业资产负债率相对偏低。近三年，山东新三板挂牌企业资产负债率呈现下降趋势（见图 3），这从另一个方面反映出山东中小企业面临一定的融资困难，企业获取金融服务的能力较差。

从四省对比结果来看，山东新三板挂牌企业资产负债率最低，仅为 45.98%，与江苏、浙江、广东三省相比分别低了 2.59 个、0.51 个和 0.04 个百分点（见图 4），这也从一个方面反映出山东中小企业金融获得情况并不理想，融资难仍制约着企业的发展。

2. 区域股权交易市场加速发展

区域性股权交易市场是为特定区域内的企业提供股权、债券的转让和融资服务的私募市场，是我国多层次资本市场的重要组成部分，对于促进企业

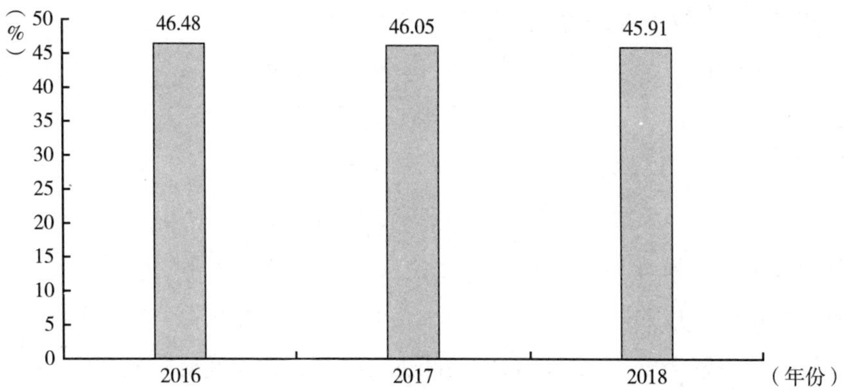

图 3　山东新三板挂牌企业资产负债率（2016～2018 年）

资料来源：Wind、齐鲁财富网。

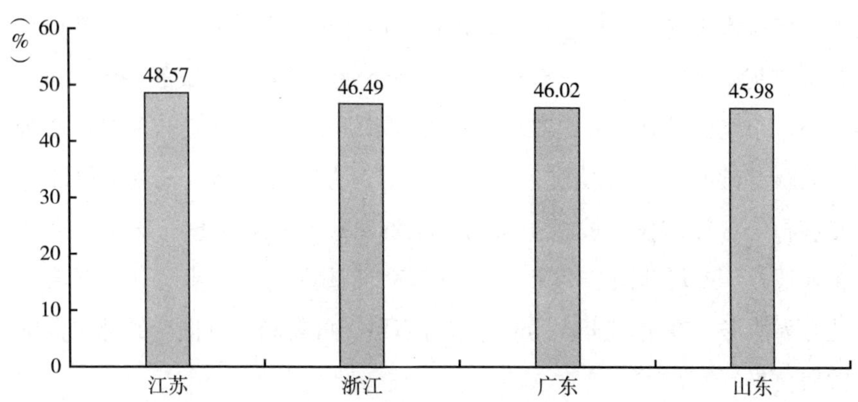

图 4　四省新三板挂牌企业资产负债率（2018 年）

资料来源：Wind、齐鲁财富网。

特别是中小微企业股权交易和融资、鼓励科技创新和激活民间资本、加强对实体经济薄弱环节的支持具有积极作用。2018 年，中国证监会和中国证券业协会陆续发布《区域性股权市场信息报送指引（试行）》和《区域性股权市场自律管理与服务规范（试行）》，进一步细化和明确区域股权市场的展业规范，全国区域股权交易市场各项政策制度逐步完善。截至 2018 年底，全国共设立 34 家区域股权交易中心，挂牌企业数量高达 24808 家，展示企业数量高达98647家，纯托管企业高达6809家，全国34家区域股权交易中心累计为企业融资9063亿元。目前，山东共有齐鲁股权交易中心和青岛蓝海股权交易中心两个区域股权交易中心。截至2018年底，齐鲁股权交易中心挂牌企业有3161家，市值规模达到1757.38亿元，2018年新增挂牌交易企业891家。青岛蓝海股权交易中心挂牌企业数量为1529家，总市值规模超过300亿元，2018年新增挂牌交易企业441家。结合部分区域股权交易中心挂牌企业年报数据来看，很多中小企业资产负债率偏高，很难从银行等金融机构获得资金支持，只能转向民间进行融资，但民间融资较高的融资成本严重制约了企业的稳定发展。

另外，潍坊市也在场外交易方面进行积极探索。2018年10月，潍坊市人民政府下发了《关于印发潍坊五板资本市场建设方案的通知》，全力打造潍坊五板资本市场。潍坊五板资本市场是由潍坊市金融办、奎文区政府、潍坊市金控集团共同打造的面向全市中小微企业的综合金融服务平台。作为多层次资本市场的基础部分，潍坊五板资本市场以山东潍坊产权交易中心为依托，以最基础的产权（股权）交易为纽带，为广大中小微企业提供商标权和专利权等各类产权（股权）交易、融资对接、贷款贴息、媒体广告费置换企业股权、专题路演、专家一对一咨询、信用服务、企业家培训教育等综合性金融服务，在全国探索性地打造可借鉴、可复制、可推广的基层资本市场发展范本。

按照建设方案，潍坊五板资本市场作为政府政策性、公益性金融服务平台，通过构建“打造一个大产权交易平台、汇聚三类资源、构建三种服务模式、推动六项提升”的“一三三六”体系，帮助企业发现价值、融通资源、创新提升，让广大中小微企业都能获得资本市场的支持。

——打造一个大产权交易平台。产权（股权）转让是五板市场的基础，在不改变转让规则的前提下，通过改造提升山东潍坊产权交易中心，打造大产权交易平台，充分发挥信息发布、价格发现、资源优化配置、中小企业综合配套服务等功能。

——汇聚三类资源。一是汇聚政策资源，精准服务企业。及时收集各类支持企业发展的金融政策，让入场企业精准匹配，各取所需。二是汇聚机构资源，扩大投资来源。各类基金、信用评估等机构入驻，开拓中小企业股权融资新渠道，实现资本与企业的良性互动。三是汇聚人才资源，提供高端智库。聚集金融专业人才团队，形成金融智库，提升全市金融研究水平。

——构建三种服务模式。一是多元化融资服务。为企业量身定制融资方案，通过供应链金融等创新模式促进债权流转，推进商标权、专利权等质押融资，开展信用贷款，对不同成长期的企业实行动态利息模式。二是品牌推广服务。市级媒体进驻，可采取广告费置换企业股权的方式，企业无须付费即可先行宣传，一定期限后广告费可转为媒体在企业的股权。三是综合智慧服务。充分借助各类资源，利用多种金融工具的组合，为企业设计、提供多元服务。

——推动六项提升。一是经营规范化提升。邀请专家对不同发展期的企业进行规范化辅导，让入场企业合法、合规经营。二是企业家素质提升。搭建企业家教育培训平台，成立企业家俱乐部，让企业家与专家一对一交流咨询，提升企业家创新创业能力和综合素质。三是资本运作能力提升。开展资本运作培训，提高投融资机会和匹配效率。四是信用等级提升。依托信用评级机构进行企业信用管理系统建设，提升企业信用水平。五是产业延展性提升。对入场企业的经营产品、专利技术、科技成果等进行集中展示，帮助企业结对形成产销互补、上下游供应，有效延伸产业链。六是与高层次资本市场对接提升。培育、引导、推荐不同发展阶段的企业转至高层次资本市场上市挂牌，对摘牌转板企业，设立回归通道，实现新的提升发展。

潍坊五板资本市场已于 2018 年 10 月正式运营。潍坊市金融服务中心、山东潍坊产权交易中心、风投基金、金融服务机构、有关市级媒体等入驻开展配套服务业务，为潍坊逐步建成有影响力的金融创新中心和区域资本中心奠定了基础。潍坊五板资本市场的建设目标是，力争到 2020 年，服务企业突破 10000 家，实现全市到四板、新三板、主板上市挂牌的企业全部经过潍坊五板资本市场的培育辅导。将潍坊五板资本市场打造成全国一流的最基层资本市场，为加快新旧动能转换、推进“四个城市”建设提供更有力的金融支撑。

（五）其他中小金融机构融资

2018 年，山东省地方金融监管局印发《关于规范发展民间资本管理公司线上私募股权融资服务业务的通知》（鲁金监字〔2018〕5 号），以规范发展民间资本管理公司线上私募股权融资业务。同时，山东民间融资机构协会发布《山东省民间融资机构协会行业自律年度评价办法》（鲁民融协发〔2018〕4 号），进一步加强民间融资机构自律管理，从而促进民间融资机构规范发展。全年山东民间金融机构快速发展，形式多样，其他中小金融机构也为缓解中小企业融资难做出了突出的贡献。

1. 中小民间金融机构加速发展

据山东省地方金融监管局统计数据，截至 2018 年底，山东共有 526 家民间融资机构获得业务许可，合计注册资本高达 303. 03 亿元。其中民间资本管理公司有 442 家，注册资本为 300. 31 亿元；民间融资登记服务公司有 84 家，注册资本为 2. 72 亿元。2018 年，全省民间资本管理公司累计投资金额 453. 34 亿元，比 2017 年增长 59. 16%；涉农、涉小微企业投资合计金额高达 242. 13 亿元，占累计投资金额的比重为 53. 41%。

从民间融资机构分布来看，青岛共有 38 家获批业务许可的民间融资机构，注册资本合计为 55. 37 亿元，机构数量以及注册资本规模均位于全省前列。另据统计，青岛已经获批以及正在申报的注册资本 3 亿元以上的民间融资机构有 7 家，全市逐渐形成大、中、小型机构梯次发展的行业格局。青岛汇泉民间资本管理公司获批受托资产管理、不良资产收购处置等一揽子创新业务，成为全省第一家获得多项创新业务试点资格的民间资本管理机构。另外，青岛部分民间资本管理公司与银行合作设立应急扶持基金，专注为中小微企业贷款到期提供周转服务，青岛蓝海民间融资登记服务中心有限公司还与光大银行共同研发了资金划转系统。

作为民间金融机构代表，山东小额贷款公司一直致力于中小企业贷款业务，为全省中小企业的发展做出了突出的贡献，在一定程度上缓解了中小企业融资难的问题。但近两年山东小额贷款公司的发展并不乐观，目前已有相当数量的小额贷款公司处于停业状态，全省小额贷款行业整合速度持续加快。中国人民银行统计数据显示，截至 2018 年底，山东共有 322 家小额贷款公司，与 2017 年同期相比减少 12 家。山东小额贷款公司数量占全国小额贷款公司数量的比重为 3.96%；贷款余额为 480.51 亿元，占全国小额贷款公司的比重为 5.03%；实收资本为 437.22 亿元，占全国小额贷款公司的比重为 5.23%。

2. 融资租赁加大企业现金流量

融资租赁是国际上最普遍、最基本的非银行金融形式，在加快企业升级和降低租赁双方风险上具有独特优势。由于融资租赁对资金需求方要求较低，且能够更好地契合中小企业融资需求，解决内部资金流通问题，因此在还款期限上更适合中小企业。

2018 年，受行业监管体制等因素影响，全国融资租赁业企业数量、注册资金和业务总量增速明显减缓。截至 2018 年底，全国融资租赁企业（不含单一项目公司、分公司、子公司和收购的海外公司）总数量为 11777 家，与 2017 年同期（9676 家）相比增加 2101 家，增幅为 21.7%，比 2017 年增速降低了 5.7 个百分点。全国融资租赁合同余额约为 66500 亿元，与 2017 年同期（60800 亿元）相比增加 5700 亿元，增速（9.38%）与 2017 年相比降低 4.32 个百分点。从山东来看，截至 2018 年底，全省融资租赁企业家数为 382 家，占全国比重为 3.24%，与 2017 年相比同期增加 65 家。其中，全省融资租赁企业中有 3 家为金融租赁公司，19 家为内资租赁公司，360 家为外资租赁公司。

根据中国租赁联盟和天津滨海融资租赁研究院发布的全国融资租赁企业 50 强排行榜来看，2018 年山东仅有 3 家租赁企业上榜，与 2017 年相比减少 1 家（山东晨鸣融资租赁有限公司），山东融资租赁企业上榜家数相对较少。其中，上榜的 3 家企业分别为青岛晨鸣弄海融资租赁有限公司（第 31 位）、国信租赁有限公司（第 39 位）、国泰租赁有限公司（第 48 位），注册资本

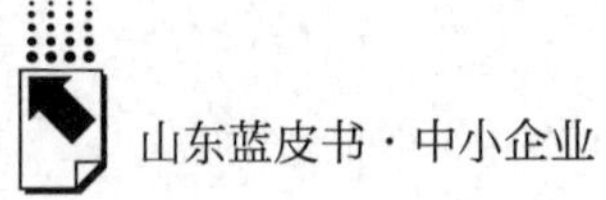

分别为50亿元、36亿元和30亿元。

3. 担保行业为中小企业融资提供有益补充

截至2018年底，我国担保行业在保余额为3.22万亿元，与2017年同期相比增长7.1%，与2013年同期相比增长25%。其中，小微企业融资担保在保余额达到1.10万亿元，与2017年同期相比增长10%，在保余额占融资担保在保余额的比重高达48%。融资担保对化解“小微”和“三农”等群体融资难、融资贵问题具有重要的作用，是银行贷款行业的有效补充。融资担保业务可以进一步细分为融资担保业务、创新融资担保业务等。

2018年9月，以再担保业务为主的国家融资担保基金正式运营，并形成“国家融资担保基金—省级担保再担保机构—辖内融资担保机构”三级机构与银行共同参与的业务联动和风险分担机制，通过降低贷款利率和担保费率，为符合条件的小微企业；“三农”提供便捷、高效、低成本的贷款。截至2018年底，国家融资担保基金已与10家全国性商业银行签署银担战略合作协议，与17个省市级担保再担保机构签署了再担保合作协议，另与5个省份担保再担保机构签订了意向合作协议，再担保合作业务规模高达326亿元，担保户数也达到了25245户，其中单户500万元及以下的担保金额高达197亿元。

2018年12月，山东省再担保集团股份有限公司与国家融资担保基金有限责任公司对接工作，双方签订《再担保合作意向书》。山东省再担保集团股份有限公司成为第二批与国家融资担保基金建立合作关系的省级再担保机构之一。双方合作关系的确立标志着山东“国家融资担保基金—省级再担保机构—地方融资担保机构”三级融资担保体系初步建立。

另外，山东省农业发展信贷担保有限责任公司在2018年为全省91个县（市、区）的9500多户农业适度规模经营主体审批担保贷款28.8亿元，其中放款5385户，在保金额达到16.7亿元，贷款主体综合平均信贷成本为6.8%。与此同时，山东省农业发展信贷担保有限责任公司出资10亿元设立了山东省投融资担保集团有限公司，用于破解小微企业和“三农”融资难、融资贵问题。

2016 年，中国人民银行会同财政部等部门印发《关于实施创业担保贷款支持创业就业工作的通知》（银发〔2016〕202 号），将小额担保贷款调整为创业担保贷款，对中小企业发展起到了极大的推动作用。近年来，全国创业担保贷款政策加速落地，对支持大众创业、万众创新发挥了积极作用，也为科技创新型小微企业提供有力保障。截至 2018 年底，全国创业担保贷款余额为 1064 亿元，与 2017 年相比增加 195 亿元。

另外，2018 年国务院印发《关于做好当前和今后一个时期促进就业工作的若干意见》（国发〔2017〕28 号），将适用范围由劳动密集型小微企业调整为适用于所有符合条件的小微企业，个人贷款最高额度统一由 10 万元提高至 15 万元，政府给予全额贴息；小微企业根据招用符合条件人员情况，最高可贷 300 万元，政府给予 50% 的贴息。各地因地制宜出台具有地方特色的创业担保贷款实施办法、创业担保贷款财政贴息办法，其中山东印发《关于进一步做好创业担保贷款财政贴息工作的通知》（鲁财金〔2018〕30 号），要求创新电子化审批流转模式，进一步简化审批流程，提高工作效率，提高创业担保贷款的发放效率。

二　山东中小企业民间融资

由于受财务不规范、资产管理能力弱等因素限制，大部分中小企业难以达到正规金融机构的融资门槛，因此转向民间融资取得急需的资金，本节所指民间融资主要是指不在监管范围内的融资。近年来，民间融资在一定程度上解决了中小企业资金短缺等问题，在提高资源有效配置等方面发挥了积极的作用。但由于信息不对称，这种融资方式给中小企业带来巨大风险，成为影响中小企业稳定发展的不确定因素。

（一）金融科技逐渐规范

金融科技是指通过利用各类科技手段创新传统金融行业所提供的产品和服务，提升效率并有效降低运营成本。作为金融科技的代表产品和服务业态，P2P 网络借贷凭借融资便捷性等优点成为中小企业融资的重要渠道。但是自 2016 年开展互联网金融专项整治工作以来，因众多网贷平台集中“爆雷”，P2P 网络借贷行业景气度大幅下降。从另一个角度看，金融监管趋严使整个互联网金融行业不断朝合规方向发展。2018 年 8 月 8 日，互联网金融风险专项整治工作领导小组办公室下发的《关于报送 P2P 平台借款人逃废债信息的通知》（整治办函〔2018〕99 号）指出：“为严厉打击借款人的恶意逃废债行为……请各地根据前期掌握的信息，上报借本次风险事件恶意逃废债的借款人名单。”政策出台后多家平台上报“老赖”名单，追责逃废债人。2018 年 11 月，《中国银行保险监督管理委员会职能配置、内设机构和人员编制规定》规定，中国银保监会的主要职责包括制定网络借贷信息中介机构业务活动的监管制度，行业监管环境进一步优化。

2018 年，山东出台《山东省网络借贷信息中介机构整改验收工作操作指引表》等文件，不断加大对省内网贷平台的整治力度。数据统计显示，全国共有 122 家网络借贷类会员机构披露相关信息，其中有 3 家位于山东，分别是中融宝、钱吧金融和宜联贷。2018 年，由于部分平台存在偿付能力有限、投资者保障方式不持续、信息披露与资金存管进程缓慢等问题，出现网站关闭、提现困难、经侦介入等现象。由于监管趋严，不合规网贷平台逐渐退出市场，山东网贷平台数量大幅下降。截至 2018 年底，山东现有 42 家网贷平台，与 2017 年同期相比减少了 33 家，运营平台中有 13 家实现银行资金存管。目前，山东并没有网贷平台获得 ICP 经营牌照，全省办理备案、资产存管、ICP 经营牌照的进程相对缓慢。从收益率来看，山东 P2P 网络借贷行业年综合收益率为 10.31%，高于全国平均值 9.81%。山东网贷平台的利率要远高于全省网络借贷行业年综合收益率，这样的资金成本对中小企业来说明显偏高。但随着相关规定逐步落实，以 P2P 网络借贷为代表的金融科技产品将逐渐规范，为中小企业提供稳定的融资服务。

（二）民间借贷利率降低

民间借贷是指自然人、法人、其他组织之间及其相互之间，而不是通过金融监管部门批准设立的从事贷款业务的金融机构及其分支机构进行资金融通的行为。相对银行等金融机构而言，民间借贷手续相对简单且贷款额度和贷款用途审核较为宽松。另外，近几年银行等加强贷款审核标准，直接导致很多中小企业无法从银行等金融机构获得贷款，这也为民间借贷提供了充足的生存空间。民间借贷虽然丰富了中小企业融资渠道，但在提供方便的同时也存在一系列的风险。我们以民间借贷纠纷的法院裁判文书为依据，对民间借贷利率情况进行汇总统计发现，2018 年山东判决的小额贷款公司平均贷款利率为 15.00%，比 2017 年降低 3.37 个百分点，远高于中国银保监会发布的银行业 2018 年第四季度新发放普惠型小微企业贷款平均利率（7.02%），从一个侧面反映出中小企业民间融资的资金成本较高。

目前，小额贷款公司在缓解中小企业融资难、融资贵等方面发挥的作用越来越突出，但由于贷款利率明显较高，因此很多中小企业需要承担较大的财务费用。通过查询中国裁判文书网判决书发现，很多民间借贷的贷款利率超过 24%，这不仅增加了金融风险，同时也极大地增加了中小企业的融资成本，难以发挥支持中小企业高质量发展的作用。但不可否认的是，大多数民间借贷机构能够很好地为中小企业提供便捷的资金服务，从而带动山东省经济的发展。因此，山东应坚持完善相关政策，并加大宣传力度，推行利率市场化，不断完善民间借贷信用体系，从而降低中小企业融资成本，缓解中小企业融资压力。

三　山东中小企业融资特点

2018 年 11 月 2 日，山东省委书记刘家义在山东省民营企业座谈会上指出，当前民营企业面临着很多困难和挑战，中小企业面临的困难更大。作为中小企业数量较多的省份，山东中小企业普遍面临融资难题。通过对山东中小企业融资的基本状况进行分析发现，山东中小企业融资呈现如下特点：一是中小企业金融服务获得能力有待提升；二是银行贷款为主要融资渠道；三是直接融资比例偏低；四是积极发展供应链金融。

（一）金融服务获得能力有待提升

中小企业金融服务获得能力的提升首先要解决的就是银行与企业之间信息不对称问题。造成信息不对称的原因主要包括：企业提供虚假信息影响贷款申请；中小企业缺乏信息共享平台。企业为申请贷款提供虚假信息不仅影响企业信用，同时也加大了银行审批的难度。由于银行不能及时掌握企业经营数据，直接影响了贷款的审批速度。

银行贷款情况作为中小企业金融服务获得能力的重要体现，往往能够反映企业融资现状。据统计，截至2018年底，山东本外币贷款余额7.78万亿元，其中金融机构小微企业贷款余额占比为19.74%，广东、浙江、江苏则分别为13.78%、30.73%、28.43%，山东虽然较广东高出5.96个百分点，但较浙江与江苏均有较大差距。山东有贷款余额的小微企业和个体工商户75.20万户，占所有小微企业和个体工商户的比重为11.41%，民营和小微企业的贷款可得性仍有较大提升空间。另外，随着各大商业银行对普惠金融发展工作的全面落实，山东商业银行支持中小企业力度有所加大，但从山东新三板挂牌中小企业资产负债率来看，与广东、浙江、江苏仍有一定差距，表明山东中小企业金融服务获得能力有待提升。

（二）银行贷款为主要融资渠道

近年来，山东中小企业对资金的需求不断增加，但全省很多中小企业存在产权结构不明晰、经营效率不高、经营管理模式过于单一等缺点。目前，全省大多数中小企业依然采用银行借贷和企业借贷等传统的融资方式。由于中小企业规模较小，限制了其融资规模和融资时间，导致中小企业融资存在单次融资金额少、融资频率高以及融资时间较短等特点。在融资方式上，中小企业更偏好利率较低的银行贷款，但银行出于对成本和风险的考虑，往往对中小企业贷款业务审核极为严格，甚至不愿意向其发放贷款。尽管目前中小企业可以通过资本市场、民间借贷等方式获取资金支持，但受到法律、环境和政策等外部因素影响，以及受到企业规模较小、资产水平较低的限制，部分中小企业无法享受其他大型企业所使用的融资渠道。

具体来看，中小企业规模小、抵押资产不足以及经济实力较弱，尤其是处于初创期的中小企业基本不具备抵押担保能力，这类中小企业缺乏信用基础，很难获得抵押贷款。另外，中小企业的经营管理制度不健全，我国中小企业形式主要为个人独资企业和合伙制企业，存在内部控制不足、披露信息造假、财务会计信息缺乏等问题。而且大多数中小企业的经营者不能及时了解政策动向，无法正确判断市场走势。不仅如此，中小企业抗风险能力弱，信用度也相对偏低。由于中小企业自身的不足以及信息不对称，银行等金融机构向中小企业发放贷款的积极性明显偏低，这也导致中小企业在激烈的竞争环境中面临生存压力。

（三）直接融资比重偏低

山东省金融办联合省委组织部、省委宣传部、省发展改革委等 18 个部门出台的《关于进一步运用资本市场助推全省新旧动能转换的若干意见》（鲁金办发〔2018〕9 号）提出：“经过 3 年努力，全省上下运用资本市场的能力和水平不断提升，直接融资特别是股权融资大幅增长，资本市场服务我省实体经济能力显著增强。”直接融资就是指资金供求双方不经过金融中介，通过一定的金融工具直接形成产权关系的行为。近年来，山东中小企业蓬勃发展，全省中小企业直接融资规模虽然大幅度增长，但规模仍相对偏小。截至 2018 年底，山东新三板市场挂牌中小企业 510 家，齐鲁股权交易中心及蓝海股权交易中心挂牌企业分别为 3161 和 1529 家。相对全省 261 万户中小企业而言，山东对接资本市场中小企业的比例明显偏低。但不可否认的是，新三板、区域股权交易中心及潍坊五板资本市场的快速发展在一定程度上增加了山东中小企业的融资渠道，有效缓解了中小企业的融资难题。

（四）借助供应链金融缓解融资难题

供应链金融是中小企业全新的融资工具，主要是指银行围绕核心企业，管理上下游中小企业的资金流和物流，并把单个企业的不可控风险转变为供应链企业整体的可控风险，通过立体获取各类信息，将风险控制在最低。供应链金融在风控环节纳入借款企业与上下游企业在贸易往来中的资金流、信息流、物流等信息，及时掌握企业数据，合理把控风险。中小企业在贸易往来中形成的应收账款、存货、预付账款等资产也可作为抵押品，因此发展供应链金融能够有效缓解中小企业融资难问题。

山东正处于新旧动能转换的关键时期，产能转型升级的压力在一定程度上制约了中小企业发展。但部分掌握核心技术的中小企业可以通过金融市场解决资金问题，供应链金融在这方面可以发挥重要的作用。山东省人民政府发布《关于推动供应链创新与应用的通知》（鲁政办发〔2018〕31 号），提出要积极推进山东省供应链创新发展，其中发展供应链金融就是一项重要工作。齐鲁银行响应山东省委、省政府号召，以供应链金融服务为创新阵地，发布“银企家园”公司金融服务平台，创新发展供应链新理念、新技术、新模式，以产业链核心企业为中心，将供应链金融产品嵌入企业产供销场景。

B.5

山东省中小企业“双创”发展报告

王韧　刘叶*

摘　要：　中小企业是实施大众创业、万众创新的重要载体，在增加就业、促进经济增长、科技创新与社会和谐稳定等方面具有不可替代的作用。近年来，山东省政府、省直多个部门先后出台支持大众创业、万众创新的政策30余项，形成了较为完整的“双创”政策体系。截至2018年底，山东省拥有省级以上科技企业孵化器303家，拥有省级以上备案的众创空间632家，创业载体成为创业升级重要支撑。全年中小企业“双创”呈现融资途径逐步拓宽、返乡创业菏泽经验形成、200家瞪羚企业成长势头迅猛等特点，通过借鉴深圳市、浙江省“双创”生态建设的经验，发现山东省中小企业在“双创”过程中存在产、学、研未形成有效合力，创新创业链条延伸不足等4项问题，并提出着力优化服务链，打造具有特色的创新创业支撑平台等相应解决意见。

关键词：　中小企业　新旧动能转换　“双创”高质量发展　“双创”政策

近年来，全国范围的“双创”活动之所以能够取得一系列成就，与政

---

* 王韧，山东社会科学院财政金融所博士，研究领域为宏观经济、绿色金融；刘叶，济南大学应用经济学硕士，齐鲁财富网研究中心高级研究员，研究领域为金融科技、公司金融。

策的支持有着极大的关系。2017 年 7 月 27 日，国务院出台《关于强化实施创新驱动发展战略进一步推进大众创业万众创新深入发展的意见》（国发〔2017〕37 号）提出，要进一步系统性优化创新创业生态环境，强化政策供给，突破发展瓶颈，充分释放全社会创新创业潜能，在更大范围、更高层次、更深程度上推进大众创业、万众创新。习近平总书记在十九大报告中指出我国经济已由高速增长阶段转向高质量发展阶段，高质量发展的关键在于创新驱动战略的实施。中小企业创新创业是推动新旧动能转换和经济高质量发展的重要力量，是促进机会公平和社会纵向流动的渠道，是深入实施创新驱动发展战略、实现经济高质量发展的必由之路。2018 年 8 月 8 日，财政部、工信部、科技部印发了《关于支持打造特色载体推动中小企业创新创业升级工作的通知》（财建〔2018〕408 号），旨在通过支持优质实体经济开发区打造大中小企业融通等不同类型的创新创业特色载体，促进中小企业专业化、高质量发展，推动地方构建各具特色的区域创新创业生态环境。2018 年 9 月 26 日，国务院印发《关于推动创新创业高质量发展　打造“双创”升级版的意见》（国发〔2018〕32 号），为深入实施创新驱动发展战略、进一步激发市场活力和社会创造力提出一系列意见。

2018 年 2 月 13 日，山东省委、省政府印发的《山东省新旧动能转换重大工程实施规划》（鲁政发〔2018〕7 号）指出：“坚持创新是引领发展的第一动力，以创新型省份建设为统领，深入实施创新驱动发展战略，加快形成以创新为主要引领和支撑的经济体系和发展模式。提高科技创新应用能力。把握世界科技发展趋势，超前谋划布局，强化前瞻性基础研究、引领性原创研究和应用基础研究……优化创新创业发展环境。加快建设山东半岛国家自主创新示范区和国家创新型城市，打造全省创新驱动发展的核心引擎。”近年来，山东省各部门不断优化营商环境，营造创新创业氛围，在支持中小企业创新创业建设方面取得积极成效，但与建设创新型省份的要求相比仍然存在较大差距，本报告主要对山东中小企业创新创业发展情况展开深入分析。

一　山东中小企业“双创”发展推进情况

2018 年中央经济工作会议强调：“要着力优化营商环境，深入推进‘放管服’改革，促进新动能加快发展壮大。要落实创新驱动发展战略，全面提升创新能力和效率，提高大众创业万众创新水平。”中小企业是实施大众创业、万众创新的重要载体，在促进就业、经济增长、科技创新与社会和谐稳定等方面具有不可替代的作用。目前我国经济仍面临较大的下行压力，推动经济增长的传统动能减弱，通过大众创业、万众创新可以有效助力经济高质量发展。

（一）“双创”政策支撑体系逐渐完善

近年来，山东省政府、省直多个部门先后出台支持大众创业、万众创新的政策 30 余项，如省政府办公厅《关于进一步促进科技成果转移转化的实施意见》（鲁政办字〔2017〕221 号）、科技厅《科技创新支持新旧动能转换的若干措施》（鲁科字〔2018〕39 号）、《山东省企业科技特派员“千人服务千企”三年行动计划实施方案》（鲁科办发〔2018〕23 号）和《山东省创新券管理使用办法》（鲁科字〔2018〕122 号）等，在打造良好的营商环境、加强创新创业孵化载体建设、激发创新创业主体活力、提供创新创业公共服务保障、加大创新创业投融资支持等方面形成了较为完整的“双创”政策体系，在激发全社会创新创业活力、培育新动能方面发挥了重要作用。

（二）“双创”各类优惠政策积极落实

加大企业研发费用税前加计扣除、高新技术企业税收优惠等普惠性政策落实力度，提高企业研发积极性，引导企业深度融入创新创业。对省科技企业孵化器和众创空间培育高新技术企业工作给予奖励，2018 年对 27 家科技企业孵化器和众创空间的高新技术企业培育年度绩效进行奖励，奖励金额为 460 万元，为壮大高新技术企业队伍提供了资金保障。在创新券政策方面，

2018 年全省共有 800 余家中小微企业预约使用共享科学仪器 6700 次，预计获得创新券补贴 2300 多万元。科技成果转化贷款风险补偿资金规模达 4.1 亿元，撬动银行资金近 7.25 亿元支持科技成果转化，金融资本支持科技创新效应日益显现。

（三）财政支持中小企业“双创”力度加大

第一，支持打造小微企业创业创新示范城市和示范基地。“十三五”期间，省财政会同有关部门每年遴选不少于 10 个小微企业创业创新示范基地，每个给予 800 万元的建设补助，支持各地集聚要素资源，打造运行模式先进、配套设施完善、服务环境优质、影响力和带动力强的示范创新中心。

第二，支持打造省级中小企业创新创业升级特色载体。深入贯彻落实国务院《关于推动创新创业高质量发展打造“双创”升级版的意见》（国发〔2018〕32 号）和省委、省政府打造“双创”升级版的决策部署，推动“双创”在实现高质量发展过程中不断取得新进展，在总结现行小微企业创业创新示范基地工作经验基础上，省财政厅会同有关部门联合制定了《关于支持打造省级特色载体　推动中小企业创新创业升级的实施方案》（鲁财工〔2018〕23 号），整合资金 4 亿元，分 3 年支持 30 个左右优质实体经济开发区打造不同类型的创新创业特色载体，着力提升各类载体市场化、专业化服务水平，提高创新创业资源融通效率与质量，促进中小企业专业化、高质量发展，推动构建各具特色的区域创新创业生态环境。

第三，全力支持各类创新创业公共服务平台建设。公共服务平台是为小微企业提供人才、科技、咨询、检测等支撑的重要载体。近年来，省财政厅在打造各类公共服务平台上持续加大资金投入。一是大力支持省级创业孵化示范平台。省级每年对有关部门遴选的省级创业孵化示范基地、省级创业示范园区给予最高不超过 500 万元的一次性奖补支持，目前拨付 3.87 亿元，已支持 120 多家孵化能力强、服务措施完善的基地和园区发挥示范带动作用，为小微企业提供创业指导、政策咨询、房租减免、水电费减免等创业服务，促进创业者快速成长。二是支持科技创新平台建设。优化重大科技创新平台体系，支持建立产业链协同、产学研合作新型创新载体，出台了推动技术创新中心、临床医学研究中心、大学科技园、“千人计划”专家工作站建设的财政支持政策，对升级为国家级技术创新中心、临床医学研究中心、大学科技园的，省财政厅分别给予每家最高1000万元、1000万元和300万元经费支持，对入选的“千人计划”专家工作站给予每个工作站200万元经费资助。三是支持发展协同创新服务平台。为深化“政产学研金服用”协同创新，鼓励搭建多主体协同、跨区域合作、创新资源共享的协同创新平台，省财政每年在“十强”相关产业分别遴选1～2家高水平协同创新平台，最高给予300万元奖补，对入选国家制造业创新中心、国家产业创新中心等各类国家级创新平台的，最高给予3000万元支持。

第四，积极争引中央政策支持。支持济南、青岛两市入围“全国小微企业创业创新基地城市示范”。支持济南、烟台、威海、德州所属的4家开发区获首批“国家级中小企业创业创新特色载体”称号，将获中央扶持资金2亿元。对入选国家级的各类平台，最高给予100万元奖励。关于国家小微企业创业创新示范基地，工信部每年组织开展一次示范基地申报，各类符合条件的服务小微企业创业创新的创业基地、创业园、孵化器和行业龙头骨干企业设立的面向小微企业、创业团队、创客的创业创新基地均可申报。

（四）“双创”带动山东省经济转型发展

大众创业、万众创新深入发展是实施创新驱动发展战略的重要载体，是推动山东新旧动能转换和支持实体经济高质量发展的重要力量，并逐渐成为山东经济转型发展的活力之源。随着大众创业、万众创新在更大范围、更高层次、更深程度推进，山东科技创新质量和效益进一步提升。2018年，全省高新技术产业产值占规模以上工业产值比重达到37%左右；高新技术企业新增2500家左右；登记技术合同成交额突破700亿元，同比增长29%。

“双创”促进技术进步全面加快。山东构建完善产、学、研融合创新网络，先后与北京航空航天大学、北京理工大学、哈尔滨工业大学等8家单位对接合作；举办第27届山东省产学研展洽会，征集技术需求311项；实施

1291项技术创新项目，形成621项新技术、779项新产品、457项新工艺；首次开展省级技术创新示范企业培育工作，确立15家企业为山东省示范企业。蓝鲸1号钻井平台、泰山体育智能体测机、海尔卡萨帝嵌入式冰箱3件产品获得2018年中国优秀工业设计奖金奖，占全国产品设计奖的1/3。确定省级制造业创新中心总体布局，首批培育出高性能医疗器械、船舶海工、工业互联网、轮胎4家创新中心，第二批跟进建设12家试点单位。开展第25批省级企业技术中心评价，认定336家省级企业技术中心，培育国家中小企业公共服务示范平台6个。

"双创"带动制造业与互联网融合发展。紧紧围绕制造业与互联网融合关键环节，建设制造业与互联网融合"双创"平台，改造提升传统动能，加快推动山东制造业提质、增效、升级。自2017年以来，山东全省积极对接工信部制造业"双创"平台试点示范工作，努力培育一批基于互联网的制造业新模式、新业态。2017年，山东有7个项目入围工信部制造业"双创"平台试点示范项目名单，全国排名第六；2018年，山东有10项入围，排在北京、广东之后，位列全国第三。

二　山东中小企业"双创"特点

近年来，省政府先后出台《关于助推新旧动能转换做好当前和今后一段时期就业创业工作的意见》（鲁政发〔2017〕27号）和《山东省"十三五"促进就业规划》（鲁政发〔2017〕26号），会同省直有关部门出台了促进大学生到农村创业、科研人员离岗创业、创业资金管理使用、创业平台建设等一系列配套文件，着力打造门槛最低、政策最优、环境最好的创业生态，形成了鼓励支持大众创业的一揽子政策。对吸纳毕业年度高校毕业生、就业困难人员的小微企业，按规定落实社会保险补贴和岗位补贴。对首次领取小微企业营业执照、正常经营满一年的创业者，给予不低于1.2万元的一次性创业补贴；对吸纳登记失业人员和毕业年度高校毕业生的小微企业，按照规定给予每个岗位不低于2000元的一次性创业岗位开发补贴。

（一）市场主体数量快速增长但仍需扩容

2018年底，全省市场主体总量为905.6万户，突破900万户，同比增长12.2%，位列广东省和江苏省之后，在全国排名第三。2018年，全省新登记市场主体168.1万户，注册资本（金）3.5万亿元，同比分别增长12.3%和1.3%，日均登记市场主体4669户（按360天计算，下同），占全国日均登记量的8%。从上述数据可以看出，山东省市场主体保持增长态势，市场活力不断被激发，创业创新热情持续释放，为经济平稳运行夯实微观基础。新登记市场主体的快速增长，反映出经济发展基础性支撑不断增强，呈现企稳向好的阶段性趋势。

从企业数量来看，截至2018年底，全省实有中小企业261.3万户，同比增长15.7%，占市场主体总量的比重为28.8%，占比提高0.8个百分点；实有企业注册资本（金）19.5万亿元，同比增长23.4%。从新登记企业占比看，山东实有企业占市场主体总量不足30%，江苏、浙江均接近35%，广东超过40%；山东个体工商户明显偏多，占市场主体总量的比重接近70%，江苏、浙江的占比均在65%以下，广东在60%以下。

万人创业率有较大差距。从万人创业率看，山东每万人创办市场主体905.1户，而浙江、江苏、广东均超千户（分别为1157.4户、1147.4户和1026.2户）。2018年，山东每万人创办企业261.1户，广东、江苏、浙江分别为440.6户、400.0户和399.2户，差距进一步扩大（见图1）。按照江苏的万人创业率计算，山东市场主体总量将超过1100万户，企业总量将超过400万户。

（二）创业载体成为创业升级重要支撑

坚持“创建模式多元化、项目发展特色化、运营管理社会化、创业服务链条化”，指导各市建设孵化条件好、承载力强、融创业指导服务于一体的创业孵化基地和创业园区，促进产业资源、创业资本等创业创新要素和各类服务向创业平台集聚，结合不同阶段创业者的需求，为入驻实体提供全过程指导服务。全省共建设创业孵化基地（园区）600多家，其中省级示范单

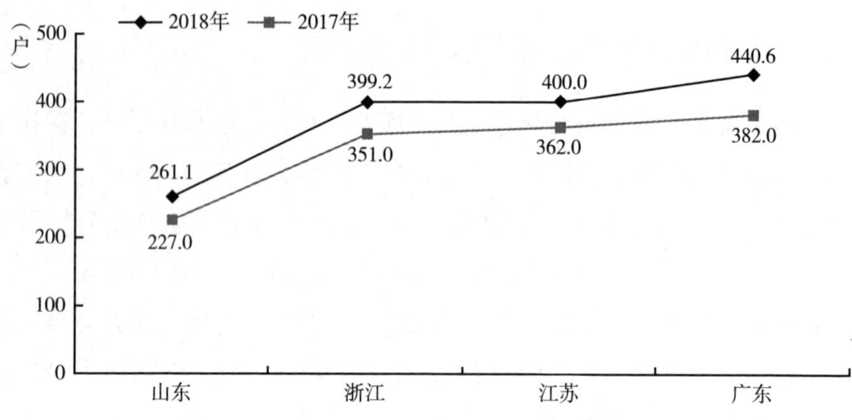

图1　四省每万人创办企业数量

资料来源：山东省市场监督管理局、齐鲁财富网。

位达到194家。在全国首创创业大学培训模式，全省建成创业大学28家，其中省级示范创业大学12家，对创业者和初创小微企业经营者进行创业培训。国务院第十五督察组来山东实地督查时对山东大学生创业平台建设给予高度评价，指出“山东省大学生创业平台建设具有典型意义”。

1. 科技企业孵化器专业化发展快速推进

山东先后制定出台了《关于加快推进大众创新创业的实施意见》（鲁政办发〔2015〕36号）、《关于加快推进全省科技企业孵化器专业化发展的实施意见》（鲁科字〔2015〕119号）、《山东省众创空间和科技企业孵化器备案服务暂行办法》（鲁科办发〔2016〕4号）等一系列文件，完善了政策措施体系，为孵化器发展营造了良好的政策环境，为创新创业保驾护航。依托现有产业基础和优势，统筹专业科技企业孵化器发展规划布局，引导科技企业孵化器提高专业化程度，提升科技企业孵化器专业化服务能力。将省级科技企业孵化器认定改为备案，采用网上备案形式，方便各种社会组织申请备案，极大地调动了社会各方面积极性。积极打造创新创业孵化载体，激发创新创业主体活力，加强创新创业公共服务，营造鼓励创新创业的社会环境。

截至2018年底，全国创业孵化机构总数达到11808家。其中，科技企业孵化器为4849家，同比增加19.2%；众创空间为6959家，同比增长21.3%。山东省拥有省级以上科技企业孵化器303家①，其中国家级84家；拥有省级以上备案的众创空间632家，其中国家级198家。拥有国家专业化众创空间5家，数量位居全国前列。全省建有加速器64个。“众创空间—孵化器—加速器”创业孵化链条日渐完善，形成了多层次、立体化的创新创业孵化体系，为大众创业、万众创新提供了重要载体和服务平台。从山东各地市来看（见图2），潍坊拥有省级以上科技企业孵化器数量全省排名第一，数量为45家，济南、威海分别居第二、第三位。2018年，全省各类孵化载体服务创业团队21888个，在孵企业数量达到28898家，累计孵化企业11295家，累计培育上市、挂牌企业455家；举办创新创业活动13662场，开展创业教育培训14178次，开展国际交流活动759次；创业团队和企业吸纳就业323228人，其中吸纳应届毕业大学生就业74132人。

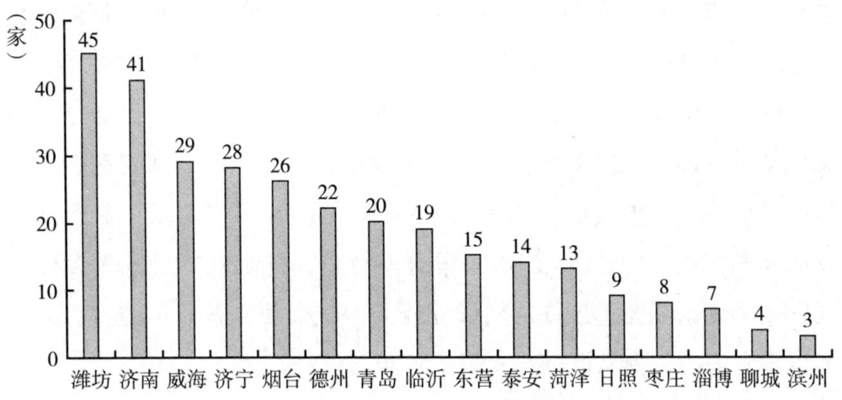

图2　山东省各地市省级以上科技企业孵化器数量（2018年）

注：济南市省级以上科技企业孵化器数量包括莱芜区。

资料来源：科学技术部火炬高科技产业开发中心、山东省科学技术厅、齐鲁财富网。

① 《关于公布山东省省级科技企业孵化器和大学科技园名单的通知》显示，山东省科技厅会同各市科技局对2018年以前（含2018年）备案的省级科技企业孵化器和省级大学科技园进行了重新审核。经过审核，21家省级科技企业孵化器未通过审核，不再纳入省级科技企业孵化器备案管理，219家省级科技企业孵化器通过审核。科学技术部火炬高科技产业开发中心数据显示，截至2018年底，山东有国家级科技企业孵化器84家。

2. 科技型领军企业整合作用充分发挥

积极推动海尔集团、潍柴集团、浪潮集团等科技型领军企业整合产业链创新资源，积极打造专业化众创空间，营造全链条、全方位的创新创业生态。截至2018年底，全国没有公布新的国家专业化众创空间，山东省保持5家国家专业化众创空间，与北京、江苏、湖北、广东等并列全国第一。从各个专业化众创空间发展来看，都展现了较高水平的资源整合能力，聚集更加多元化的产业创新要素资源，发挥较强的协同带动作用。一是充分利用信息科技打造传统产业升级的新业态。迪尚集团开放企业资源，打造了服装时尚设计专业化众创空间，为所有服装设计创客提供低成本生态平台，构建了“互联网+设计+供应链+制造+现代物流”的全产业链创业孵化生态圈。二是利用数字纽带，推动相关产业的发展。浪潮集团打造大数据专业化众创空间，提出“公司+创客”的大数据“双创”产业模型，积极打造大数据上下游生态链，在线为创客提供专业化孵化服务。积极争取在全国100个城市支持100个创客中心，扶持10000名创客，带动100万人就业。三是打造高效协同的产业集群。潍柴集团通过卡车动力总成众创空间，集成整合企业、科研院所、高校等的创新资源、产业资源等线下资源，实现资源共享和有效利用，目前已与95家企业建立产品研发或技术应用共同体，与18家国内外高校、科研院所组成内燃机可靠性国际技术创新联盟，开展协同设计任务500余项，在卡车动力总成领域形成资源富集、创新活跃的创新型产业集群。

3. 大学科技园建设等载体积极组建

为推进大学科技园建设，山东陆续出台《关于进一步加强大学科技园建设的实施意见》（鲁科字〔2017〕202号）等一系列文件，进一步强化大学科技园支持创新创业的重要作用。一是创新大学科技园的发展模式。支持科技企业、高校、科技园区和地方政府发挥各自创新主体优势，突出产业特色，吸引高新技术、人才等创新资源，建设需求引导型大学科技园和特色化、专业化大学科技园。二是探索多方共建机制。发挥科技、教育、地方政府和有关专业部门的作用，携手大学、金融机构等多方共同打造“双创升级版”大学科技园区。三是完善园区创新体系。推动大学科技园在创业导师、孵化载体、技术转移机构、专家工作站、公共研发服务平台等方面加强科技服务体系建设，不断提升大学科技园的服务保障能力。截至2018年底，山东已经建成济南齐鲁大学科技园、青岛大学科技园、东方海洋大学科技园、山东特检泰山大学科技园5家省级大学科技园，分布在济南、青岛、烟台、泰安4个城市。

（三）创业融资途径逐步拓宽

第一，健全政策体系。严格落实《关于进一步做好创业担保贷款财政贴息工作的通知》（财金〔2018〕22号）和《山东省创业担保贷款实施办法（试行）》，重点加强对返乡下乡创业人员、高校毕业生等群体创业的扶持力度，结合上级有关创业担保贷款政策的调整，及时对山东政策进行完善，为创业者提供更加优质高效、方便快捷的服务。

第二，加强信息化管理。完善山东省创业担保贷款资金系统，在整合小额创业担保贷款和创业担保贷款系统基础上，优化贷款系统模块功能，完善工作流程，实行信息互联共享，全面推进创业担保贷款全程网上经办，让信息多跑路，让群众少跑腿。

第三，积极开展专项活动。联合省妇联、团省委开展“鲁青担保贷”“巾帼创业贷”活动，持续强化风险防控和风险管理，最大限度地保证担保基金安全，确保创业担保贷款“贷得出、用得好、收得回”。

（四）以服务为基础的创业体系逐渐健全

第一，推进省级创业型城市（乡镇）创建。按照创建文件要求，完成了全省22个省级创业型城市（县区）和59个省级创业型街道（乡镇）创建综合评估工作，配合将奖补资金拨付到位，推进创业政策和创业服务向基层延伸。

第二，按照2018年山东省政府工作报告和山东省人力资源和社会保障厅助推新旧动能转换重大工程建设行动方案要求，组建山东省创新创业发展联合会，完善联合会章程和成立方案，联系省民政厅做好备案工作，已完成名称核准，印发通知广泛吸纳会员单位，利用“互联网+”技术，推进联合会信息化建设。

第三，利用现有网络平台及基层人力资源和社会保障平台资源，积极建立完善创业导师库和规范建设创业项目库，开通“创业在山东”微信公众号，举办全省创业服务人员素质能力提升培训班，整合现有创业创新资源，积极培育创业服务的新业态和新模式，为创业者和投资者搭建投融资对接平台，提升创业服务的整体水平。

（五）返乡创业的菏泽经验形成

第一，完善针对返乡、下乡人员的政策体系。充分发挥创业担保贷款政策对返乡、下乡创业人员的扶持作用，积极将农村自主创业农民纳入支持范围，提高贷款额度，简化贷款手续，降低贷款门槛，放宽担保条件。

第二，开展农民工返乡创业调研。2018 年 6 月，菏泽市郓城县开展了农民工返乡创业专题调研活动，深入创业园区、企业、扶贫车间、基层服务平台进行实地调研，总结出返乡创业的菏泽经验、郓城模式，以点带面全面了解山东返乡、下乡创业工作整体情况。

第三，组织召开山东返乡、下乡创业工作现场推进会。2018 年 11 月 13 日，在菏泽市郓城县组织召开了全省返乡、下乡创业工作现场推进会，全面贯彻落实国务院常务会议关于返乡、下乡创业工作要求，结合省委、省政府重大战略部署，推动打造全省“双创”工作的升级版，总结推广返乡、下乡创业先进典型经验，研究提出做好今后一个时期工作的思路和措施。

（六）营造良好创业氛围

第一，丰富创业活动。连续举办四届山东省创业大赛，举办以“军民融合创新发展”为主题的首届山东退役军人创新创业大赛，推荐优秀选手参加“中国创翼”创业创新大赛，配套组织了首届山东省就业创业服务暨人社扶贫摄影大赛。开展“山东大学生十大创业之星”评选活动、山东大学生创业大赛，会同省委统战部、团省委、省教育厅等部门分别开展“泛海扬帆山东大学生创业行动”、“创青春”·海尔大学生创业大赛、“互联网+”大学生创新创业大赛等系列活动。组织开展“筑梦未来，与你同行”高校毕业生就业创业政策宣传推介活动，引导高校毕业生树立正确的择业观，鼓励其扎根基层、到非公有制企业建功立业。

第二，开展创业集中宣传培训。拍摄创业大赛宣传片，调查了解获奖选手发展现状，宣传创业典型。把5月定为“创业宣传月”，综合运用各类媒体，开展“创业齐鲁·乐业山东”创业政策集中宣传活动。

第三，选树创新创业典型经验高校。开展省级创新创业典型经验高校评选工作和全国创新创业典型经验高校推荐工作，2018年评选了22所省级创新创业典型经验高校，推荐4所高校获评全国创新创业典型经验高校，目前山东全国创新创业典型经验高校达11家，数量位居全国前列。

（七）瞪羚企业成长势头迅猛

近年来，以新一代信息技术为核心的新经济蓬勃兴起，互联网、大数据、人工智能与实体经济融合蝶变，涌现出一大批“四新”企业，瞪羚企业的兴起是以新一代信息技术为支撑的新经济发展的时代产物，也是山东省委、省政府推进新旧动能转换，培育发展“四新”经济，以“四新”促“四化”的结果。自2018年1月起，山东省开始在全省范围内实施瞪羚企业培育和奖励三年行动计划，是全国第一个由省级政府部门组织开展瞪羚企业培育工作的省份。

2018年6月，山东省中小企业局、山东省财政厅、中国人民银行济南分行印发《关于公布2018年山东省瞪羚示范（培育）企业名单的通知》（鲁中小企局字〔2018〕26号），提出筹备召开山东省瞪羚企业培育推进大会，出台瞪羚企业培育配套政策，多方拓展瞪羚企业融资渠道，支撑瞪羚企业发展壮大，并根据评审结果及第三方综合审查，从362家企业中遴选出100家名单予以公布。随着首批山东省瞪羚企业的认定，山东省瞪羚企业发展促进会于2018年8月在济南正式成立，是山东省首家专门服务于瞪羚企业、独角兽企业和高成长性中小企业的全省性、联合性、非营利性社会组织。

2018 年底，山东省工信厅、财政厅等部门委托省瞪羚企业发展促进会组织第三方机构和专家对推荐的瞪羚企业项目进行独立审查和评审，筛选出 2018 年第二批瞪羚企业 100 家，山东省瞪羚企业总数增至 200 家，企业经营业务涉及“互联网 +”、电子商务、新能源新材料、高端装备制造、人工智能、生物制药、新能源汽车、医疗健康、金融科技、企业服务等领域。排在前 5 位的分别是新材料、新一代信息技术、高端装备制造、生物医药和节能环保产业，分别有 56 家、54 家、29 家、28 家和 15 家，分别占总数的 28%、27%、14.5%、14%和 7.5%，这 5 个领域分布的瞪羚企业合计占总数的 91%。按城市分布呈现东高西低趋势，其中济南 46 家、潍坊 29 家、烟台 21 家（见图 3）。

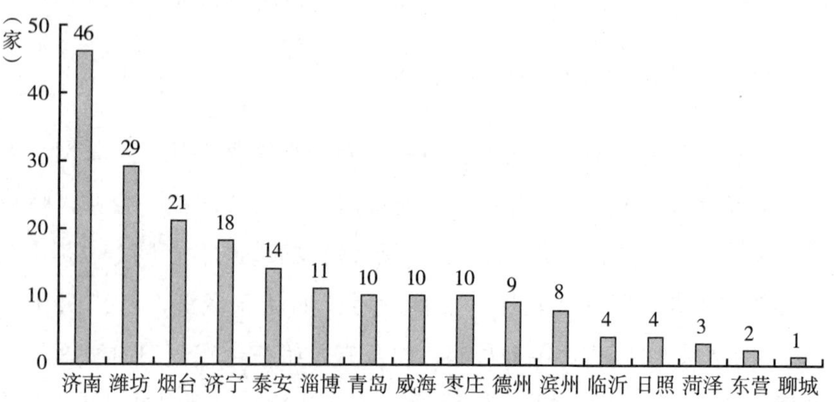

图 3　山东各地市瞪羚企业数量（2018 年）

注：济南瞪羚企业数量包括莱芜区。

资料来源：山东省瞪羚企业发展促进会、齐鲁财富网。

根据山东省工信厅调研数据可知，山东省认定的 200 家瞪羚企业近 3 年主营业务收入复合增长率达到 29.6%，利润复合增长率达到 46.86%，遥遥领先于全省中小企业平均水平。2018 年，全省 200 家瞪羚企业研发投入 25.68 亿元，同比增长 15.53%；近 3 年研发投入强度达到 5.02%，企业研发投入的生力军地位更加突出，创新主体地位进一步提升。

三　中小企业“双创”经验借鉴[①]

（一）深圳市创新创业生态建设的经验

1. 出台和修订各类管理办法和操作规程，加大对创业创新扶持力度

第一，加大对标准、知识产权和认证等方面的扶持。深圳市市场监督委先后出台《深圳市打造深圳标准专项资金资助操作规程》（深市质规〔2017〕2号）、《深圳市小微企业创业创新基地城市示范专项资金知识产权项目操作规程（暂行）》（深市质规〔2017〕5号）、《深圳标准认证实施规则项目资助资金操作规程》（深市质规〔2017〕6号）等操作规程。

第二，深圳市人力资源和社会保障局先后出台《深圳市留学回国人员引进实施办法》（深人社规〔2017〕4号）和《深圳市创业孵化基地管理办法》（深人社规〔2017〕6号），规范创业创新人才引进和进一步推动深圳市创业带动就业工作，加快创业孵化基地建设。

第三，深圳市经贸信息委修订政策，增加小微企业创业创新基地的资助内容，加大对小微企业走“专精特新”发展之路的扶持力度。

第四，深圳市科创委出台《深圳市促进重大科研基础设施和大型科学仪器共享管理暂行办法实施细则》（深科技创新〔2017〕117号），降低科技创新成本，提高科技资源使用效率，增强科技创新能力。

2. 加强公共服务支持，完善创业创新服务体系

第一，进一步提升中小企业公共服务平台网络服务能力，推进中小企业公共服务示范平台（示范基地）建设。加强中小企业公共服务平台网络建设，工作重点转向提升服务能力、探索市场化运营，进一步指导平台建设单位完善服务。积极参与深圳市“中小微企业日”公共服务计划，设立《中

① 本报告作者在编写过程中前往广东、江苏、浙江、上海和省内部分地市针对中小企业创新创业进行了较为系统的调查研究，梳理总结出一系列宝贵经验。

小企业促进法》解读专版。开展政策宣讲、服务对接、融资洽谈、创业辅导等活动。出台《深圳市中小企业公共服务示范平台认定管理办法》（深经贸信息规〔2018〕3号），形成国家示范平台引领，省、市示范平台协调发展的中小企业公共服务新局面。

第二，打造创业创新金融服务平台。深圳市搭建了深圳市创业创新金融服务平台，协调整合包括科创、经信、工商、税务、公安、银监等43个单位和部门近500个涉企信息数据源，打通信息通道，借助大数据、互联网等手段，实现企业征信信息的整合利用，汇聚政府、金融机构、行业协会等各方力量，建立金融机构与企业对接的一站式服务信息平台，助推融资供求有效对接。

第三，加大政府投入，为企业提供人才培训、知识产权等服务，营造创业创新氛围。每年开展200多个产业紧缺人才培训班次，培训各类产业紧缺人才2万人次，其中80%的学员来自小微企业。举办中小企业创业创新活动周，开展各类创新创业大赛、项目路演、创业辅导、创业服务对接等活动。

3. 专项资金支持创业创新，基本实现全覆盖

为落实创新驱动战略，提升城市创新能力，深圳市先后设立了科技研发资金、知识产权资金、高新技术重大项目资金、国家科技重大专项地方配套资金、创客资金等14大类专项资金，基本覆盖了创新体系的各个方面。2014～2018年，深圳市本级财政累计安排科技创新类专项资金约830亿元，通过支持高校、科研院所开展基础研究和公益性研究，引导企业不断加大研发投入，组织重大项目技术攻关，持续提升城市创新能力，构建创新链、产业链和资金链融合的创新体系。其中，支持科技创新的几个重点专项资金情况如下。

（1）科技研发资金。深圳市从2017年开始积极实施“科技倍增”计划，2018年深圳市财政安排科技研发资金62.95亿元，比2017年增长1倍多，通过无偿资助、奖励和投融资等方式，重点支持基础研究、前沿科技研究、公益性研究、战略高技术以及产业共性关键技术研究。其中，深圳市财政通过事后补助方式对企业研发予以资助，根据税务部门核准的研发支出，

1000万元以内的按照10%予以资助，超出1000万以上部分按照5%予以资助。2018～2019年深圳市财政安排企业研发资金100亿元，用于支持企业从事研发活动和技术创新。

（2）创客资金。自2015年起深圳市设立创客专项资金，重点支持建设创客空间、培育创客人才队伍、强化创客公共服务、营造创客文化环境等。2015年安排创客资金2亿元，2016年5亿元，2017年3.55亿元，2018年5亿元。创客资金综合运用无偿资助、股权投资、业务补助或者奖励、代偿补偿、购买服务等方式，对创客空间予以最高不超过500万元、对创客个人或团队的项目予以最高不超过50万元、对创客公共服务平台予以最高不超过300万元的资助。通过创客资金安排资助创业项目，营造活跃的创新创业氛围。

（3）孔雀计划资金。2011年起深圳市设立“孔雀计划”，引进海外高层次人才来深圳创新创业。深圳市财政安排海外高层次人才奖励补贴资金（以下简称“奖励补贴资金”）和海外高层次人才创新创业资助资金（以下简称“创新创业资金”）两部分资金。创新创业资金的资助对象为经评审认定的海外高层次人才团队、由深圳市推荐并落户深圳市的广东省创新科研团队和经认定的海外高层次人才在深圳开展的符合条件的项目。团队资助：对经评审认定的海外高层次人才团队可给予最高1亿元的支持；由深圳市推荐并落户深圳市的广东省创新科研团队，按照不低于广东省资助额度50%的比例给予配套支持。项目资助：海外高层次人才在深圳创办高新技术企业，其项目经评审后可给予最高500万元的创业资助；海外高层次人才在深圳市企事业单位担任研发负责人，其研发项目经评审后可给予最高500万元的研发资助；海外高层次人才将其拥有的高新技术研发成果、专利技术等自主知识产权项目在深圳市进行转化的，经评审后可给予最高1000万元的成果转化资助。创业场租补贴：经评审认定的团队所在企业或获得上述项目资助的创业企业，可按企业实际支出的场租给予创业场租补贴。自企业设立之日起，首两年给予500平方米以下部分每月每平方米不超过30元的场租补贴，第三年给予500平方米以下部分每月每平方米不超过15元的场租补贴。

（4）知识产权和打造深圳标准专项资金。为更好地发挥知识产权专项资金对深圳市知识产权事业的促进和引领作用，积极推进国家创新型城市建设，加快由“深圳速度”向“深圳质量”转变，深圳市设立知识产权专项资金和打造深圳标准专项资金，通过资助和奖励的方式，80%以上的专项资金用于资助发明专利、PCT专利申请、境外商标注册、计算机软件著作权登记等项目，深圳市政府重点发展的战略性新兴产业、未来产业为资助的重点。2016～2018年，知识产权专项资金的预算安排情况分别是3.80亿元、2.65亿元和2.48亿元；打造深圳标准专项资金2016～2018年预算安排分别情况是0.70亿元、0.70亿元和0.82亿元。

（二）浙江省创新创业生态建设的经验

第一，坚持顶层设计和制度供给，优化创新创业环境。2018年浙江在全面梳理现有科技政策、吸收采纳先进省份经验做法和开展“大调研”的基础上，聚焦数字经济“一号工程”，高质量谋划制定“科技新政”50条，着力构建“产学研用金、才政介美云”十联动的创新创业生态系统，加快打造“互联网+”和生命健康两大科技创新高地。

第二，坚持牢固树立市场导向，不断夯实企业的创新主体地位。按照把科技资源配置到企业、配置到重点产业、配置到关键领域的要求，推动企业真正成为创新决策、研发投入、科研组织、成果转化的主体。目前，浙江省企业创新能力位居全国第三，企业研发人员、研发经费、研发机构、专利授权量分别占全省总量的83.8%、90.9%、94.1%和72.6%。一方面，建立健全科技企业梯度培育机制。深入实施企业培育“双倍增”行动，通过健全“大众创业、万众创新”的创新创业服务体系、建立3亿元的科技型中小企业发展专项资金等举措，促进“微成长、小升高、高壮大”。另一方面，着力做强企业研发机构。聚焦“做强产业链、补齐短板”目标，开展重点企业研究院建设、重大技术专项实施、青年科学家培养的“三位一体”产业技术创新试点。累计在纯电动汽车、机器人、大数据、新材料等25个产业领域建设了260家省级重点企业研究院，省财政累计资助21亿元，带动企业R&D投入824亿元，开发了一批“撒手锏”产品，促进了产业链整体提升。

第三，坚持“不求所有、但求所用”，加快集聚国内外创新资源。通过深化与国内外高校院所、与长三角及兄弟省份等的科技合作，实施引进大院名校共建创新载体战略，促进国内外大批优质创新资源落户浙江。习近平总书记对以浙江清华长三角研究院为代表的省校共建新型创新载体成效做出重要批示。

第四，坚持科技创新和制度创新“双轮驱动”，持续优化创新。一方面，着力解决科技资源配置的碎片化问题。将省级科技计划从35项不断优化整合为4项，并上线运行科技创新云平台，实现科技项目和经费的“全流程、痕迹化、可追溯”管理。另一方面，激发高校院所科技成果转化积极性。修订实施《浙江省促进科技成果转化条例》，将对重要贡献人员的成果转化奖励比例下限提高到70%，在全国率先以地方立法形式明确职务科技成果权属奖励制度。修订出台《浙江省专利条例》，在全国率先开展电商领域的专利保护工作，建立全国唯一的电商领域执法协作调度中心，着力打造知识产权保护最严最优省。

（三）山东淄博创新创业生态建设的经验

山东淄博坚持以建设创新型城市为目标，以山东半岛自主创新示范区建设为统领，深入实施创新驱动发展战略，加强高端人才培养引进，全面提升区域自主创新能力，为老工业城市转型发展提供有力支撑。

第一，健全完善政策体系。聚焦科技体制改革、创新成果转化、人才队伍建设、公共服务配套等，中共淄博市委、淄博市人民政府制定出台《关于深化科技体制改革加快创新发展的实施意见》（淄发〔2016〕23号）、淄博市人民政府办公厅印发《鼓励“零成本创业”进一步推动大众创业万众创新的若干政策意见》（淄政办发〔2016〕12号）等一系列政策措施，建立完善工作推进机制，加强工作调度督导，为激发全社会创新创业活力提供了有力制度保障。进一步加大财政支持科技创新力度，不断简化项目预算编制、完善监管约束机制，加大对高校、院所、企业实施创新项目、搭建创新平台、深化产学研合作的支持力度。淄博市财政每年安排6000万元预算资金支持校城融合发展。2017～2018年，累计兑现企业研发后补助、重大科技成果转化、小微企业升级高新技术、众创空间、大学生创业等奖励扶持资金4600多万元。

第二，积极搭建平台载体。突出抓好山东半岛国家自主创新示范区建设，启动大学城、科学城、创新谷"两城一谷"规划建设，扎实推进大院、大所、大校、大企"四大招引"工程，分别与清华大学、以色列特拉维夫大学等合作成立科技成果转化中心，省级及以上创新平台、院士工作站分别达到323家和87家。深化与山东理工大学等驻淄高校融合发展，组织实施学科产业对接、新型智库建设等"九大工程"，解决了一大批行业企业关键共性技术难题，山东理工大学无氯氟聚氨酯化学发泡剂等自主研发技术取得重大成果。连续举办18届中国（淄博）国际陶瓷博览会和17届中国（淄博）新材料技术论坛，每年邀请20余名两院院士及上百家高等院校、科研院所专家，与淄博市企业进行深度对接，开展项目合作。以清华大学、山东大学、天津大学等高校院所为依托，先后投资近4亿元建设了国内一流的生物医药、精细化工和高分子材料、无机非金属材料、电子信息综合服务和MEMS中试等企业创新平台和公共技术服务平台，年均为企业提供3万余次技术服务。

第三，着力提升"双创"水平。注重发挥企业的科技创新主力军作用，实施企业创新能力提升工程和高新技术企业培育工程，加速培育一批核心技术能力突出、集成创新能力较强的创新型企业群体。2018年，淄博4家企业入围中国企业500强，7家企业入围中国民营企业500强；隐形冠军和瞪羚企业分达到44家和6家；新增高新技术企业100家以上，同比增长120%；全社会研发投入占比达到2.46%。大力推进"大众创业、万众创新"，通过政府、骨干企业、社会资本协同发力，培育了张店区国家级"双创"示范基地、大红炉众创空间等一批全要素、开放式双创平台，创建淄博创业大学，开展淄博"创业（创客）大赛"等品牌活动，涌现出镭泽智能科技、思锐环境设备等一批创新高成长型企业。扎实推进知识产权强市建设，加强对申请和授权专利、知识产权优势企业的资助和奖励，积极搭建知识产权运营公共服务平台，推动知识产权保护和转化。目前，淄博发明专利申请5169件，发明专利授权1121件，万人有效发明专利拥有量12.15件，均位居全省前列。

第四，强化人才智力支撑。深入推进“人才强市”战略，制定出台《关于进一步推进人才优先发展的若干措施》（简称“淄博人才新政23条”），以及39项配套实施细则，聚力实施“六大人才工程”（高端产业人才“引领工程”、基础性人才“集聚工程”、高技能人才“支撑工程”、企业经营管理人才“提升工程”、专业技术人才“支持工程”和国际化人才“汇智工程”），积极探索在国内外设立柔性创新研发平台，2018年新培养引进院士、“国家千人计划”等高端人才50名，新落户本科生、研究生达到4936人，同比增长109%。围绕推进企业理念创新、科技创新、管理创新，启动实施“10万企业家三年培训计划”和“高技能人才十年培训计划”，组织“双50强”企业家到德国、以色列进行专题培训，2018年培训各类企业经营者2.2万人，切实提升了市场主体的创新意识和管理水平。

四　山东中小企业“双创”存在的问题与建议

中小企业是国民经济的重要组成部分，是经济中最有活力和创造力的部分，同时也是实施创新驱动转型发展的重要源泉，是科技成果转移转化、提升经济效率、促进高质量发展的基本依托。但中小企业在创新发展上存在着天然的劣势，尤其是在当代科技创新竞争日益激烈的形势下，中小企业发展更加需要稳定的外部环境。本节主要分析山东中小企业“双创”发展中存在的问题，并提出促进全省中小企业“双创”发展的建议。

（一）中小企业“双创”过程中存在的问题

在全球化和互联网经济高速发展时代，“双创”也在不断促进国家创新驱动发展战略的深入实施，让才智优势充分发挥，让技术在应用端充分展现，但不可否认的是，山东中小企业在发展过程中仍存在一些问题。

1. 产、学、研未形成有效合力

一是政策的系统合力不足。总体来看，当前各级各部门出台了众多促进创新创业的支持政策，但政策的统合性、集成性与协调性不足，某种程度上呈现碎片化布局，甚至出现相互抵触的状况，且“政出多门”导致创新创业企业对政策要旨的掌控度不足，政策的奉行和受益成本较高。二是在政策支持结构上，研发支出规模及比重较大，对以企业为主体的研发成果应用与技术扩散以及科技服务的财政支出规模偏小，产、学、研的投入结构存在一定程度的失调。三是产、学、研政策未能形成合力，导致创新的系统功能被割裂。高校、科研机构通过课题申报着力于基础研究和应用研究，对市场需求不敏感且把握滞后；企业作为市场主体，对产品市场开发具有优势，但受制于自身研发能力，技术支撑不足，科技成果转化率低。

2. 主体数量、质量有待进一步提升

一是创新创业意识有待进一步强化。受儒家文化的熏陶以及其他因素的综合影响，山东居民的责任感、诚实守信意识、勤劳踏实作风普遍较强，但在独立创业、拼闯冒险、独辟蹊径和勇于创新方面，与南方沿海发达省份相比，仍存在较大差距。自主创新创业的意识不强，从源头上限制了山东民营经济和科技实力的发展提升空间。二是与其他发达省份相比，山东创新创业主体的数量仍需扩容。与广东、江苏、浙江三省份相比，山东在产业主体、空间载体等方面，均处于落后状态，说明全省创新创业主体的数量仍存在进一步拓展的空间。

3. 要素约束仍然突出，挤压创新创业潜力空间

一是资金约束仍然趋紧。商业银行在中小企业贷款方面存在“不愿贷”“不敢贷”现象，且对抵押物有较高要求，评估、担保费用高昂，手续冗杂。初创期企业一般由于财产抵押物少、财务管理不规范、信用等级低，难以获得充足的银行贷款。虽然通过民间借贷渠道易于筹措到资金，但往往拆借利率过高。二是土地要素约束日渐突出。企业初创期一般会选择在创业孵化基地、产业园区、科技园区等创业载体进行前期积累，但创业载体的土地

办理手续繁杂，且供给有限，难以满足众多创业者的需求。同时，生产型企业在初创期大多是租赁厂房，企业业务全面开展后，扩大生产规模则需要更多的土地供给，但限于土地指标约束，难以充分实现规模化运营。三是劳动和技术要素的结构性约束凸显。实际中，企业招工难、大学生就业难、职业学校招生难的结构性矛盾存在，导致劳动密集型创业企业的工人流动性加大，而且，高端技术和技师型人才的供给缺口，构成技术密集型和高附加值创业创新的基础要素约束。

4. 创新创业链条延伸不足

一是创业创新的产业协同力不足。当前，山东产业集群发展较快，但更多呈现为区域集中和同质扩张，深度专业化分工和异质产业扩容效应较小，创业创新未能完全沿循核心产业、服务产业和外围产业的纵向拓展方向，产业链条仍然较短，围绕主导产业的上下游链条延伸不足。同时，部分新兴行业虽然粗具规模，但生产分散化，难以形成产业集聚效应。二是创业载体与公共服务平台建设仍需进一步加强。当前，山东创业载体与公共服务平台建设初见成效，但仍然存在较大的供需缺口。初创企业需要更加全方位、系列化的创业载体和服务平台，为其提供工商登记、项目审批、安评环评、管理创新、市场开辟等“一揽子”创业服务，下一步创业载体和公共服务平台建设应向总量供给充足、体系布局合理、服务功能健全的方向发展。

（二）加快山东省中小企业“双创”发展的建议

打造富有活力的创新创业生态系统，需要将中小企业融通生态的各个层次主体均纳入政策措施考量范围，打造创新创业主体、平台载体、服务支持机构和外部发展环境良性互动、互促互进的有机整体，着力优化服务链、着力构建政策链、着力完善资金链、着力拓展生态链，形成四链协同的创新创业共同体，最大限度地聚合资源激发创新创业活力。

1. 着力优化服务链，打造具有特色的创新创业支撑平台

坚持政府引导，以企业为主体，高校、科研院所、行业协会以及专业机构参与，加快建设集创业孵化、研究开发、技术中试、成果推广等功能于一

体的创新创业支撑平台。

第一，打造“校企合作”协同创新平台。总结推广山东高等技术研究院、产业技术研究院和能源研究院的创新发展模式，全面深化产教融合，支持高校、科研院所到市县设立应用技术研究院，推广“企业出题，高校、科研院所解题，政府助题”等新型产、学、研合作模式，鼓励企业与高校联合培养专业技术人才和高技能人才。推进校（所）企联合共建重点实验室、工程技术中心等协同创新平台。

第二，打造区域技术转移服务平台。总结山东半岛国家自主创新示范区的有益经验，推进建设国家科技成果转移转化示范区，构建省、市、县三级联动的科技成果转化体系，推广特色鲜明的科技成果转化模式。鼓励高校、科研院所建立具有法人资格的专业化技术转移机构，加快建设山东知识产权交易中心，打造区域技术转移服务平台。

第三，打造军民科技协同创新平台。充分发挥青岛国家级军民融合创新示范区的优势特点，支持龙头骨干企业联合军工科研院所合作打造军民科技协同创新平台。对于承担军工科研项目的企业，有条件的市、县可按照项目合同金额给予一定比例的资助。

第四，打造知识产权综合服务平台。实行严格的知识产权保护制度，加快建设知识产权保护中心，建立查处知识产权侵权行为快速反应机制，加大对侵权行为的惩治力度，优化知识产权保护环境。建立从申请到保护的全流程一体化知识产权维权制度，完善知识产权执法体系和多元化、国际化纠纷解决体系。加强知识产权综合管理和公共服务，建立重大经济活动知识产权审查评议制度，在重大产业规划、重大经济和科技项目等活动中开展知识产权评议试点。建设知识产权托管、评估、交易公共服务平台，引进和培育专业化、国际化的知识产权服务平台，打造具有全国影响力的国家知识产权服务业集聚发展示范区。

2. 着力构建政策链，打造创新创业政策体系

围绕打造“政产学研金服用”创新创业共同体，发挥体制机制优势，统筹政府、产业、高校、科研、金融、中介、用户等力量，整合技术、资

金、人才、政策、环境、服务等要素，形成精准的组合型政策供给，打造创新人才、创业企业、创投资本、科技中介等创新创业群体的理想栖息地和价值实现地。

一是强激励。要着眼于调动创新创业主体的积极性，加大激励力度，进一步提高科研人员成果转化收益比例，进一步放宽转制科研院所、高新技术企业管理层和核心骨干持股比例、进一步放宽创新型中小微企业不良贷款率，让广大创新创业者有甜头、有奔头，充分激发创新创业者的内生动力。

二是降成本。着力降低企业税负，落实各项税收优惠政策。着力降低企业运营成本，继续向中小微企业发放科技创新券，支持其购买各类科技服务；对入驻政府主办孵化载体的初创企业，适度减免租金。着力降低人才生活成本，各地结合实际提高对新引进人才的租房和生活补贴标准，加快建设各类保障性住房，让人才“来得了、留得住”。

三是建载体。鼓励社会机构建设创客空间，对符合条件的予以资助，并将创客空间用地纳入新型产业用地范畴，每年安排一定比例予以保障。支持打造一批国际化创客空间。

3. 着力完善资金链，突破创新创业瓶颈制约

坚持金融资本、社会资本、政府基金有机结合，构建“双创”金融体系。发挥济南、青岛、烟台的金融资源集聚效应，扩大对科技型中小企业的服务范围和信贷规模。拓展贷款、保险、财政风险补偿捆绑的专利权、商标权等质押融资业务。完善政策性融资担保体系，为科技型中小微企业服务。政府引导基金与社会资本合作设立天使投资基金，以阶段性参股形式支持初创企业的天使投资和科技型企业的风险投资。

一是大力实施VC/PE集聚发展。支持济南依托经十东路科创走廊打造区域性创投中心，大力发展天使投资、风险投资、股权投资，设立政府主导的天使基金。整合资源建立创新投资专业机构，着力破解融资难、融资贵等“卡脖子”问题。

二是大力实施金融科技。制定促进科技和金融深度融合的相关政策，改革传统科技资金投入模式，通过银政企合作、科技保险、股权有偿资助等方

式，鼓励各类社会资本投向创新创业，加快推动“科技＋金融”，将金融科技做大做强。

三是大力实施中小企业上市培育行动。根据不同中小企业的实际情况，有针对性地开展上市培育和辅导服务，引导企业借助资本市场做大做强。

4. 着力拓展生态链，培育创新创业生态体系

顺应创新创业活动日益开放、协同、跨界、融合等新趋势，着眼全球发展机遇，着力打造创新创业生态体系，打通政、产、学、研、金、服、用等各个领域，推动创新创业与产业、企业、人才有机融合。

一是打造创新创业全覆盖全链条的科技生态。大力发展技术经纪、知识产权、检验检测等第三方专业化服务，支持科技企业孵化器、大学科技园、众创空间等孵化机构为科技型中小企业提供创业辅导、企业融资、工业设计等社会化、市场化服务，并按照国家和省有关规定享受优惠政策。加快国家“双创”示范基地建设，支持大学科技园到市县设立创新创业基地。

二是打造“双创”国际合作生态。落实全省招商引资、招才引智工作部署，完善科技与人才国际合作系统布局，加快建立科技与人才国际合作新模式、新路径、新机制，积极构建开放科技创新体系，在更高起点推进科技创新。立足新旧动能转换重大科技需求，以世界主要创新型国家和“一带一路”沿线国家为主，在国家互联互通交流机制和双边、多边科技合作协定框架下，着力开展高层次、多形式、宽领域的科技合作，着力打造科技对外开放新高地和人才创新创业高地。

三是营造创新创业最美环境生态。以“一次办好”改革为牵引，按照“创新创业活力是否充分涌流”的标准，大力推动政府数字化转型、企业数字化运营和社会数字化治理，推进智能制造和企业上云，完善全省电子政务云建设，加快民生领域“互联网＋”应用，尽快解决企业办事过程中的难点、堵点、痛点。大力提升全民科学文化素质，倡导科学家精神和企业家精神，营造尊重知识、尊重人才、鼓励创新、宽容失败的文化环境，建设宜居宜业、宜创宜游的幸福美好家园。

专题报告

Special Reports

B.6
山东省中小企业科技创新报告

山东省科技厅　孙东东*

摘　要： 中小企业科技创新是推动新旧动能转换和经济结构转型升级的重要力量，是深入实施创新驱动发展战略、实现经济高质量发展的必由之路。2018年，山东省科技厅共为7950家企业落实2017年度研发加计扣除所得税减免64.1亿元，落实户数同比增长113.7%，其中科技型中小企业占70%以上；为2095家高新技术企业落实2017年度高新技术企业所得税减免118.75亿元，落实户数同比增长15.9%，其中科技型中小企业占75%以上。全年山东省科技厅认真贯彻落实国家、省委、省政府扶持中小企业发展的决策部署，牢固树立和大力践行新发展理念，加快实施创新驱动发展

* 孙东东，齐鲁财富网研究中心高级研究员，研究领域为普惠金融、公司金融、中小企业。

战略，推动科技型中小企业实现高质量发展。但全省科技型中小企业仍存在企业创新意识薄弱、融资难融资贵、科技成果向中小企业转移转化机制动力较弱等问题，针对这些问题，本报告提出强化中小科技型企业源头培育、完善普惠型创新政策支持体系等发展方向。

关键词： 中小企业科技创新　创新驱动发展战略　高质量发展

党的十九大指出："创新是引领发展的第一动力，是建设现代化经济体系的战略支撑。要瞄准世界科技前沿，强化基础研究，实现前瞻性基础研究、引领性原创成果重大突破。加强应用基础研究，拓展实施国家重大科技项目，突出关键共性技术、前沿引领技术、现代工程技术、颠覆性技术创新，为建设科技强国、质量强国、航天强国、网络强国、交通强国、数字中国、智慧社会提供有力支撑。加强国家创新体系建设，强化战略科技力量。深化科技体制改革，建立以企业为主体、市场为导向、产学研深度融合的技术创新体系，加强对中小企业创新的支持，促进科技成果转化。"2018 年中央经济工作会议再次强调："我国发展仍处于并将长期处于重要战略机遇期……紧扣重要战略机遇新内涵，加快经济结构优化升级，提升科技创新能力……变压力为加快推动经济高质量发展的动力。"创新始终是一个国家、一个民族发展的重要力量，也始终是推动人类社会进步的重要力量。近年来，以习近平同志为核心的党中央高度重视科技创新工作，并把科技创新摆在国家发展全局的核心位置，我国创新型国家建设取得积极进展。

在创新驱动发展战略持续深入实施的大环境下，全国创新能力和效率进一步提升，科技创新能力大幅增强，创新生态持续优化，有效调动各类创新主体的积极性。2018 年，中国全社会研究与试验发展（R&D）经费支出占 GDP 的比重为 2.18%。高新技术企业达到 18.1 万家，科技型中小企业突破 13 万家，全国技术合同成交额为 17697 亿元。全年，中国基础前沿和战略高技术领域重大创新成果竞相涌现：在半导体量子点体系中首次实现三量子比特逻辑门，首次发现铁基超导体中的马约拉纳束缚态，首次人工创建单条染色体真核细胞，首台散裂中子源建成并投入运行，“嫦娥四号”探测器首次成功登陆月球背面，国产大型水陆两栖飞机水上首飞，“北斗三号”基本系统完成建设等。

改革开放以来，中国经济增长突飞猛进，人口、土地、资源、环境之间的矛盾日益凸显。要想实现可持续发展，必须转变依托人口等要素驱动经济发展的方式，走以科技驱动创新发展的道路。山东近年来高度重视科技创新工作，2018 年发布的《山东省新旧动能转换重大工程实施规划》（鲁政发〔2018〕7 号）指出：“到 2022 年，基本形成新动能主导经济发展的新格局，经济质量优势显著增强，现代化经济体系建设取得重要阶段性成果。‘四新’经济增加值占比年均提高 1.5 个百分点左右，力争达到 30%……全社会科学文化素质显著提高，自主创新在提高社会生产力和综合实力中的战略支撑作用更加凸显，创新创业生态更加优化，创新型省份建设再上新水平，创新型经济形态初步形成。”

2018 年 6 月，习近平总书记在山东考察时强调：“要坚持走自主创新之路，要有这么一股劲，要有这样的坚定信念和追求，不断在关键核心技术研发上取得新突破。”在考察浪潮集团高端容错计算机生产基地时再次强调：“要坚持把发展基点放在创新上，发挥我国社会主义制度能够集中力量办大事的制度优势，大力培育创新优势企业，塑造更多依靠创新驱动、更多发挥先发优势的引领型发展。”① 2018 年，山东出台一系列政策支持中小企业创新发展，其中《关于支持民营经济高质量发展的若干意见》（鲁政发〔2018〕26 号）指出：“开展瞪羚、独角兽企业培育行动，对认定的瞪羚、独角兽企业，省财政分档给予奖励和融资支持。对成功创建为国家技术创新中心、制造业创新中心的企业，省财政给予每个 1000～3000 万元经费支持。”经过多年发展，中小企业已经成为推动经济发展不可或缺的力量，

① 新华网，http：//www.xinhuanet.com/2018－06/14/c_ 1122987584.htm。

成为技术创新的重要主体、税收的重要来源，为我国社会主义市场经济发展、政府职能转变、农村富余劳动力转移、国际市场开拓等发挥了重要作用。山东中小企业应该牢牢把握科技革命带来的机遇，为全省经济高质量发展提供战略支撑。

一　山东科技创新发展情况

2018 年，中国经济质量效益稳步提升，全年国内生产总值高达 90.03 万亿元，比 2017 年增长 6.6%。规模以上工业中，战略性新兴产业增加值与 2017 年相比增长 8.9%。高技术制造业增加值增长 11.7%，占规模以上工业增加值的比重为 13.9%。就山东来看，全省高新技术产业产值占规模以上工业的比重为 36.92%，与 2017 年相比提高 1.96 个百分点，“四新”经济快速发展，新登记“四新”经济企业增长 31.0%。科技创新与经济发展深度融合极大地促进新技术、新产业、新业态的快速成长，全省经济社会高质量发展迈出坚实步伐。

（一）全国科技创新发展情况

2018 年，全国科技事业呈现加快发展的良好局面，科技创新对经济社会发展的支撑引领作用持续增强。全年国家重点研发计划共安排 1052 个项目，国家科技重大专项共安排 563 个课题，国家自然科学基金共资助 44504 个项目。截至年底，全国有 501 个国家重点实验室正在运行，累计建设 132 个国家工程研究中心、217 个国家工程实验室和 1480 家国家企业技术中心。国家科技成果转化引导基金累计设立了 21 支子基金，资金总规模高达 313 亿元。2018 年，全国 R&D 经费支出 19657 亿元，与 2017 年相比增长 11.6%。其中，基础研究经费达到 1118 亿元，占全年 R&D 经费支出的比重为 5.69%。全国科研和开发机构的 R&D 经费支出呈现逐年递增趋势，由 2014 年的 13016 亿元，增加至 2018 年的 19657 亿元，近 5 年增速均高于全国 GDP 增速（见图 1）。

《2018 年国民经济和社会发展统计公报》数据显示，全年境内外专利申

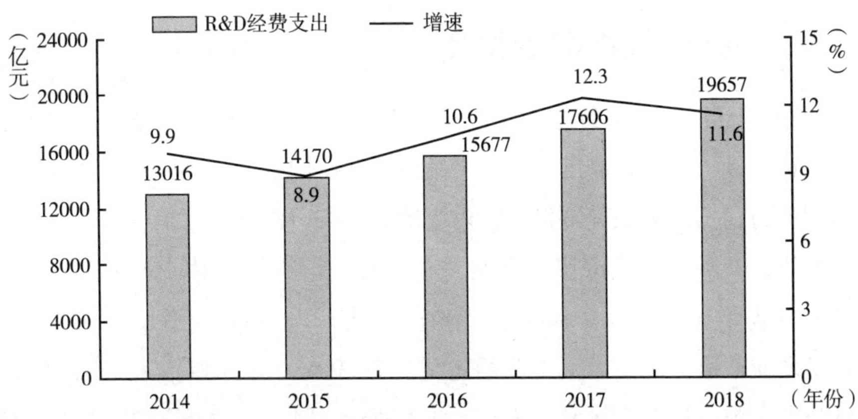

图1　全国 R&D 经费支出及增速（2014～2018 年）

资料来源：国家统计局、齐鲁财富网。

请数量高达432.3万件，与2017年相比增长16.9%；专利授权数量也高达244.7万件，与2017年相比增长33.3%；截至年底，全国有效专利数量高达838.1万件，其中境内有效发明专利高达160.2万件（见表1）。

表1　专利申请、授权和有效专利情况（2018年）

单位：万件

指标	专利数	年度增长(%)
专利申请数	432.3	16.9
其中:境内专利申请	412.1	17.3
其中:发明专利申请	154.2	11.6
其中:境内发明专利	138.1	11.9
专利授权数	244.7	33.3
其中:境内专利授权	231.9	36.0
其中:发明专利授权	43.2	2.9
其中:境内发明专利	34.0	6.0
年末有效专利数	838.1	17.3
其中:境内有效专利	739.9	19.3
其中:有效发明专利	236.6	13.5
其中:境内有效发明专利	160.2	18.1

资料来源：国家统计局、齐鲁财富网。

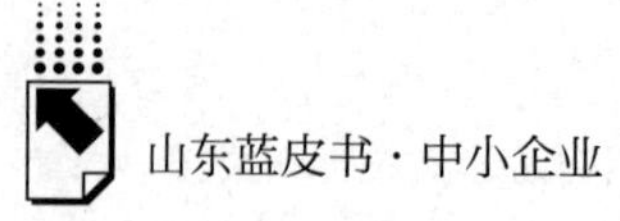

（二）山东科技创新发展情况

《规划》指出："坚持把深化改革、推动创新、扩大开放作为新旧动能转换的根本动力，加强制度设计、系统谋划和协同推动，持续激发全社会活力和创造力，不断增强经济发展的内生动力。"2018 年，山东新旧动能转换全面起势，"四新"经济快速发展，全年新登记市场主体 168.1 万户，与 2017 年相比增长 12.3%。其中，新登记"四新"经济企业增长 31.0%。高新技术产业产值占规模以上工业的比重为 36.9%，与 2017 年相比提高 2.0 个百分点。新一代信息技术制造业、新能源新材料、高端装备等十强产业增加值分别增长 6.7%、6.0% 和 5.5%，依次高于规模以上工业 1.5 个、0.8 个和 0.3 个百分点。工业机器人、城市轨道车辆、服务器等高技术产品产量分别增长 71.5%、20.5% 和 76.3%。软件业务收入 5028.1 亿元，增长 14.9%；软件业务出口 17.8 亿美元，增长 11.3%。

1. 科技创新水平不断提升

发明专利授权数量稳中有升。近年来，山东科技创新水平持续提升，年发明专利授权数量稳中有升。2018 年，山东发明专利申请量高达 7.6 万件，发明专利授权量 2.0 万件（见图 2）；PCT 国际专利申请量 1751 件，与 2017 年相比增长 3.0%。

山东每万人口发明专利拥有量持续增加。2018 年，山东每万人口发明专利拥有量 8.78 件，比 2017 年增加 1.21 件，与 2014 年相比增加了 5.19 件（见图 3）。

创新人才队伍建设不断加强。科技创新的发展取决于人的智力和技术，而不是自然资源或资本存量，创新驱动发展的根本也要靠人才。因此，要优化创新生态，牢牢抓住创新的根本，使科技人员在创新中更好地受益，激发广大科技人员的内生动力。山东在招商引资的同时更加关注对科技人才的引进，广泛吸引各类创新人才。2016～2018 年，山东享受国务院政府特殊津贴专家、省有突出贡献的中青年专家等专业型人才数量较为稳定，在一定程度上反映出山东的科技实力（见图 4）。

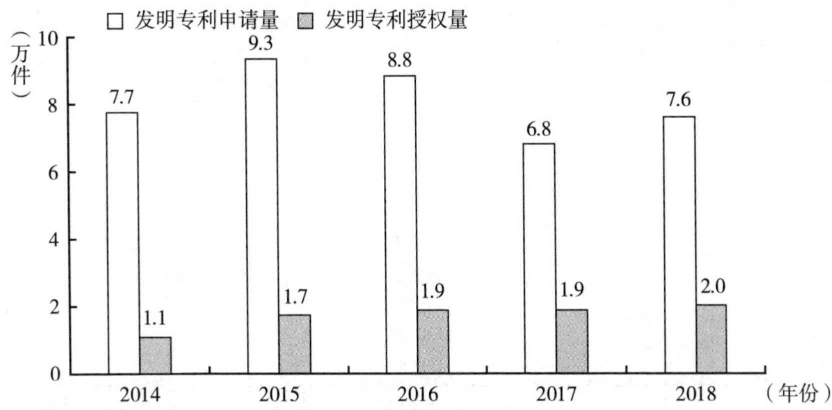

图2　山东发明专利申请量和授权量情况（2014～2018年）

资料来源：国家统计局、齐鲁财富网。

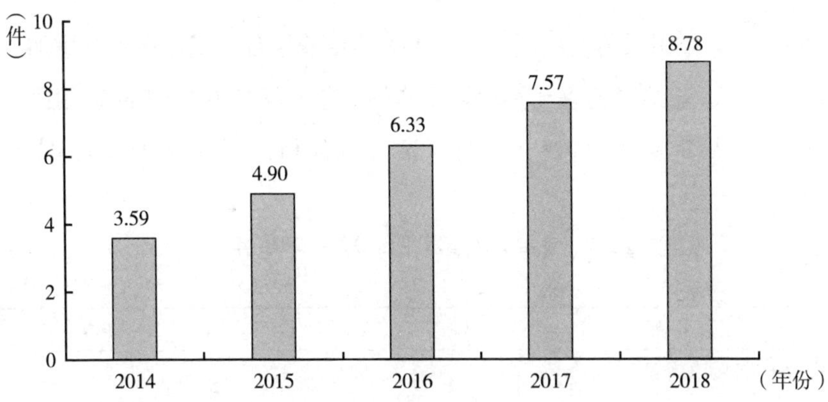

图3　山东每万人口发明专利拥有量情况（2014～2018年）

资料来源：国家统计局、齐鲁财富网。

2018年，山东成功举办央企助力新旧动能转换座谈会、外交部山东全球推介、首届全国工商联主席高端峰会等“双招双引”活动，全省人才队伍建设不断加强，两院院士达到48人，国家千人计划专家高达234人。另外，全省现有国家百千万人才工程人选176人，享受国务院政府特殊津贴专家3260人，省有突出贡献的中青年专家1416人，泰山学者1243人，齐鲁首席技师1509人，高技能人才304万人。

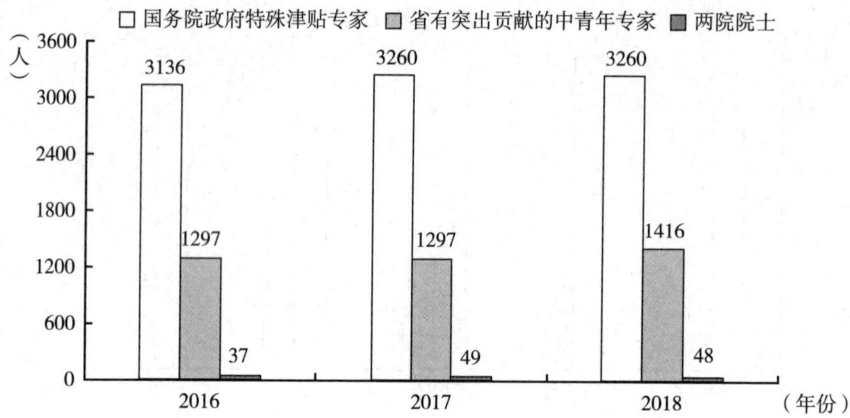

图4 山东科技人才队伍情况（2016～2018年）

资料来源：国家统计局、齐鲁财富网。

在加大人才引进力度的同时，全省人才培养平台数量也在不断增加。截至2018年底，全省共有博士后科研工作站322个，与2017年同期相比增加24个；博士后实践基地157个，与2017年同期相比增加42个（见表2）。

表2 主要人才培养平台数量（2018年）

单位：个

指标	数量	新增
博士后科研工作站	322	24
博士后实践基地	157	42
国家级高级技能人才培训基地	29	6
国家技能大师工作室	34	5
省级人力资源服务产业园	17	5
技工教育特色名校	15	8
齐鲁技能大师特色工作站	50	25

资料来源：国家统计局、齐鲁财富网。

2. 高新技术企业加速发展

聚焦高成长性科技型企业，针对企业发展的不同阶段和特点，给予全链条、全覆盖的政策支持，推动创新型企业发展不断跑出“加速度”。近两年，山东高新技术企业数量激增，截至2018年底，山东高新技术企业总数达到8912家，新增2612家，与2017年相比增长41.5%，提前实现“十三五”规划目标。从高新技术企业领域分布看，先进制造与自动化领域2610家，占比为29.3%；新材料领域1827家，占比为20.5%；电子信息领域1381家，占比为15.5%；生物医药领域1123家，占比为12.6%；资源与环境领域721家，占8.1%；高新技术服务领域717家，占比为8%；新能源与节能领域533家，占比为6%（见图5和图6）。

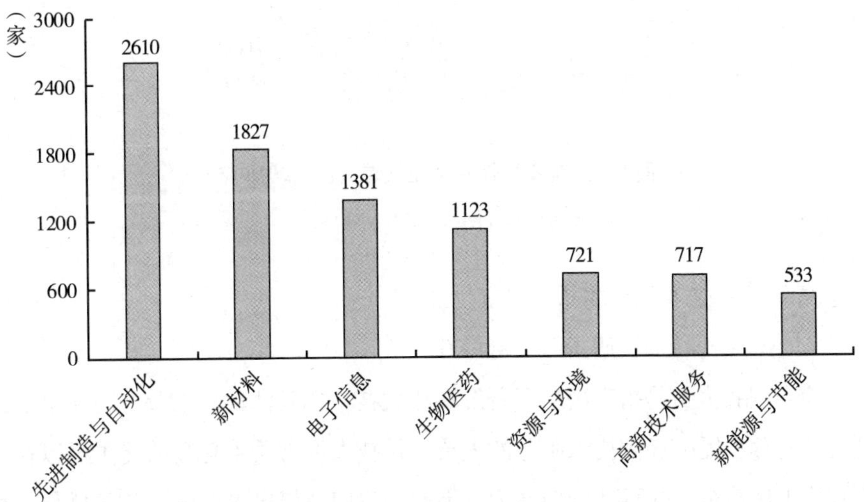

图5　山东高新技术企业领域分布（2018年）

资料来源：山东省财政厅网站、齐鲁财富网。

2018年，山东在新一代信息技术、高端装备、新能源新材料、医养健康、现代农业等领域突破了一批制约产业发展的关键核心技术，取得了高性能机器人控制系统、重型商用车动力总成关键技术、小麦基因编辑技术等标志性技术创新成果，为“十强”产业发展注入新动力，全省高新技术产业产值占规模以上工业产值的比重达到36.92%，同比提高1.96个百分点。近年来，山东建立高新技术企业税收增长奖励机制，大大激发了企业的创新热情。随着高新技术企业培育行动计划持续推进以及各项支持政策的落实，

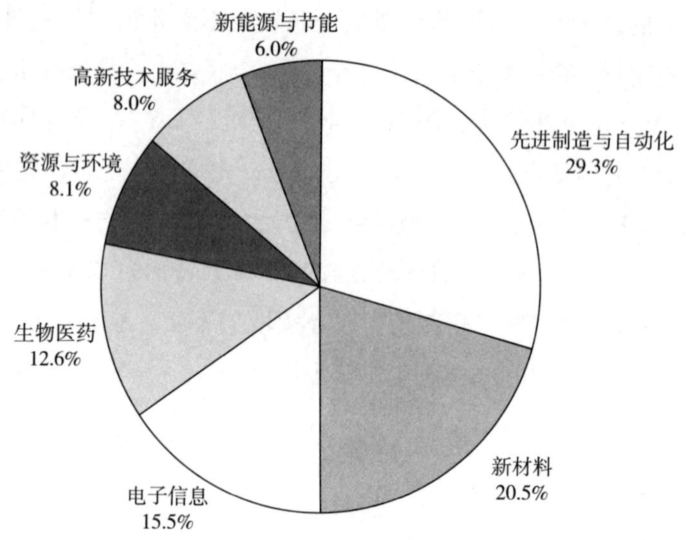

图 6　山东高新技术企业领域占比（2018 年）

资料来源：山东省财政厅网站、齐鲁财富网。

山东高新技术企业规模将进一步扩大。

3. 山东中小企业科研投入有待提升

企业科技人员是指直接从事研发和相关技术创新活动，以及专门从事上述活动的管理和提供直接技术服务的人员，科技人员占员工总数的比重可以在一定程度上体现企业的科技创新能力。因此，我们计算出山东样本公司科技人员占员工总数的比重，并与广东、江苏、浙江三省对比，以此来反映四省样本公司平均科研创新能力，进而分析山东中小企业的科技创新水平。2018 年山东样本公司①科技人员占员工总数的比重为 18.38%，比广东低了 3.71 个百分点，比浙江低了 0.16 个百分点（见图 7）。创新驱动战略的实施需要大量的

① 山东共有 588 家新三板挂牌企业，其中有 52 家因未披露年报数据予以剔除，部分挂牌企业未披露年报或年报数据披露不规范、不全面，为充分反映山东中小企业的经营绩效，本报告也对相关企业数据予以剔除，因此选取 510 家新三板挂牌企业作为样本公司。为对比山东中小企业科研水平以及科研投入与广东、江苏、浙江三省的差距，我们根据同样的筛选标准和方法，分别从广东、江苏、浙江新三板挂牌企业中选取 1318 家、1096 家、783 家作为样本公司。

科技人才，山东近年来更加关注科技人才的引进力度，但从样本公司科技人员占员工总数比重来看，仍与广东、浙江等省份存在较大的差距。

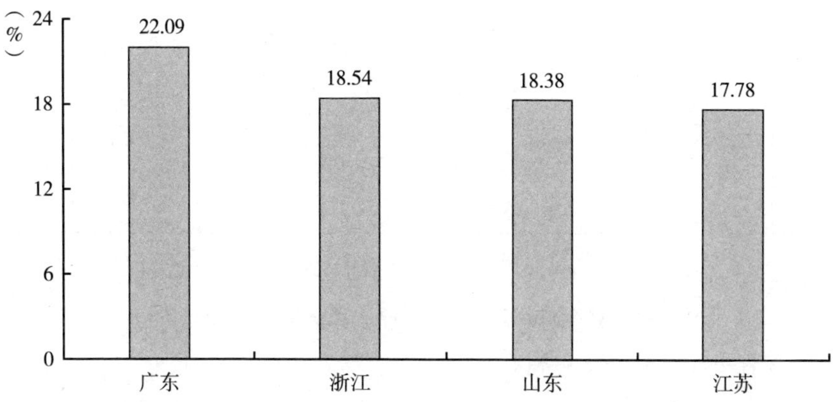

图7 四省样本公司科技人员占比情况（2018年）

资料来源：Wind、齐鲁财富网。

山东样本公司科技人员占比虽低于广东、浙江、江苏三个省份，但每家企业平均科技人员数量达到36.40人，仅低于广东省（42.69人），比浙江、江苏分别多了0.51人和3.32人。四省中，广东样本公司平均科技人员数量最多，比山东多了6.29人，两省之间存在较大的差距（见图8）。这也从一个侧面反映出广东中小企业科研实力相对较强，山东中小企业应该加大对科技人才的引进和培养力度，提升企业科技创新能力。

另据统计发现，山东样本公司研发费用占营业收入的比重为3.54%，不仅远低于广东省（4.85%），也低于浙江（4.06%）和江苏（3.70%）两省（见图9）。通过对比四省样本公司研发费用占营业收入的比重可以发现，山东样本公司科研投入占营业收入的比重明显偏低，这也从一个侧面反映出山东实施新旧动能转换的必要性和迫切性。

山东发布的《支持实体经济高质量发展的若干政策》（鲁政发〔2018〕21号）指出："2019年起，对承担国家科技重大专项和重点研发计划等项目的单位，省财政按项目上年实际国拨经费的3%～5%奖励研发团队，每

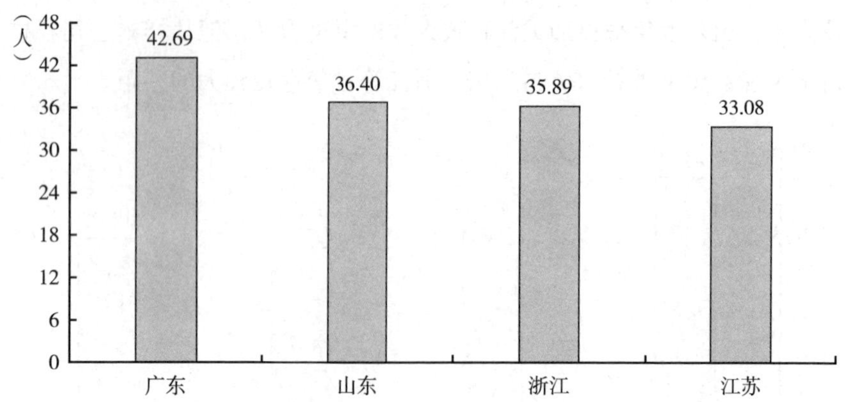

图8　四省样本公司平均科技人员数量（2018年）

资料来源：Wind、齐鲁财富网。

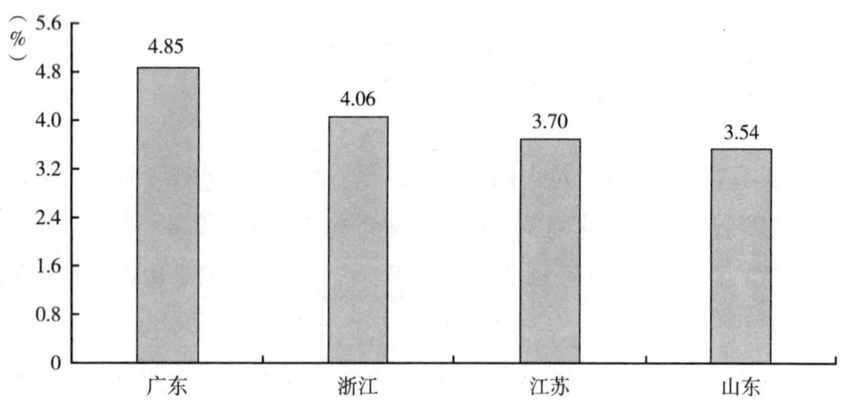

图9　四省样本公司研发费用占营业收入比重（2018年）

资料来源：Wind、齐鲁财富网。

个项目最高60万元，每个单位奖励额最高400万元；对获得国家自然科学、技术发明、科学技术进步一、二等奖项目的第一完成单位，省财政一次性分别给予一等奖500万元、二等奖100万元奖励，奖励资金70%用于单位科技研发和成果转化，30%奖励主要完成人（研究团队）；对获得国家科技进步特等奖的采取‘一事一议’方式给予奖励；对获得中国质量奖和中国工业大奖的单位，省财政分别给予500万元奖励。”

山东不断加大财税扶持力度和科研奖励力度，对高新技术企业减按15%税率征收企业所得税，同时将研发费用加计扣除比例提高到75%的政策，由科技型中小企业扩大至所有企业，并减半征收高新技术企业城镇土地使用税，对小微企业升级高新技术企业给予财政补助，对企业研究开发进行后补助。山东陆续出台一系列政策，有助于提升全省中小企业科技研发能力，为新旧动能转换和经济高质量发展提供有力支撑。

二　山东支持中小企业创新发展基本情况

2018年，山东省科技厅认真贯彻落实国家、省委、省政府扶持中小企业发展的决策部署，坚持以习近平新时代中国特色社会主义思想为指导，认真贯彻落实高新技术企业所得税优惠、研发费用税前加计扣除等国家扶持中小企业创新发展的普惠型政策，牢固树立和大力践行新发展理念，牢牢把握走在前列的目标定位，加快实施创新驱动发展战略，不断创新工作举措，推动科技型中小企业实现高质量发展。

（一）构建创新发展政策体系，落实普惠型扶持政策

山东中小企业特别是科技型中小企业的数量和质量大幅提升，已经成为提升创新能力、推动经济高质量发展的重要力量。山东经济高质量发展必须要把推动中小企业创新发展作为一个重要着力点，充分认识中小企业成长规律与特征、创新模式与特点，并帮助中小企业解决人才、资金等难题，可以有效增强中小企业的创新发展能力，激发中小企业的活力和发展动力。

1. 构建支持中小企业创新发展的政策体系

针对小微企业规模小、仪器设备购置压力大等难题，山东研究出台了有利于小微企业创新技术孵化、研发、成果推广等的一系列财政扶持政策，为小微企业创新发展提供政策服务。

第一，实施科技企业孵化器和众创空间高新技术企业培育奖励政策。山东省财政厅会同有关部门印发了《山东省科技企业孵化器和众创空间高新

技术企业培育财政奖励资金管理办法》（鲁财教〔2017〕56 号），鼓励山东科技企业孵化器和众创空间向专业化、精细化方向发展，提升孵化育成功能，更好地培育高新技术企业。

第二，加大企业创新普惠性政策支持力度。及时转发国家科技企业孵化器、大学科技园和众创空间的税收优惠政策，并通过山东省财政厅官方网站等渠道广泛宣传，扩大政策知晓面，积极推进相关政策落实，减轻企业税收负担，加快企业发展。围绕激励企业研发创新，出台企业研究开发财政后补助政策：对符合条件的年销售收入 2 亿元以上企业，按其较上年度新增享受研发费用加计扣除费用部分的 10% 给予财政补助；对符合条件的年销售收入 2 亿元（含）以下企业，按其当年享受研发费用加计扣除费用总额的 10% 给予补助；单个企业年度最高补助金额不超过 1000 万元。

第三，实施创新券政策。围绕鼓励中小微企业创新活动，降低中小微企业技术创新活动成本，设立省创新券补助资金，对中小微企业使用共享大型科学仪器设备产生的费用以及符合条件的供给方会员给予财政补助。2018 年，全省共有 800 余家科技型中小企业使用创新券 6700 余次，预计补助金额 2300 余万元。

第四，首创“云服务券”财政补贴。山东研究出台“云服务券”财政补贴制度，构建了“上云企业出一点、云服务商让一点、各级财政补一点”联合激励机制，改“点对点”为普惠制、改“单打独斗”为多方联动，推动中小微企业数字化转型、智能化发展。

2. 落实普惠型扶持政策

2018 年，山东省科技厅共为 7950 家企业落实 2017 年度研发加计扣除所得税减免 64. 10 亿元，落实户数同比增长 113. 70%，其中科技型中小企业占 70. 00% 以上；为 2095 家高新技术企业落实 2017 年度高新技术企业所得税减免 118. 75 亿元，落实户数同比增长 15. 9%，其中科技型中小企业占 75% 以上。

山东同时还实施企业研发投入后补助政策，对企业研发投入省市联动按一定比例给予财政补助，最高可达 1000 万元；实施小微企业升级高新技术企业补助政策，对首次认定为高新技术企业的小微企业给予 10 万元财政补助；实施高新技术企业科技保险保费补贴政策，对高新技术企业购买的科技保险按一定比例给予补助；推行创新券政策，对中小微企业和创业（创客）团队使用共享科研设施与仪器开展科技创新相关的检测、试验、分析等活动发生费用予以补助，为中小微企业创新提供检验检测服务。

2018 年，山东省、市两级财政共投入 4 亿元对 2017 年的 811 家企业研发投入给予后补助，带动企业研发投入 110 亿元。近两年创新券政策和小微企业升级高新技术企业补助政策累计投入 2 亿元，惠及 4000 家企业。

（二）增强科技型中小微企业源头培育能力

科技创新创业蓬勃发展，突破体制机制障碍，营造良好的发展环境，强化创新创业孵化载体建设，对增强科技型中小微企业源头培育能力具有极其重要的意义。2018 年，山东省科技厅不断加大科技企业孵化器和众创空间建设力度，落实好科技企业孵化器和众创空间税收优惠政策，激励引导科技企业孵化器和众创空间不断提升创新孵化能力和水平，极大地增强了科技型中小微企业的源头培育能力。

首先，厚植科技型小微企业的发展沃土，加大科技企业孵化器和众创空间建设力度，实施科技孵化器（众创空间）提质增效行动，推动各类孵化载体向专业化、精细化发展。山东拥有省级以上科技企业孵化器 303 家，其中国家级 84 家；拥有省级以上备案的众创空间 632 家，其中国家级 198 家；拥有国家专业化众创空间 5 家，数量位居全国前列。对省级以上专业化众创空间等孵化载体，根据其提供服务的数量、效果以及孵化成效等考核结果，对考核优秀的给予一定的运行经费补助。

其次，落实好科技企业孵化器和众创空间的税收优惠政策，激励引导科技企业孵化器和众创空间不断提升创新孵化能力和水平。2017 年以来，全省共有 67 家国家级科技企业孵化器（含 1 家众创空间）通过国家税收优惠政策审核，在房产税、城镇土地使用税、增值税等方面享受税收优惠。

最后，加强大学科技园建设，推动高校科研成果的转移转化。山东制定了《关于进一步加强大学科技园建设的实施意见》和《山东省大学科技园管理办法》，支持有条件的高校、龙头企业和科技园区牵头建设省级以上大学科技园，促进科教融合。对认定为省级大学科技园和国家级大学科技园的，省财政分别给予每家 100 万元和 300 万元经费补助，调动了社会各方面力量。截至 2018 年底，全省拥有国家级和省级大学科技园各 5 家，“十三五”以来，大学科技园已孵化企业 500 家，完成技术成果转化 700 项，为社会提供 15000 个就业机会。

（三）实施中小微企业创新竞技行动计划

2018 年，山东省科技厅组织开展“山东省中小微企业创新竞技行动计划”，通过“以赛代评”的项目评价遴选模式，对每个竞技领域最终胜出的企业，以省科技计划项目的形式给予最高 50 万元的经费支持，对新锐类企业获得的创业资本投资或银行首笔贷款的项目，按投资额或贷款额的一定比例给予最高 100 万元的科技金融补助支持，发挥政府财政科技资金的杠杆作用，引导和促进各类社会资源支持科技型中小微企业创新发展。

2017 年，山东共有 332 个中小微企业（团队）在竞技行动中胜出，山东省科技厅给予研发经费补助 7074 万元。2018 年，全省共有 1775 个企业和 171 个团队报名参赛，在淄博、济宁、威海、日照、莱芜设现场晋级分赛场，共产生了 321 家优胜企业和 33 个优胜团队，补助优胜企业重点研发计划经费 6915 万元，在此期间共征集到企业与银行、基金、创业投资等金融机构的融资需求 150 亿元。活动还设立首届中韩创新大赛，搭建中韩技术对接平台，汇聚境内外创新资源和要素，探索“以赛招新”新模式，建立中韩科技企业协同孵化生态体系，为加速山东新旧动能转换注入了新的活力。

（四）推动科技金融深度融合

山东不断推动科技金融深度融合，为科技型中小微企业提供融资支持。山东省财政投入 1 亿元设立科技成果转化贷款风险补偿资金，济南、淄博、潍坊、烟台、威海、泰安、济宁、德州、日照、莱芜[①]、枣庄 11 个市设立了市级风险补偿资金，建立省、市两级财政主导的科技成果转化贷款风险补偿机制。截至 2018 年底，山东省、市补偿资金达到 4 亿元，有效分散了银行信贷风险，引导银行信贷资金支持科技型中小微企业。截至 2018 年底，已累计为 149 家科技企业提供贷款授信 8.75 亿元，贷款总额 7.25 亿元，极大地缓解了中小企业融资难、融资贵问题。

为更好地发挥政策效力，2018 年 12 月 29 日，山东省科技厅、山东省财政厅、中国人民银行济南分行、中国银保监会山东监管局等单位联合修订了《山东省科技成果转化贷款风险补偿资金管理办法》，主要修订内容包括：一是优化科技成果转化贷款优先支持企业的范围，将贷款对象调整为经国家认定的科技型中小企业，重点支持省级以上高层次人才所在企业；二是为解决合作银行风险与收益不匹配问题，将贷款利率上浮最高不超过同期银行贷款基准利率的 30% 调整为 50%，取消固定资产抵押物占比要求；三是为扩大风险补偿金的撬动作用，将单户企业科技成果转化贷款年度余额不超过 500 万元调整为 1000 万元，贷款期限调整为 3 年期以内；四是缩短了省、市两级风险补偿资金拨付时限，简化了备案程序；五是建立合作银行动态考核机制，对风险补偿的实施情况开展绩效评价。

（五）创新资源整合力度加大

山东省科技厅不断整合人才、平台、项目等资源，支持有实力的科技型中小企业引进高层次科技人才，开展产、学、研合作，建设高水平创新平台，牵头实施重大科技创新任务，推动科技型中小企业创新能力持续提升。支持艾孚特科技、迈尔医疗、智慧云谷云等企业建设了一批省级工程技术研究中心，增强了企业的创新资源整合能力。2017 ~ 2018 年，省重大科技创新工程项目 50% 以上由科技型中小企业牵头实施，取得了一批重大关键技术突破。

① 注：莱芜 2019 年并入济南市。

2018 年，山东省内外 248 所高校、院所共 310 名专家、教授集中展示推介科技成果，现场签订合同协议和意向协议 135 项，合计技术合同额达 15.58 亿元。另外，引导科技型中小企业技术研发和服务机构（岗位）不断加快建设速度，争取到 2020 年，全省经国家认定的科技型中小企业及规模以上工业企业实现企业技术研发和服务机构（岗位）全覆盖，增强企业创新能力。

（六）强化精准服务，密切与科技型中小企业的联系

根据山东省委、省政府《关于加强各级领导干部联系服务非公有制企业构建新型政商关系的意见》，山东省科技厅建立领导班子成员对口联系非公科技型中小企业机制，明确了厅领导班子成员对口联系的非公科技型企业名单，厅领导班子成员定期联系听取企业意见，帮助协调解决企业在创新中遇到的问题。同时，山东省科技厅建立与科技型中小企业创新对话机制，在省科技创新规划制定、科技计划指南编制、创新政策制定、重大科技创新方向遴选等方面充分听取科技型中小企业的意见和建议。

此外，山东还成立了科技服务发展推进中心，专项负责全省科技型中小企业创新发展服务工作。2018 年，山东正式实施“山东省企业科技特派员‘千人服务千企’三年行动计划”，从企业需求出发，自 2018 年起每年向全省 300 家左右重点科技型企业派驻科技特派员，充分发挥科研人员促进高校、科研院所与企业协同创新的桥梁作用，实现科技要素向企业转移、高智力成果向企业输出。经过三年努力，实现服务科技型领军企业 100 家、服务高新技术企业 1000 家、辐射带动科技型中小企业 10000 家的工作目标。

（七）支持中小微企业知识产权质押融资

山东出台小微企业知识产权质押融资补助政策，对小微企业以知识产权质押获得的金融机构贷款予以贴息支持，因贷款而产生的专利评估、价值分析费按一定比例予以补助。经对上年情况进行清算，2018 年，全省共拨付各市上年知识产权质押融资扶持资金 1376 万元，帮助科技型小微企业降低

知识产权质押贷款成本。另外，山东实施知识产权质押融资风险补偿，为鼓励和引导金融机构加大对中小微企业的信贷支持力度，设立了总额5000万元的省级知识产权质押融资风险补偿基金，对合作银行面向中小微企业发放的知识产权质押贷款形成的呆账，按照实际贷款损失本金40%的比例给予合作银行补偿。该政策分担了银行贷款风险，缓解了银行不敢贷、不愿贷的顾虑，进一步调动了银行开展知识产权质押贷款的积极性，缓解了中小微企业的融资难、融资贵问题。

2018年，全省进一步扩大知识产权质押融资风险补偿政策合作银行范围，凡在山东设立的国有商业银行、股份制银行、城市商业银行等均可享受风险补偿政策。2018年，知识产权质押融资工作保持快速增长态势，共登记专利权质押合同331项，同比增长27.5%；总金额31.57亿元，同比增长24.9%。实施科技成果转化贷款风险补偿，为鼓励和引导银行业金融机构加大对科技型中小微企业的信贷支持力度，推动科技成果转化与应用，设立了总额1亿元的省级科技成果转化贷款风险补偿资金，对合作银行为促进科技成果转化提供贷款发生坏账的损失按一定比例予以补偿。

三　山东中小企业创新存在的问题与发展方向

2018年11月1日，习近平总书记在民营企业座谈会讲话中指出："近年来，我们出台的支持民营经济发展的政策措施很多，但不少落实不好、效果不彰。有些部门和地方对党和国家鼓励、支持、引导民营企业发展的大政方针认识不到位，工作中存在不应该有的政策偏差，在平等保护产权、平等参与市场竞争、平等使用生产要素等方面还有很大差距。有些政策制定过程中前期调研不够，没有充分听取企业意见，对政策实际影响考虑不周，没有给企业留出必要的适应调整期。有些政策相互不协调，政策效应同向叠加，或者是工作方式简单，导致一些初衷是好的政策产生了相反的作用。"① 当

① 新华网，http://www.xinhuanet.com//2018-11/01/c_1123649488.htm。

前，山东科技型中小企业在发展中面临很多困难和挑战，本节主要指出山东中小企业在创新发展中存在的问题，并指出创新发展方向。

（一）山东中小企业创新发展的不足

2018 年 2 月 22 日，山东省委书记刘家义在新旧动能转换重大工程动员大会上指出："只要我们积极顺应科技革命和产业变革大趋势，用好综合试验区'金字招牌'，就能在重要科技领域实现重大跨越，不断提高经济创新力，再造山东创新发展新优势。"我们应该看到，山东科技创新能力不强，全省中小企业在科技创新发展方面还存在许多问题，包括企业创新意识薄弱，科技型中小企业融资难、融资贵等。

1. 企业创新意识薄弱

实施创新驱动发展战略是抓住世界科技创新机遇、应对国际经济竞争挑战、适应经济发展新常态、引领新常态、全面建成小康社会的一个重大举措和必由之路。与先进省份相比，山东企业存在创新活力不足的问题，企业对周期长、风险高的创新活动缺乏投入动力。根据国家统计局数据，2017 年山东有研发活动的规模以上工业企业 8920 家，占规模以上工业企业的比例仅为 23.4%，比全国平均水平低 4 个百分点，也远低于江苏、浙江和广东等先进省份有研发活动的企业家数，这在一定程度上反映出山东中小企业在创新活力方面还有待提升。

2. 科技型中小企业融资难、融资贵的问题仍然存在

据科技型中小企业普遍反映，鉴于其轻资产、高风险等特点，融资难仍然是制约企业发展的难题。此外，全省支持中小企业的投资机构和金融中介机构偏少，服务科技型中小企业的能力较弱。破解中小企业融资难、融资贵问题，除了政府层面的支持外，还需要各方的共同努力。传统金融机构要着力进行金融创新，设立专门为中小企业服务的部门，缩短中小企业的融资链条，为中小企业打造"量身定制"的融资产品，降低企业融资成本。同时，要加快中小企业直接融资渠道建设，包括完善多层次资本市场、设立国家和各地方政府中小企业发展母基金、引导社会资本共同支持中小企业发展。

3. 科技成果向中小企业转移转化机制动力有待增强

高等院校、科研院所与初创期、种子期等企业的协同创新力度不够。高等院校、科研院所普遍与大型骨干企业进行科研合作，与中小微企业的互动不够，大院、大所的技术成果在小微企业的转移转化相对偏少。山东促进科技成果转移转化工作虽然取得一定成效，但仍然存在科技创新能力不强、成果转化的资金投入满足不了经济和社会发展的要求、人才机制不够完善、科技与经济的紧密结合还存在一些制约因素等问题，科技成果转移转化的体制机制仍需要进一步完善。

（二）山东中小企业创新发展方向

下一步，山东省科技厅将继续深入贯彻党中央、国务院以及省委、省政府关于支持中小企业发展的各项决策部署，重点从以下几个方面支持中小企业高质量发展。

1. 强化中小科技型企业源头培育

山东省科技厅将深入落实打造“双创”升级版要求，修订《山东省众创空间和科技企业孵化器备案服务管理办法》，加强创新创业孵化载体建设布局，引导各类孵化载体向专业化、精细化方向升级，实现创新孵化载体量质双升，增强科技型中小微企业源头培育能力。同时，支持龙头骨干企业建设科技企业孵化器和众创空间，向创业者和中小企业开放创新创业资源。持续实施“科技型中小微企业创新竞技行动计划”，力争在未来 5 年，跟踪培育 1 万家科技型中小微企业，使其成为推动山东省高新技术产业发展、推进新旧动能转换新的新生力量。另外，加快布局建设创新共同体，构建良好创新生态，促进“政产学研金服用”各类创新要素融合发展，带动一批科技型中小企业快速成长。

2. 完善普惠型创新政策支持体系

山东省科技厅将加快建立健全与中小企业的技术创新对话机制，吸纳更多中小企业代表参与创新政策、科技规划和指南制定，将中小科技企业的创新需求纳入全省科技发展的大局统筹考虑。会同有关部门加大研发费用加计扣除、高新技术企业所得税优惠、小升高、研发投入后补助、创新券等政策宣传和落实力度，充分释放政策红利，激发企业创新活力。同时，建立科技型企业梯次培育机制，依托科技型中小企业库建立高新技术企业培育库，对入库企业给予资金扶持和政策辅导，帮助企业依靠创新尽快成长为高新技术企业。进一步强化科技金融结合，完善相关优惠政策，带动多元化、多渠道的社会资金对种子期、初创期企业进行风险投资，缓解科技型小微企业的融资难题。

3. 加快科技成果转移转化

加快网上技术市场体系建设，在山东省科技成果转化服务平台统筹建设省、市、县三级网上技术市场，链接全国重点区域网上技术市场，提升服务能力。聚焦新旧动能转换“十强”产业，加强省科技成果信息库建设，完善省科技成果信息汇交系统，增加科技成果储备。建立科技成果信息定期发布机制，集中发布符合新旧动能转换要求、产业带动作用明显的科技成果信息。鼓励支持高校、科研院所设立专业化科技成果转移转化机构。全面落实服务机构扶持补助政策，加大服务机构培育支持力度。鼓励高校、科研院所的科技人员走出来，强化科技型中小微企业承载高校、院所技术成果转移转化的能力。

B.7

财务管理视角下小微企业融资调研报告

山东省金融学会　姚丽婷*

摘　要：　在党中央、国务院和相关部门出台的一系列政策引导下，近年来小微企业融资环境不断改善，但融资难、融资贵的问题仍然存在。为了破解小微企业融资困境，本报告针对山东省412家小微企业和125家地方法人银行开展了全面调研，发现财务报表不规范、数据不真实、财务制度不完善等财务管理问题带来的银企信息不对称，已经成为小微企业融资困境得不到解决的深层次原因。基于此，本报告从财务管理视角深入研究了小微企业融资难、融资贵产生的内在机理，对信息不对称、银行信贷模式以及政策监管等方面展开分析，并提出提升小微企业财务管理意识与管理水平、拓展小微企业信息获取渠道、推动金融产品和服务模式创新、加强政策监管与多方扶持等政策建议。

关键词：　财务管理　信息不对称　小微企业融资困境　小微企业融资成本

---

* 山东省金融学会是经山东省民政厅核准登记，由全省金融系统共同创办的研究金融科学的学术性社会团体，是中国金融学会、山东省社会科学界联合会的团体会员单位，接受业务主管单位中国人民银行济南分行、登记管理机关山东省民政厅的业务指导和监督管理。学会秘书处设在人民银行济南分行金融研究处。目前拥有67家会员单位和200余人的个人会员。姚丽婷，西北民族大学硕士，齐鲁财富网研究中心主任、高级研究员，研究领域为普惠金融、中小企业。

小微企业是国民经济和社会发展的重要力量，在稳定增长、扩大就业等方面发挥着重要的作用。然而，长期以来，小微企业发展面临诸多困境，尤其是融资难、融资贵的问题较为突出。2018 年 11 月 1 日，习近平总书记在民营企业座谈会上指出：要优先解决民营企业特别是中小企业融资难甚至融不到资问题，同时逐步降低融资成本。

小微企业融资问题受到国家高度重视，党中央和国务院陆续出台了一系列纲领性和引导性文件，如《关于进一步支持小型微型企业健康发展的意见》（国发〔2012〕14 号）、《关于金融支持小微企业发展的实施意见》（国办发〔2013〕87 号）、《关于扶持小型微型企业健康发展的意见》（国发〔2014〕52 号）、《关于促进中小企业健康发展的指导意见》等，主要从提高贷款额度、降低融资成本、拓宽融资渠道、完善担保体系、增加服务机构等多方面、多维度加大对小微企业融资的支持力度。中国银保监会 2018 年发布的《关于 2018 年推动银行业小微企业金融服务高质量发展的通知》（银监办发〔2018〕29 号）也将进一步缓解小微企业融资难问题。

随着相关政策的支持范围不断扩大、力度持续增加，小微企业的融资环境得到改善，贷款数量逐年增加。从山东省情况来看，2018 年末，全省普惠口径小微企业贷款余额与 2017 年同期相比增加 723.4 亿元，增速达到 24.8%，高出全部贷款增速 13.9 个百分点；全省地方法人机构普惠口径小微企业贷款户数 35.6 万户，与 2017 年同期相比增加 8 万户。尽管如此，小微企业融资难、融资贵的情况依然存在。一是贷款难度加大。通过对山东省 412 家小微企业的问卷调查发现，认为“2018 年从银行（或信用社）贷款难度较 2017 年提高”的企业占比为 21%，较选择“贷款难度下降”的企业占比高出 6 个百分点，表明企业主观感觉贷款难度仍在上升。二是贷款成本相对较高。2018 年全省新发放小微企业贷款加权平均利率虽略有下降，但较全部企业贷款加权平均利率仍高 0.61 个百分点。在现实中，大部分小微企业贷款利率上浮超过 30%，有的甚至高达 60% 左右，再加上担保成本、贷款抵押物评估和登记费用以及通道、过桥费用等，实际贷款综合成本普遍在 10% 左右。

虽然党中央、国务院和相关部门陆续出台了一系列扶持政策和重要措施，短期来看也取得了一些成效，但小微企业融资难、融资贵的问题依然没有从根本上解决。从现实情况来看，当前小微企业融资难、融资贵已经成为一个较为普遍的情况，部分优质的小微企业只能通过民间融资获取成本高昂的资金。为进一步探寻小微企业融资难、融资贵的根源，本报告结合信息不对称理论，创新性地从财务管理角度出发，通过对412家[①]小微企业和125家地方法人银行（城商行与农商行）的全面调研，深入探索小微企业融资问题产生的内在机理，并进一步提出相关政策建议。

一 小微企业融资文献综述

小微企业融资难、融资贵既有外在的资本市场及政策支持等问题，也有企业内部财务管理不规范等原因。通过梳理小微企业融资问题的相关文献可知，国内研究多涉及直接融资市场不完善（张郁，2012）、融资担保体系不健全（韩刚，2012；朱健齐等，2018）、政策支持力度不足等多方面原因。从国外的实际情况来看，这些外部原因并未触及小微企业融资困境的根本，即使是在融资环境较好的发达国家，小微企业融资难问题也没有得到彻底解决。基于此，国外研究更多聚焦在信息不对称理论，从更深层次分析小微企业融资难、融资贵问题。如Stigltiz和Weiss（1981）开创性地从信息经济学角度，对小微企业融资问题进行了深入研究，认为与提高利率相比，金融机构更愿意在低利率水平下拒绝部分贷款。因此，在面临信息不对称的情况下，为了降低信贷风险，银行更加倾向于拒绝信用较低的小微企业贷款。Berger和Udell（1998）认为，利用关系型融资机制是解决银行与小微企业信息不对称问题的有效措施。Mallick和Chakraborty（2002）指出，小微企业与银行之间信息不对称问题严重，而能够降低信息不对称的技术成本又太高，从而导致银行信贷配给普遍倾向于大型企业。

---

① 发放问卷500份，涉及500家小微企业，但经过筛选，有效问卷数量为412份，即共将412家小微企业数据作为分析样本，有效问卷回收率为82.4%。

在以上研究的基础上，国内也围绕信息不对称对小微企业融资问题展开了相关研究。林毅夫和李永军（2001）认为，由于中小企业在信息透明度和抵押条件上与大企业存在差距，在信息不对称的情况下，大型金融机构更愿意为大企业服务，而中小金融机构依靠“长期互动”与“共同监督”能够有效降低信息不对称，从而提高了服务小微企业的意愿。徐洪水（2001）指出，由于无法获取中小企业真实的经营信息，为减少信贷中的逆向选择和道德风险，必然会减少中小企业贷款。杨丰来和黄永航（2006）研究发现，信息不对称问题是导致银行信贷配给的根本原因，但这一问题在大企业和中小企业普遍存在，而中小企业融资难的主要原因在于其治理结构存在问题。而后，相关研究主要探讨了如何破解小微企业信息不对称问题。周建春（2011）认为开展形式多样的银企对接，能够增加银企之间的了解，降低信息不对称。李节平（2013）建议运用“技术”初选客户，然后通过“关系”甄选客户，这应该是小微企业贷款的可选模式。近几年，随着金融科技迅速发展，以新技术破解信息不对称问题成为研究的热点。张明玉等（2014）研究发现，云融资模式能够将分散的小微企业信息集聚起来，实现信息对称和风险可控。刘满凤和赵珑（2019）认为基于互联网金融的小微企业融资平台能够有效降低相关环节成本，并在一定程度上减少信息不对称。

综上所述，随着针对小微企业融资的研究不断深入，学术界从信息不对称角度给出了理论上的解释。但对产生信息不对称的原因的研究明显不足，且缺乏企业数据分析，由此导致政策建议针对性不强，难以触及融资难、融资贵的真正痛点。本报告通过对大量小微企业的实地调研发现，财务管理方面的问题是信息不对称产生的深层次原因。基于此，本报告从财务管理视角出发，探索融资问题产生的内在机理，提出更有针对性的政策建议，从而弥补已有理论逻辑上的薄弱环节，并提升研究结论的实践价值。

二　小微企业融资调研结果

为全面摸清小微企业财务管理中存在的问题，从财务管理的角度深入探索小微企业融资难、融资贵问题产生的根源，我们在综合考虑地域分布、行业分布和有无银行贷款记录的基础上，设计了专门的调查问卷和调研提纲，并随机选取了山东省412家小微企业和125家地方法人银行（含城商行与农商行）作为调查对象，进行了全面调查，根据调查情况发现以下典型事实。

（一）财务报表不规范、数据不真实的情况较为普遍

受企业主财务意识淡薄与财务人员专业素质偏低影响，小微企业报表不规范问题突出。一是报表编制不统一。大多数小微企业能够定期编制资产负债表和利润表，但由于现金流量表不是必须报送的内容，一些雇用兼职财务人员的企业出于节约成本的角度考虑而没有编制；还有部分规模较小的企业，仍然采用传统流水账的记账方式，报表管理极不规范。数据显示，样本企业中有133家（32.3%）无现金流量表，其中71家（17.2%）仍采用记流水账的方式。二是财务报表信息不准确。调研发现，多数小微企业对原始凭证和记账凭证管理很不规范，部分业务未按照实际业务发生记账，原始凭证和账务处理失真，财务报表普遍不能提供完整、真实、可靠的会计信息。

财务报表的监管制度不完善，小微企业财务数据不真实。调研发现，小微企业“多套财务报表”的情况普遍存在。据某城商行反映，目前小微企业向税务部门提供的财务数据与向银行提供的数据差异很大。某企业提报给银行的财务报表显示其年销售收入6000万元，而通过纳税系统和银行流水测算出的销售收入不足2000万元，二者相差4000万元无法核实；某企业报送给银行的利润表中，营业利润为742.83万元，而报送给税务部门的营业利润为8.46万元，几乎相差90倍；报送给银行的资产负债表中，资产为10809.13万元，报送给税务部门的则为3538.72万元，相差2倍。

（二）财务制度不完善，财务控制作用弱

小微企业多为家族企业，其中大多数企业主未接受过财务管理培训，对财务管理工作重视程度不足，由此导致小微企业财务制度不完善，岗位设置不合理。部分小微企业主为了把控“财务大权”，将用熟人、用亲人作为首

选。样本企业中有 72 家（17.5%）小微企业的财务人员与企业负责人存在亲属关系，亲属规避原则未落实。此外，部分小微企业未单设财务部门，且“一人双岗”的问题突出，样本企业中有 46 家（11.2%）未设财务部门，且企业会计和出纳为同一人。

财务管理理应在企业的日常经营中发挥事前预算、事中控制和事后监督的重要作用，但从调查情况看，样本企业中 63 家（15.3%）小微企业为节约成本并未聘请专职会计，主要依靠外部兼职的财务人员，而兼职财务只是每月月初编制相关报表并进行纳税申报，平时账务都是企业自己做手工流水账，企业无法进行财务分析和成本控制，这使得财务控制作用基本失效，在一定程度上影响了小微企业的正常经营和长远发展，财务控制作用难以发挥。

（三）小微企业贷款审批仍依赖抵质押担保

由于小微企业财务信息不准确、不真实的情况普遍存在，而财务管理混乱又增加了小微企业贷款的风险，因此大部分银行需要严格审核小微企业贷款，导致经营成本大幅增加。对 125 家地方法人银行的调研显示，有 52 家（41.6%）表示对小微企业的财务审核成本明显高于大中型企业。近年来，随着经济下行压力加大与金融风险上升，银行为了控制小微企业贷款风险，以及降低经营成本，对抵质押担保要求进一步提高。从调研结果来看，样本银行中有 86 家（68.8%）未向小微企业发放纯信用贷款，29 家（23.2%）家小微企业纯信用贷款占小微企业贷款比例在 5% 以下，仅有 10 家（8%）小微企业纯信用贷款占比超过 10%。显然，抵质押担保已基本成为小微企业贷款的必要条件，而建立在信息对称基础理论上的纯信用贷款占比较小。由此导致固定资产少的小微企业难以达贷款要求，其中不乏经营状况好、现金流较为充裕的优质企业。

三 财务管理问题带来融资困境的内在机理

以上数据统计结果显示，小微企业融资困境的产生既有自身财务管理方面的内在原因，也有信息获取渠道、银行经营理念以及政策监管方面的外在原因。各种原因交互作用，带来银行与小微企业信息不对称问题，融资难、融资贵也成为阻碍小微企业发展的重点、难点。基于此，本报告从信息不对称、信息获取渠道、银行信贷模式以及政策监管力度四个方面分析了小微企业融资困境产生的原因，并结合这四个方面的因果关系和相互影响对企业困境的内在机理进行总结归纳。

（一）财务管理问题成为信息不对称的内在根源

根据样本小微企业实际情况来看，财务管理问题主要体现在两个方面：一是财务信息不真实，这是产生信息不对称的根源。从客观原因来看，财务人员综合素质影响小微企业财务报表规范性。受工作环境不理想、待遇不高等多重因素影响，小微企业财务人员配备不足、专业素质不高、年龄结构不合理等问题尤其突出，对财务工作产生较大影响。从主观原因来看，利益驱使财务报表造假。为了满足授信条件，小微企业在申请贷款时，普遍选择伪造财务报表或优化财务数据来夸大自身经营状况。以上两方面原因导致小微企业的财务信息难以规范，造成银企信息不对称。

二是财务管理混乱，导致企业经营风险较高。受企业主自身管理能力和财务水平限制，财务制度不合理、财务控制作用缺失等情况普遍存在。因此，财务部门不仅无法限制企业主的盲目投资，甚至可能发生“监守自盗”的情况，特别是在家族企业中，错综复杂的亲属关系往往会加大资金风险，从而导致部分小微企业的经营状况不断恶化，融资难度加大。

（二）信息获取的外部渠道不畅通

由于财务报表无法反映企业真实的经营状况，银行便通过其他渠道获取小微企业信息。从国外先进经验来看，建立统一的综合信用信息共享平台是外部信息获取的有效方式，但是，当前大部分地区已经建立的相关信息服务平台功能普遍存在一定缺陷，特别是由于部门之间存在信息壁垒，沟通协调成本高，各类信息服务平台的数据并不完善。此外，虽有大型商业银行通过大数据等新技术，从更大范围内抓取较为准确的企业信息，缓解了信息不对称问题，但对于小微企业更加依赖的中小银行来说，新技术的应用成本较高，目前无法将其作为有效的替代手段。因此，银行从外部获取小微企业信息的渠道仍然非常有限，难以成为破解信息不对称问题的重要支撑。

（三）银行信贷审批依赖抵质押担保

在目前的信贷审批模式下，银行既需要获取企业收入方面的“第一还款来源”信息，又要求企业提供“第二还款来源”的抵质押担保。但对于小微企业，由于财务管理混乱、报表数据不真实等问题普遍存在，而外部获取企业信息的渠道又不够通畅，银行难以通过现有信息了解企业的真实经营状况。银行在审批小微企业贷款时，不仅要对财务报表数据进行现场核查，而且要依据企业征信、工商、纳税等信息进行再次筛选，而这一方式也会显著提高银行的信息甄别成本，同时也无法保证完全消除信息不对称的风险。因此，商业银行普遍选择放松对小微企业财务信息真实性的要求，转而更加依赖作为“第二还款来源”的抵质押担保。很多地方法人银行表示，只要企业能够提供足额有效的抵质押物作为担保，即便存在财务信息问题，也不会影响银行放款。这就导致银行越来越忽视小微企业财务报表的真实性，以及小微企业财务造假越来越严重的恶性循环。因此，本应作为识别“第一还款来源”信息的财务报表，成为“可有可无”的审核依据；而本应作为支持小微企业主要方式的“关系型”信用贷款，转变成完全依赖抵质押的担保型贷款。在此背景下，经营规模小、固定资产少的小微企业难以达到要求。为了解决资金不足的问题，部分小微企业只能通过民间融资方式获得高成本的资金，导致小微企业融资贵的问题更加突出。

（四）政策监管力度不足

当前，监管力度不足、造假违约成本低等因素，为小微企业敢于编制“多套财务报表”提供了外部环境。从现实情况来看，一方面，企业为了降低成本，故意编制低利润的虚假报表来偷税、避税；另一方面，为了能够获得银行贷款，企业又不惜夸大自身经营状况和资产总额。特别是近几年经济下行压力加大，小微企业普遍经营不景气，在利益驱动下，向不同部门提供的报表数据差距非常明显。因此，对财务报表的监管制度不完善，导致小微企业对财务报表重视程度不足，部分企业随意编造财务报表。

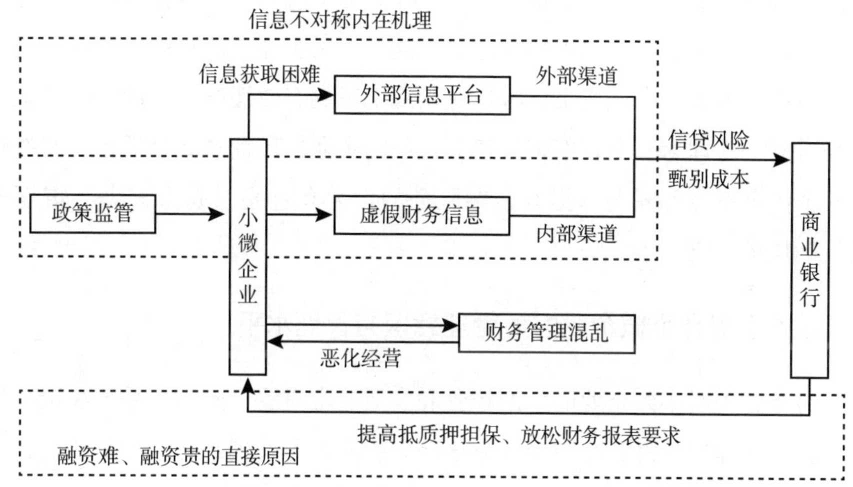

图1　财务管理问题带来融资困境的内在机理

综合以上四方面内容，我们可以提炼出小微企业融资困境的内在机理。如图1所示，从企业内部渠道来看，由于财务报表真实性的监管制度缺失，小微企业受利益驱动和自身财务条件限制，申请贷款的财务信息普遍存在不准确甚至虚构的成分，导致银行获取的经营信息失真；从企业外部渠道来看，由于部门之间的信息整合难度较大，各地区皆缺少综合性的信息服务平台，银行同样难以从外部渠道获得有效信息。以上两方面产生了银企之间的信息不对称，导致银行信贷风险大、信息甄别成本高。此外，小微企业财务管理混乱，带来企业资金风险高、经营环境恶化，加剧了银行“惜贷”“惧贷”的情绪。在此背景下，银行贷款考核的重心逐渐转向了作为“第二还款来源”的抵质押担保，且放松了对企业财务报表真实性的要求。但是，受自身经营情况限制，小微企业往往难以提供足额有效的抵质押物，从而产生了融资难、融资贵始终难以解决的困境。

四　破解思路与政策建议

从以上研究可知，小微企业财务管理中存在诸多问题，导致银企信息不对称一直难以解决。而当前银行获取企业综合信息和各类数据资源的渠道又非常有限，主动创新的积极性和意愿不高，小微企业贷款只能局限在传统的抵质押担保模式上，融资难、融资贵始终未得到有效缓解。为此，引导企业转变财务管理理念，由政府牵头建立统一的企业信用信息共享平台，有效解决银企信息不对称问题，提升金融服务的动力和意愿，成为解决“市场失灵”问题的关键。

（一）提升小微企业财务管理意识与管理水平

财务管理对小微企业的生产经营和发展非常重要，同时也是解决银企信息不对称问题的关键，小微企业应该努力提升财务管理水平。一是转变企业财务管理理念。小微企业应该树立“向财务管理要效益”的理念，将财务管理工作与企业经营工作放在同等重要的位次上，并且以“不做假账”为原则，不断优化和完善财务报表的编制，向银行传递真实、有效的财务信息。二是完善财务管理体系。建立独立的内部财务部门，保证会计核算职能和财务管理工作有序进行；完善财务管理各项制度，建立健全内部控制机制，严禁“用熟人”“用亲人”“一人双岗”，确保财务制度得到严格执行。三是加强财务管理人员培训。企业应向财务人员提供培训学习的机会，不断提高财务人员的专业素质，促使其学习科学的财务技能和方法，从而更好地为企业提供服务。四是加强财务控制能力。逐步选优配强财务总监，突出财务部门的职能作用，真正发挥财务管理的事前预算、事中控制及事后监督作用，为企业规范持续发展提供基础保障。

（二）努力拓宽小微企业信息获取渠道

部分小微企业特别是家族式企业的财务管理问题在短期内很难完全解

决，因此，进一步拓宽银行对小微企业信息的获取渠道，成为解决信息不对称的重要途径。一方面，小微企业要主动加强与银行的信息沟通，让银行能够深入了解企业的经营运作情况。例如，除向银行报送数据信息，小微企业可以主动请银行作为债权人代表参加董事会会议、生产调度会议、经营分析会议等，建立常态化的沟通交流机制，方便银行全方位掌握企业经营信息。另一方面，银行之间要探索建立通畅的信息沟通渠道，尽可能做到企业客户信用等级等各类信息资源共享，在增加银行信息获取渠道的同时，有效降低不同银行对同一企业信息重复甄别的成本，同时预防个别企业利用银行间的业务竞争而重复借贷或多头骗取银行资金现象的发生。各省份要以全国“政务信息系统整合共享应用试点”为契机，由政府牵头尽快推动整合工商、税务、司法、国土、房管、海关、环保、社保、电网、水利、银行等部门的各类信息资源，建设全省统一的、功能强大的企业信用信息共享平台，向金融机构开放使用端口，真正消除部门间的信息屏障和壁垒，有效提升大数据共享水平。

（三）积极推动金融产品和服务模式创新

为解决小微企业融资困境，银行应该主动作为，改变完全依赖抵质押担保的传统经营理念，不断增强创新和服务意识。一是树立与企业同发展的理念，继续深入推进“主办银行制度”，定期组织小微企业开展融资政策辅导，通过对小微企业进行“深耕细作”，逐步培育忠诚的客户群体。二是进一步拓宽抵质押物范围，积极推行应收账款、知识产权、股权等抵押贷款方式。三是尽快落实小微企业贷款尽职免责与容错纠错机制的具体办法，特别是对是否属于道德风险或严重失职的行为要明确定性依据和定量标准，提高小微企业不良贷款容忍度，激发基层机构和人员服务小微企业的内生动力。四是探索开展新型融资服务模式。近年来，部分地区金融机构对新型融资模式的有益探索，也为解决小微企业融资问题提供了参考。如山东省潍坊市发创金融服务股份有限公司探索了“中小企业全产业链监控融资模式”，该模式充分利用互联网、计算机、手机、定位系统、监控系统等，对负债企业的

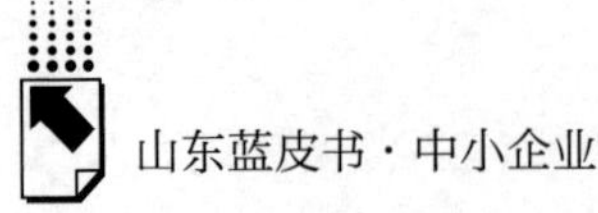

生产经营计划、合同、原材料采购、转换（加工生产）、物流活动等进行远程实时管控，并配合人员实时监督，确保资金按照协议安全有效地投放、使用和回收，该做法有效解决了信息不对称、担保圈及贷款期限匹配等问题。

（四）加强政策监管与多方扶持

破解银企信息不对称带来的融资问题，离不开政策层面的监管加强与扶持力度加大。一是建议由税务部门牵头，明确小微企业报送财务报表的规范格式和要求，将纳税申报财务报表及数据作为“唯一”的对外提供口径，切实解决企业多套财务报表问题。二是可以将财务数据造假问题纳入企业征信管理体系，加大惩戒力度，引导企业增强诚信、合规经营意识。三是引导督促地方法人银行充分利用本土的人缘、地缘优势，担负起支持地方小微企业发展的重任。如地方政府可以在风险补偿、税收优惠、抵押登记、司法保障、不良资产处置、资本金补充等方面给予有力支持，激励银行主动开展金融创新，致力于解决小微企业融资困境。

B.8

山东省中小企业发展存在的问题与建议

董彦岭　孙东东　郭文娟　何磊磊　吴　琪　董莹蕾*

摘　要： 中小企业在创新发展、促进经济结构优化升级、推动经济高质量发展等方面做出了突出贡献，并逐渐成为经济稳定发展和新旧动能转换的重要支撑力量。但山东中小企业也面临创新动力不足、融资难融资贵、税负重等问题。近年来，全国民营企业在经营发展中普遍遇到“三座大山”问题。一些民营经济遇到的困难甚至相当严峻。中小企业面临的生存困难必须引起高度重视。为促进全省中小企业健康发展，本报告结合当前的政策以及企业自身经营状况，从减税降负、提高直接融资比重等方面提出发展建议。

关键词： 中小企业　新旧动能转换　直接融资比重　中美经贸摩擦

2018年，中国发展面临国内外的复杂严峻形势：中美经贸摩擦给一些企业的生产经营、市场预期带来不利影响；全国新老矛盾交织，周期性、结构性问题叠加，经济运行稳中有变、变中有忧。山东经济运行总体平稳，新

* 董彦岭，南开大学经济学博士，山东财经大学区域经济研究院院长、教授、硕士研究生导师，研究领域为区域经济学、金融理论与政策；孙东东，齐鲁财富网研究中心高级研究员，研究领域为普惠金融、公司金融、中小企业；郭文娟，聊城大学经济学硕士，齐鲁财富网研究中心研究员，研究领域为普惠金融、证券投资；何磊磊，中央财经大学博士，研究领域为宏观经济与金融市场；吴琪，山东财经大学研究生，研究领域为金融理论与实践；董莹蕾，山东财经大学研究生，研究领域为金融理论与实践。

旧动能转换全面起势，三大攻坚战成效突出，营商环境显著优化，但依然存在产业结构不优、发展质量效益不高、区域发展不均衡等问题，这些问题严重制约了山东经济发展，同时也削弱了全省综合竞争力，给中小企业发展带来一些困难。

习近平总书记主持召开民营企业座谈会时指出："我国民营经济已经成为推动我国发展不可或缺的力量，成为创业就业的主要领域、技术创新的重要主体、国家税收的重要来源，为我国社会主义市场经济发展、政府职能转变、农村富余劳动力转移、国际市场开拓等发挥了重要作用。"① 中小企业在促进经济结构优化升级、大力推动经济高质量发展和创新发展等方面做出了突出贡献，并逐渐成为经济稳定发展和新旧动能转换的重要支撑力量。当前，民营企业面临很多困难和挑战，中小企业面临的困难更大。本报告主要从经营环境以及企业内部治理等方面分析中小企业存在的问题，并提出具有针对性的建议。

一 存在的问题

中小企业是实施大众创业、万众创新的重要载体，在促进就业、经济发展、科技创新与社会和谐稳定等方面具有不可替代的作用，正确认识中小企业存在的问题对国民经济和社会发展具有重要意义。经过分析后我们认为，当前中小企业主要存在盈利能力偏弱、科技创新能力偏低、信息披露不规范等问题。

（一）盈利能力明显偏弱

2018 年 11 月 2 日，山东省委书记刘家义在山东省民营企业座谈会上指出："能源原材料成本、劳动力成本等上升较快，土地、水、电、气等要素成本仍处于高位，企业盈利难度加大。"受宏观经济影响，山东中小企业面

① 新华网，http：//www. xinhuanet. com//2018 – 11/01/c_ 1123649488. htm。

临巨大发展压力。2018 年山东样本公司合计营业收入为 916.21 亿元，与 2017 年相比增长 13.16%；合计利润总额 49.42 亿元，与 2017 年相比下降 4.32%。山东样本公司合计营业收入增速高于山东规模以上工业企业主营业务收入的增速（5.30%），但合计利润总额增速远低于全省规模以上工业企业利润总额增速（10.30%），这反映出山东样本公司的营业收入虽然稳步增长，但盈利能力表现欠佳。

统计发现，山东样本公司平均销售利润率为 5.39%，与 2017 年相比下降 0.99 个百分点，低于全国规模以上工业企业的利润率（6.49%），略高于山东规模以上工业企业的利润率（5.26%）。山东样本公司相对省内其他中小企业在融资等方面具有一定优势，这类企业利润率尚且大幅下滑，全省其余一些中小企业的盈利能力可能更差。山东样本公司平均总资产收益率为 4.44%，低于中国银保监会发布的银行业 2018 年第四季度新发放普惠型小微企业贷款平均利率（7.02%），很多中小企业的融资成本远高于总资产收益率，通过负债经营所产生的收益远不能覆盖融资成本。

（二）直接融资比重低

目前，我国绝大多数中小企业的主流融资渠道依然是银行等传统金融机构。由于银行等金融机构存在贷款手续烦琐、审批时间较长等问题，中小企业间接融资成本往往偏高。另外，很多银行等金融机构严格规定中小企业贷款条件，部分商业银行为规避风险，在向中小企业发放贷款时审核极为严格，甚至不向中小企业发放贷款。面对中小企业巨大的资金需求，影子银行业务、互联网金融业务快速发展，业务创新在一定程度上满足了中小企业的资金需求，但也存在诸多经营乱象，蕴含着较大的金融风险。而影子银行业务大幅萎缩，互联网信贷平台频繁“爆雷”，对中小企业融资业务造成直接冲击，加大了中小企业融资的难度。

2018 年中央经济工作会议提出，“资本市场在金融运行中具有牵一发而动全身的作用”。提高直接融资比重一直是我国金融业的发展重点，扩大直接融资与我国经济增长急需转变发展方式、优化经济结构、转换增长动力的内在需求相一致。但由于市场环境以及中小企业自身条件限制，山东很多中小企业普遍存在资本市场对接难的情况。山东省人民政府颁布的《关于支持民营经济高质量发展的若干意见》（鲁政发〔2018〕26号）指出："支持民营企业直接融资。落实好企业利用多层次资本市场直接融资奖补政策，建立健全工作协调机制，研究解决企业挂牌上市过程中遇到的土地、规划、建设等各类难题，做好中小科技企业登陆上海科创板的培训服务等工作，支持民营企业通过多层次资本市场挂牌上市（省地方金融监管局牵头负责）。"

近年来，山东出台一系列支持政策帮助中小企业对接资本市场，解决自身融资难、融资贵等难题。然而，由于众多因素影响，山东中小企业直接融资比例仍明显低于间接融资比例，全省上市公司数量和新三板挂牌企业数量均相对偏低。山东省统计局数据显示，截至2018年末，山东共有境内外上市公司296家，与2017年同期相比增加8家。其中，境内上市公司196家。新三板、齐鲁股权交易中心、蓝海股权交易中心挂牌企业分别为624家、3161家和1529家。

国务院印发的《关于推动创新创业高质量发展打造"双创"升级版的意见》（国发〔2018〕32号）指出："拓宽创新创业直接融资渠道，支持发展潜力好但尚未盈利的创新型企业上市或在新三板、区域性股权市场挂牌。"在全国经济面临较大下行压力的背景下，山东中小企业回款速度明显变慢，企业盈利能力也相对表现偏弱。因此，完善相关证券市场的基本功能，进一步发挥资本市场对中小企业的融资和培育作用显得尤为重要。新三板和区域股权市场的核心功能主要是融资，但目前新三板以及区域股权市场的融资功能仍不够健全，严重影响了其核心功能发挥。

（三）科技创新能力偏低

2018年中央经济工作会议强调："我国发展仍处于并将长期处于重要战略机遇期……紧扣重要战略机遇新内涵，加快经济结构优化升级，提升科技创新能力……变压力为加快推动经济高质量发展的动力。"创新始终是一个国家、一个民族发展的重要力量，也始终是推动人类社会进步的重要力量。

《山东省新旧动能转换重大工程实施规划》也指出："坚持把深化改革、推动创新、扩大开放作为新旧动能转换的根本动力，加强制度设计、系统谋划和协同推动，持续激发全社会活力和创造力，不断增强经济发展的内生动力。"

近年来，山东科技创新水平持续提升，年发明专利授权数量稳中有升，但与全国增幅相比明显偏低。2018 年，山东发明专利申请量为 7.6 万件，与 2017 年相比增长 11.76%，低于全国境内发明专利申请增速（11.90%）；发明专利授权量 2.0 万件，与 2017 年相比增长 5.26%，也低于全国境内发明专利授权增速（6.00%）。另外，山东发明专利申请数量占全国境内发明专利申请数量的比重为 5.50%，发明专利授权数量占全国境内发明专利授权数量的比重为 5.88%，山东发明专利申请以及授权数量均低于全省生产总值占全国生产总值的比重（8.49%），山东科技发展水平与全省经济总量占比并不匹配。山东有研发活动规模以上工业企业占规模以上工业企业比例也相对偏低，远低于江苏、浙江和广东等先进省份，在一定程度上了反映出山东量大面广的中小企业在创新活力方面还有待提升。

中小企业一直是科技创新的主体力量，在国民经济增长中扮演着最为活跃的角色，因此国家一直大力扶持中小企业科技创新。但在发展过程中，全省中小企业普遍存在科技创新资金不足、创新型人才缺乏、科技创新信息掌握不充分等问题。由于受资产规模小、经营能力差等条件限制，中小企业可以投入科技创新活动中的资金有限，严重限制了中小企业的科技创新工作。另外，由于各种因素，中小企业对优秀人才的吸引力相对偏弱，也无法很好地控制人才的流失，人才缺乏直接导致中小企业科技创新实力偏弱。中小企业想要进行科技创新，首先要掌握更多有关科技创新的相关数据信息，对信息的掌握情况决定企业在市场中的生存状态。目前，很多中小企业对市场信息缺乏足够的认识，甚至有部分企业由于缺乏良好的信息资源获取渠道仍处在闭门造车的状态，缺乏信息资源直接影响了中小企业科技创新的步伐。

另外，我国有关科技创新保护的法律法规起步较晚，很难给中小企业的科技创新发展带来决定性改变。从资金支持角度来看，由于中小企业规模和资金有限，各地政府更倾向于扶持大型企业进行科技创新，而中小企业获得的资金支持相对较少。从科技创新风险角度来看，与大型企业相比，中小企业在科技创新方面出现风险的概率也大得多。由于中小企业自身实力弱、缺乏资金的帮助，只能担负起单一技术的创新，而且不能够进行系统的创新研究，而一旦这种单一的创新技术出现纰漏，就会导致整个中小企业的技术研究面临崩溃的局面。从科技人员本身来看，由于创新技术研究成功并不意味着可以获得经济利益，研发科技人员很难从中获取足够的利益，因此科技人员对创新也不够积极。从知识产权维护角度来看，出于资金等方面的原因，中小企业对维护科技专利的资金投入不够，也没有时间对专利申请进行深入研究，企业的核心技术人才一旦流失，就有可能会出现核心技术转移的现象。

（四）企业内部治理不健全

在激烈的市场竞争中，很多创业初期的中小企业取得了一定的成绩，但在成长的过程中往往缺乏持续性，这与我国中小企业内部治理不健全有极大的关联。在社会主义市场经济日益完善和现代企业制度逐步确立的基础上，我国很多中小型企业逐步确立了内部控制制度。但是很多中小企业依然维持家族管理方式，在内部控制等方面存在不足之处，缺乏有效监督和激励机制。另外，一些中小企业的组织制度、财务处理审核制度等不健全甚至缺失，管理手段和方法依靠管理者的主观意志。

第一，企业内控制度不健全。很多中小企业没有建立完整的内部控制架构，企业内部控制不健全，部分企业虽然建立了基础的内部控制框架，但没有根据执行情况进行及时调整，很难对企业起到控制监督的作用。另外，很多中小企业看重事后控制，缺乏事前预防准备工作，直接导致内部控制成本偏高，内控效果并不显著。

第二，部分中小企业财务制度不健全，会计信息严重失真。由于企业管理层法律意识和信息披露意识淡薄，很多中小企业会计信息缺失或不准确，部分企业故意歪曲财务报表信息，达到偷税漏税或取得银行贷款的目的。财务制度不健全以及财务工作人员素质偏低导致企业在账务处理上具有局限性。另外，很多中小企业管理人员缺乏专业的教育培训，也导致企业账务处理存在风险。

第三，管理机构不合理，内部控制权责不清。中小企业管理层往往存在身兼多职的现象，内部管理混乱，存在职权乱用、以权谋私等现象，企业内部控制环境恶劣。部分中小企业虽然制定了一系列规章制度，但管理者缺乏对内部控制的认识，并没有很好地执行既定的制度。另外，中小企业外部的监督机构形同虚设，监督力度严重不足，导致中小型企业缺乏内部控制，严重影响中小企业发展。

第四，员工素质偏低，对企业文化建设的重要性缺乏认识。很多中小企业是由家族企业演变而来，内部关系和管理环境复杂，企业内部管理人员的素质也影响了中小企业内部控制功能的有效发挥。有效的内部控制必须由高素质的员工来贯彻执行，企业内部控制的成效取决于员工素质。很多中小企业在日常经营过程中将利润最大化放在首位，往往会忽略企业文化建设。一个企业如果没有企业文化做统领，员工就会缺乏归属感，不会全心全意为企业的发展出谋划策。长此下去，整个企业的精神面貌涣散，这样的企业缺乏长足发展的动力，内部控制的难度也将大大增加。

（五）管理者缺乏企业家精神

2017 年 4 月召开的中央全面深化改革领导小组第三十四次会议通过了《关于进一步激发和保护企业家精神的意见》，对激发和保护企业家精神做出专门规定，并明确了企业家精神的地位和价值，为营造激发企业家精神的良好环境提供了根本遵循。企业家精神是指某些人所具有的组织土地、劳动及资本等资源用于生产商品、寻找新的商业机会以及开展新的商业模式的特殊才能。具有企业家精神的企业家敢于创新、敢于冒险、不怕困难、百折不挠、迎难而上。改革开放以来，我国涌现出一大批具有核心竞争力的企业，并且有大批优秀企业家在市场竞争中迅速成长，他们为积累社会财富、创造就业岗位、促进经济社会发展、增强综合国力做出了重要贡献。营造企业家健康成长环境，弘扬优秀企业家精神，更好地发挥企业家作用，对深化供给侧结构性改革、激发市场活力、实现经济社会持续健康发展具有重要意义。

党的十九大报告强调："激发和保护企业家精神，鼓励更多社会主体投身创新创业。建设知识型、技能型、创新型劳动者大军，弘扬劳模精神和工匠精神，营造劳动光荣的社会风尚和精益求精的敬业风气。"企业的发展离不开企业家，离不开企业家精神的作用。企业家独特的创新精神，使得企业家具有对生产要素进行革命性、破坏性、创新性配置的能力，通过管理创新、组织创新，能够提升企业范围内资源配置的效率。长盛不衰的企业大多十分注重创新，即使在处于市场主导地位时也不止步，主动推进各方面变革和创新，以获得持续的竞争优势。相反，有的企业没有始终坚持创新，导致一度领先的核心产品成为进一步创新的障碍，最终被市场淘汰。另外，优秀的企业家敢为人先，敢于打破固有的舒适区，具有捕捉消费需求新变化的市场应变能力，体现出敢闯敢试、敢为天下先、敢于承担风险的企业家精神。但企业家的敢闯敢试并非不受约束，前提是要遵守法律和道德的约束。

随着经济快速发展，我国经济也面临较大的下行压力，很多中小企业人工成本上升、企业经营压力加大，企业家精神也面临严峻的考验，具有企业家精神的企业与不具有企业家精神的企业之间的差距持续加大。

第一，部分中小企业管理者缺乏创新精神。大多数中小企业经营管理者是企业的创始人，但受知识水平限制，很多管理者缺乏系统的管理知识和创新精神。另外，我国大部分中小企业规模较小，普遍存在融资难等问题，很多中小企业的科研开发和技术创新能力欠缺，产品多处于产业链的低端。由于规模限制，绝大多数中小企业很难吸引到高科技人才专门从事产品研发工作，这也直接导致大部分中小企业只能生产科技含量低的产品，不能掌握新产品的核心开发技术，部分中小企业面临较大的生存压力。

第二，部分企业经营者商业道德滑坡，缺乏诚信精神。我国中小企业面临比较严重的诚信危机，严重妨碍了市场的健康运行。由于法制不健全和市场舆论监督不力，部分中小企业出现恶意拖欠、逃废金融债务现象，一些中小企业不愿意履行合同也严重阻碍了中小企业的可持续发展战略。另外，部分中小企业利用广告宣传弄虚作假，甚至制售假冒伪劣商品，严重影响其他中小企业正常的生产经营，危及中小企业健康有序地发展，损害健康的市场秩序。

第三，很多中小企业缺乏冒险精神。很多中小企业创业者在创业初期盲目追逐企业的快速发展，当企业达到一定规模之后就“小富即安”，企业家所具备的冒险精神明显消退。也有部分企业经营者容易墨守成规，过度依赖以往走过的路径和积累的经验，甚至害怕和拒绝改变。此外，面对国有企业挤压，部分中小企业往往会利用手中的利益寻找“保护伞”，丧失了产品研发和技术创新的动力，扼杀了企业家的冒险精神。

（六）信息披露不规范

与大型企业不同，中小企业资产规模小、抵御风险能力弱、生命周期也偏短，在公司治理、生产经营、财务管理等方面存在明显的短板，部分中小企业不愿意披露财务数据直接导致信息不对称，影响中小企业的健康稳定发展。企业不能进行有效信息披露的原因有多种，主要包括中小企业财务制度不健全、缺乏信息披露渠道，以及区域股权交易中心等中介机构认识不到中小企业信息披露的重要性，从而不愿意进行信息共享等。另外，政府对中小企业的信息披露重视程度不足，部分政府部门在信息披露方面并未发挥好表率作用。

众所周知，信息披露在企业发展、融资、风险监控等方面具有重要的作用。将地方财政、税务、法院、用电、用水等信息进行有效整合不仅可以帮助当地银行做好信贷审核工作，同时也能更好地帮助符合条件的中小企业获取急需的金融服务和政策支持。中小企业进行合理信息披露不仅有助于银行贷款的审核，同时也有助于企业获得资本市场的关注，从而取得急需的资金支持。另外，企业进行信息披露还有利于政府更加及时地制定扶持政策，有助于企业高质量发展。

由于数据获取原因，本报告仅采用新三板、齐鲁股权交易中心的数据进行分析，与2017年所选取的数据有较大差异，主要原因是齐鲁股权交易中心公开披露年度报告的挂牌企业数量大幅减少，可供选择的样本公司由2017年的262家下滑至2018年的87家，下降幅度高达66.79%。青岛蓝海股权交易中心未公开披露挂牌企业2018年年度报告，这对调查研究山东中小企业经营状况产生极大的不利影响。

（七）融资难等问题依然存在

2018年11月1日，习近平总书记在民营企业座谈会讲话中指出："在防范化解金融风险过程中，有的金融机构对民营企业惜贷不敢贷甚至直接抽贷断贷，造成企业流动性困难甚至停业；在'营改增'过程中，没有充分考虑规范征管给一些要求抵扣的小微企业带来的税负增加；在完善社保缴费征收过程中，没有充分考虑征管机制变化过程中企业的适应程度和带来的预期紧缩效应。"[①] 近年来，融资难、融资贵、税负重等问题一直制约着中小企业的发展。有关数据统计显示，2018年，全国一般公共预算收入中的税收收入156401亿元，与2017年相比增长8.3%；非税收入26951亿元，与2017年相比下降4.7%。全国税收增长速度明显高于全国经济增速。2018年山东一般公共预算收入中的税收收入为4897.9亿元，与2017年相比增长10.8%，增长速度也明显高于全省经济增速。2018年8月，国务院促进中小企业发展工作领导小组第一次会议指出我国中小企业贡献50%以上税收，全国税收总额持续增加从一个侧面反映出全国大部分中小企业仍面临较为严重的税务负担。

另外，中小企业融资难、融资贵等问题仍然存在。由于现行的创业投资体制不健全，并且缺乏完备的法律保护体系和政府扶持体系，创业投资基金对中小企业进行股权投资的积极性相对较低，使得很多中小企业难以通过股权进行融资。目前，银行贷款仍然是中小企业融资的主要渠道，向银行申请贷款是中小企业应对资金短缺的主要手段之一。有关统计数据显示，截至2018年底，银行业用于小微企业的贷款余额33.5万亿元，占金融机构人民币各项贷款余额的比重为24.58%，远低于民营经济占全国GDP的比重。由于规模小、信用不足、可抵押财产少、信息不对称，很多民营企业特别是中

① 新华网，http：//www.xinhuanet.com//2018-11/01/c_1123649488.htm。

小企业获得银行贷款难度较大，即使部分中小企业能够获得贷款，但所需要承担的利率和成本也相对较高。同时，中小企业续贷难问题也比较突出，抽贷、断贷现象仍然较多。

2018 年 2 月 22 日，山东省委书记刘家义在新旧动能转换重大工程动员大会中提出："我省市场活力不足，重要的是非公有制经济发展活力不足，科技型、创客型企业少。要在继续深化国企改革的同时，加大民营经济改革发展力度，从体制机制上创造公平竞争的条件，破除市场准入种种限制，引导建立现代企业制度，用改革的办法化解债务链、担保圈等难题，维护其合法权益，各级党委、政府要积极作为，为民营企业发展搞好服务、创造环境，积极构建亲清新型政商关系，关心民营企业家成长。"在经济发展进程中，政府要不断为民营经济营造更好的发展环境，帮助民营经济解决发展中的困难，支持民营企业改革发展，变压力为动力，让民营经济创新源泉充分涌流，让民营经济创造活力充分迸发。

二 发展建议

当前，世界经济深刻调整，保护主义、单边主义抬头，经济全球化遭遇波折，多边主义和自由贸易体制受到冲击，不稳定、不确定因素增多。为促进全省中小企业健康发展，本报告结合当前的政策以及企业自身经营状况，从减税降负、提高直接融资比重等方面提出发展建议。

（一）减税降负，降低企业经营成本

税负重一直制约着中小企业的发展，山东中小企业也长期存在营业成本高等难题。山东省人民政府发布的《关于支持民营经济高质量发展的若干意见》（鲁政发〔2018〕26 号）要求："开展减税降费专项督查，推动国家出台的研发费用加计扣除、高新技术企业所得税优惠等减税降费政策及我省已出台的降低城镇土地使用税、印花税、车船税等税收优惠政策全面落地。"降低企业税负可以有效激发中小企业活力，减税降费政策倾斜也有助

于中小企业自主技术创新，对于创新驱动战略和供给侧结构性改革的稳步推进均具有不可替代的作用。

首先，推进实质性减税降负，降低中小企业土地使用成本。政府应该积极实施支持创业创新和企业发展等减税措施，对小微企业、科技型初创企业推行普惠性税收，不断深化供给侧结构性改革，激发市场主体活力。对无偿或通过出租等方式为中小企业提供房产、土地的单位和个人减免房产税和城镇土地使用税，直接或间接地降低中小企业土地使用成本。另外，政府还应在一定程度上降低社保缴费名义费率，实质性降低中小企业社保缴纳负担。

其次，精简行政审批事项与涉企收费，支持中小企业高质量发展。由于土地、水、电、气等要素成本在中小企业各项成本中占有较大的比重，加强对企业收费的监督管理机制，改革收费体制和天然气使用方式，降低物流、用气等成本能够有效降低中小企业的负担。政府应该持续深化电力体制改革，扩大市场交易电量规模，同时精简行政审批事项，减少涉企收费项目，进一步降低中小企业的行政审批成本。

最后，开展减税降费专项督查行动，加快税费优惠政策的执行落实。实施降成本各项工作，深化供给侧结构性改革，实质性降低企业负担。推动国家出台的研发费用加计扣除、高新技术企业所得税优惠等减税降费政策实行，加快城镇土地使用税、印花税、车船税等税收优惠政策落实。另外，配套省级科技资金给予中小企业，减轻企业参与国家重大科技计划项目的负担。

（二）提高直接融资比重

直接融资是以股票、债券为主要融资工具的一种机制，这种资金供给者与资金需求者通过股票、债券等金融工具直接融通资金，直接融资能最大限度地吸收社会游资，直接投资于企业生产经营之中。长期以来，山东金融结构失衡，银行业长期处于垄断地位，证券、期货、基金与保险业发展不足，社会融资过度依赖信贷资金，部分中小企业难以通过资本市场获取急需的资金，全省中小企业直接融资比重明显偏低。

近年来，政府相关部门陆续出台一系列政策文件，着力提升中小企业直接融资比重，提升中小企业活力，促进经济高质量发展。从具体情况来看，山东中小企业直接融资比重仍相对较低。解决中小企业融资难、融资贵等问题，首先要加快推动建立多层次资本市场体系，提高中小企业直接股权融资比重。我国多层次资本市场主要是由主板市场、新三板市场、区域性股权转让市场等组成，其中区域性股权转让市场是地方政府批准设立的地方区域性交易场所，对促进企业特别是中小企业股权交易和融资、鼓励科技创新和激活民间资本、加强对实体经济薄弱环节的支持具有积极作用。山东省人民政府颁布的《关于支持民营经济高质量发展的若干意见》（鲁政发〔2018〕26号）明确指出："支持民营企业直接融资。落实好企业利用多层次资本市场直接融资奖补政策，建立健全工作协调机制，研究解决企业挂牌上市过程中遇到的土地、规划、建设等各类难题……鼓励社会资本发起设立股权和创业投资基金，各级政府可采取参股、奖补等形式给予资金支持（省地方金融监管局、省财政厅牵头负责）。完善政府性引导基金的绩效评价和考核激励机制，创新运作模式，加快新旧动能转换基金等政府性基金募集和投放进度，发挥对民营企业发展的引导和撬动效应（省财政厅牵头负责）。"政府有关部门应该继续推进多层次资本市场建设，积极支持符合条件的中小企业通过资本市场进行股权融资，提高直接融资比重。

其次，发挥债券融资工具的作用。在经济发展进入新常态的形势下，实体经济对直接融资的需求还将不断提升。提高直接融资比重，既要提高股权融资在社会融资中的比重，也要发挥债券融资工具的作用。相关部门应该积极创新直接融资的方式手段，丰富融资工具，拓宽直接融资渠道，充分发挥市场的资源配置功能，支持经济转型升级，支持供给侧结构性改革。《山东省新旧动能转换重大工程实施规划》明确提出："支持中小微企业发行企业债、公司债等债券融资工具，提高直接融资比重。"政府应该鼓励中小企业应该运用好"民营企业债券融资支持工具"，加大与中国银行间市场交易商协会的协调力度，积极推动省内金融机构与中债信用增进公司合作，支持省内中小企业开展债券融资。同时还要鼓励有条件的中小企业发行公司债、企业债、短期融资券等直接融资工具，并发挥政府基金的引领和杠杆作用，完善政府基金管理办法。

最后，支持符合条件的科技型中小企业登陆科创板。习近平总书记在首届中国国际进口博览会开幕式主旨演讲中提出，将在上海证券交易所设立科创板并试点注册制，支持上海国际金融中心和科技创新中心建设，不断完善资本市场基础制度。2018 年经济工作会议明确提出："资本市场在金融运行中具有牵一发而动全身的作用，要通过深化改革，打造一个规范、透明、开放、有活力、有韧性的资本市场，提高上市公司质量，完善交易制度，引导更多中长期资金进入，推动在上交所设立科创板并试点注册制尽快落地。"在上海证券交易所设立科创板是落实创新驱动和科技强国战略、推动高质量发展、支持上海国际金融中心和科技创新中心建设的重大改革举措，是完善资本市场基础制度、激发市场活力和保护投资者合法权益的重要安排。设立科创板并试点注册制对支持科技创新、推动经济高质量发展、推进资本市场市场化改革和缓解科技型中小企业融资具有重要意义。山东相关部门应该做好中小科技企业登陆上海科创板的培训服务等工作，支持符合条件的中小企业通过科创板上市融资，缓解融资难、融资贵等难题。

（三）支持经济高质量发展

习近平总书记在民营企业座谈会上指出，"民营经济是社会主义市场经济发展的重要成果，是推动社会主义市场经济发展的重要力量，是推进供给侧结构性改革、推动高质量发展、建设现代化经济体系的重要主体"。[①] 当前，我国经济正处于从高速增长转向高质量发展的关键阶段，中小企业仍然承载着创业创新转型升级的重任，在稳定增长、促进创新、增加就业、改善民生等方面发挥着显著作用。山东绝大多数中小企业属于民营企业，一直严格贯彻新的发展理念，不断提高企业发展质量。中小企业的高质量发展对于促进全省经济高质量发展，以及推进供给侧结构性改革、推动新旧动能转

① 新华网，http：//www. xinhuanet. com//2018 -11/01/c_ 1123649488. htm。

换、建设现代化经济体系均具有重要意义。

首先，增强企业的科技创新实力，支持经济高质量发展。经济高质量发展必须坚持创新驱动，着眼于有效解决突出瓶颈和深层次问题，发挥企业创新主体作用和市场导向作用，加快建立技术创新体系，推动制造业加速向数字化、网络化、智能化发展，培育壮大新兴产业，改造提升传统产业，提升产业链、价值链，提高供给体系的质量。进入21世纪，正在兴起的新科技革命深刻改变世界，创新活动十分活跃，产业变革深入推进，重点领域加速转型，诸多产业面临发展“拐点”，特别是以互联网为基础的互联网经济、数据经济迅速崛起，进一步推动了各产业开放共享。中小企业应该坚持创新驱动发展，积极运用新技术、新业态改造升级传统生产方式，密切跟踪国际科技、产业发展趋势，围绕新一代信息技术、高端装备、新能源新材料等产业促进科技创新和管理创新，从而实现企业的高质量发展。

其次，加大中小企业产权保护力度，支持和引导中小企创新，助力民营经济高质量发展。加大知识产权保护力度可以保证市场主体的各项权利，为中小企业科技创新提供公平的发展环境，对营造健康的营商环境也有重要意义。政府应该帮助中小企业运用互联网、大数据等手段，通过源头追溯、实时监测、在线识别等强化知识产权保护，加快建立侵权惩罚性赔偿制度，提高违法成本，保护中小企业创新研发成果。另外，政府相关部门还应该组织实施中小企业知识产权战略推进工程，开展专利导航，助推中小企业技术研发布局，推广知识产权辅导、预警、代理、托管等服务。通过加大保护知识产权的力度，进一步提升中小企业的创新发展能力和科技创新的积极性，从而支持经济高质量发展。

最后，优化中小企业营商环境，拓宽民营经济发展领域，为民营经济高质量发展提供良好的氛围。政府应该坚决破除各种不合理门槛和限制，在市场准入、审批许可、招标投标、军民融合发展等方面打造公平的竞争环境，提供充足的市场空间。不断缩减市场准入负面清单事项，推进“非禁即入”普遍落实，最大限度实现准入便利化，进一步放宽市场准入，对中小企业发展中遇到的困难，要“一企一策”给予帮助。同时，政府应深化垄断行业、基础设施和社会事业等领域投融资体制改革，打破行业垄断和市场壁垒，推动上述行业领域加快向社会资本开放，严禁设置排斥性条款或通过设定附加条件变相设置门槛。支持民营资本参股或组建相关产业投资基金、基础设施投资基金，参与全省战略性新兴产业项目和重大基础设施项目建设。另外，实现中小企业高质量发展，还要大力促进大中小企业融通发展，在培育新动能、推动转型升级、提高专业化能力、建设创新创业载体、破解融资困难、完善服务体系等诸多方面下功夫，努力促进中小企业坚持聚焦主业、打造优势、勇于创新、以质取胜，走好“专精特新”发展之路。

（四）服务乡村振兴战略

党的十九大报告提出实施乡村振兴战略，史无前例地把这个战略庄严地写入党章，是全面建成小康社会的重大战略部署，为农业农村改革发展指明了航向。党的十九大报告指出，要坚持农业农村优先发展，按照产业兴旺、生态宜居、乡风文明、治理有效、生活富裕的总要求，建立健全城乡融合发展体制机制和政策体系，加快推进农业农村现代化。乡村振兴是关系到社会主义现代化建设的全局性和历史性任务，是新时代中国特色社会主义消除发展不平衡、不充分的客观要求，也是全面建成小康社会赋予我国农业农村发展的新内涵。乡村振兴战略是一个艰巨而复杂的系统工程，不可能一蹴而就，需要分阶段实施，而且需要投入大量人力和物力。

2018 年 3 月，习近平总书记在参加十三届全国人大一次会议山东代表团审议时强调，山东要充分发挥农业大省优势，打造乡村振兴的齐鲁样板。[①] 乡村振兴是党的十九大提出的重大战略部署，也是新时代农业农村发展的新内涵。2018 年 12 月召开的山东经济工作会议提出，要深化农村土地制度、集体产权制度、农业支持保护制度等改革，聚焦产业振兴、人才振兴、文化振兴、生态振兴、组织振兴重点任务，坚持标准引领、典型带动、分类施策，确保全省乡村振兴健康有序发展。在新的经济形势下，部分中小

① 人民网，http：//sd. people. com. cn/GB/n2/2018/0606/c358829 - 31674488. html。

企业应该紧抓历史机遇，充分运用好国家的扶持政策，改善企业自身的经营状况，低成本、高效率地服务“三农”群体，推动乡村振兴战略的实施。

另外，许多中小企业主来自农村，与农村有着天然的联系。与城市工业相比，中小企业进入农村面临的技术与资金门槛比较低，也与现在中小企业的实力相匹配。中小企业在发展过程中面临一些困难，实施乡村振兴战略给山东中小企业提供了难得的历史机遇。乡村振兴关键在于因地制宜挖掘乡村特色，将乡村传统的手工艺、土特产品、自然资源、文化资源等加以开发，形成有品牌的产品与服务。中小企业很多原本来自农村的乡镇企业，普遍具有规模小、组织结构灵活等特点，这对建设特色小镇、田园综合体，促进农村一、二、三产业融合，发展乡村特色产业和乡村旅游业具有重要的作用。对于农村产业而言，没有中小企业聚集也很难形成具有鲜明特色的乡村产业。

（五）弘扬企业家精神，促进企业创新发展

2017 年 9 月，中共中央、国务院出台了《关于营造企业家健康成长环境弘扬优秀企业家精神更好发挥企业家作用的意见》（中发〔2017〕25 号），这是中央首次发文明确企业家精神的地位和价值，并赋予了企业家精神全新的时代内涵，明确指出“企业家是经济活动的重要主体”。企业家作为市场经济的主体，不同于其他要素，具有自主创新能力。强调企业家精神，对激发企业创新和促进市场经济发展发挥着重要的作用。有效发挥企业家精神，是企业发展有活力的前提条件。从这个意义上看，实现经济的高质量发展，离不开追求质量变革、效率变革、动力变革的企业家和企业家精神的作用。在一定程度上，企业家精神是未来我国经济发展质量提升、效率提升和动力提升的重要催化剂。2018 年 12 月召开的中央经济工作会议指出，坚持以供给侧结构性改革为主线不动摇。要增强微观主体活力，发挥企业和企业家的主观能动性，建立公平、开放、透明的市场规则和法治化营商环境，促进正向激励和优胜劣汰，发展更多优质企业。因此，鼓励广大企业家弘扬优秀企业家精神，更好地发挥企业家的创新作用，促进企业创新发展。

首先，以企业家精神的创新理念引领企业高质量发展。实现企业高质量

发展的过程，也是企业创造力不断增强和企业创新发展的过程。一方面，要进行技术创新。有能力的中小企业要加大研发投入，瞄准核心技术和关键环节进行技术创新，还要把握科技和产业发展新方向，对重大前沿性领域尽早部署；资质尚浅的企业要积极尝试通过新技术的应用，加强技术改造，不断提高企业发展的质量和效益。另一方面，要加强企业管理创新。企业发展的内外部环境和条件都在发生变化，企业管理创新要适应新形势。中小企业要重视加强信息技术在管理中的运用，推动企业组织结构和管理的变革，促进企业效率变革，还要重视创新体制机制建设，培育形成崇尚创新、敢于创新、善于创新的企业文化。要更加重视人力资源作用的发挥，尊重人才、爱护人才，增强企业员工的创新意识。

其次，企业家精神指导中小企业抓住发展机遇。国际、国内经济形势复杂，中小企业面临的竞争越来越激烈。中小企业唯有不断通过战略转型、变革，抓住发展机遇，才有可能实现生存和可持续发展。一方面，发挥企业家精神，有效识别机会和威胁，为企业是否进行战略转型、抓住发展机遇提供决策。另一方面，企业家创新精神、人才意识、敬业和合作精神是推动企业战略实施的关键所在。为帮助中小企业应对困难和挑战，激发经济活力和动力，促进企业创新发展，在优化营商环境、维护企业和企业家合法权益、减税降费、进一步放宽市场准入、破解中小企业融资难融资贵问题等方面，政府有关部门制定实施了一系列政策措施。由此看出，政府大力支持和鼓励发扬优秀企业家精神，促进企业创新发展，这为促进企业实现优质发展提供了更好的条件。广大企业家要抓住这些新的发展机遇，实现战略转型，大力推动企业创新发展。

（六）聚焦高端装备制造助力新旧动能转换

习近平总书记指出：装备制造业是制造业的脊梁，要把装备制造业作为重要产业，加大投入和研发力度，奋力抢占世界制高点、掌控技术话语权，使我国成为现代装备制造业大国和强国。[①] 高端装备制造业是以高新技术为

① 人民网，http://ydyl.people.com.cn/n1/2017/1214/c411837-29706090.html。

引领，处于价值链高端和产业链核心环节，决定整个产业链综合竞争力的战略性新兴产业。《山东省新旧动能转换重大工程实施规划》指出：“加快推动高端装备创新发展，突破关键技术与核心部件，提升综合集成水平，创建‘中国制造 2025’国家级示范区，打造国内一流的制造业创新中心和高端装备制造基地。到 2022 年，高端装备产业增加值力争达到 5300 亿元，占地区生产总值的 5.3%。”2018 年，山东高端装备产业增加值增长 5.5%，比规模工业高了 0.3 个百分点，工业机器人、城市轨道车辆、服务器等高技术产品产量分别增长 71.5%、20.5% 和 76.3%，全省新旧动能转换全面起势。

山东是装备制造业大省，省委、省政府将高端装备制造业列为新旧动能转换“十强”产业之一，大力发展高端装备制造业不仅是转变发展方式、优化经济结构、转换增长动力，实现经济由大到强、高质量发展的战略抉择，同时也可以为全省中小企业提供新的发展契机。在我国装备制造领域，不仅中小企业数量众多，而且相当多企业处于装备产业链上游或者基础支撑部分，在一定程度上决定着装备产业链所能达到的高度。近年来，山东中小企业在创业创新中不断探索发展新途径，并形成了一批高新技术和“专精特新”企业，全省已形成了一批以机器人、增材制造等新技术应用为主导的高新技术企业，同时也形成了以信息服务、高端装备制造等为主导的新产业。通过培育出一批龙头企业，可以有效带动产业加快向集群化发展，为相关中小企业提供生存的土壤。

中小企业在满足市场多元需求上有更多的优势，在创造新业态、新模式上有更大的灵活性。山东在发展思路和路径上对资源、能源、廉价劳动力和大规模投资拉动的依赖性很强，反而对技术、人才、数据、业态模式创新不敏感，装备制造中小企业由于资金、人才相对于大型装备制造企业更弱，因而其技术开发需走一条不同于大企业、更不同于独立的科研院所的道路。中小企业的核心技术培育应与其市场定位一致，瞄准细分市场，着重在企业的独特性、精细化上下功夫。另外，山东新旧动能转换工程的实施可以推动新经济的快速发展，加快实现结构优化和动力转换，这也为中小企业指明了发展方向。全省中小企业应该告别传统发展模式，努力在发展思路、发展路径和发展方式上创新，助力全省新旧动能转换。

（七）借助“一带一路”开拓国外市场

2018 年，国际环境错综复杂，国际经济发展不稳定性、不确定性突出，世界贸易保护主义升温，中美经贸摩擦不断加剧。在上述背景下，中国积极贯彻落实一系列促进外贸稳定增长的政策措施，有效应对外部环境变化，实现了对外贸易总体平稳、稳中有进，进出口规模创历史新高。全年中国进出口总额创历史新高，贸易结构不断优化，全年货物进出口总额 30.51 万亿元，与 2017 年相比增长 9.7%。与“一带一路”沿线国家进出口增势良好，对“一带一路”沿线国家合计进出口增长 13.3%，高出货物进出口总额增速 3.6 个百分点。

山东农产品、机械设备、汽车零配件、钢材等优势产业方面的出口稳步增长。2018 年，全省外贸进出口总额创历史新高，达 1.93 万亿元，占全国进出口总额的 6.33%，与 2017 年相比增长 7.7%。另据梳理发现，山东前五大贸易市场依然为美国、欧盟、东盟、韩国和日本，进出口额分别为 2342.5 亿元、2187.3 亿元、2093.5 亿元、1934.6 亿元和 1470.0 亿元，合计 10027.9 亿元，占进出口总额的 52.0%。全年山东新兴市场多元化开拓进一步深化，对“一带一路”沿线国家进出口 5195.9 亿元，与 2017 年相比增长 7.3%。其中，对俄罗斯和印度进出口分别增长 24.0% 和 15.8%，“一带一路”沿线国家进出口规模增幅显著。我国中小企业参与“一带一路”建设具有一系列优势，作为最活跃的创新群体，中小企业能够适应国际市场上技术更新快的特点，从而获得广阔的发展空间。

山东省委、省政府发布的《关于支持非公有制经济健康发展的十条意见》（鲁发〔2017〕21 号）指出：引导民营企业“走出去”，支持民营企业参与“一带一路”建设，注重对海外投资真实性的合规性审查，引导民营企业参与国际产能和装备制造合作。随着“一带一路”倡议的不断推进，我国中小企业迎来了新的发展机遇和发展空间。政府应该鼓励中小企业运用电子商务开拓国际市场，并针对中小企业在通关报检、仓储物流、市场开拓、品牌建设等方面的需求，引入第三方专业机构，帮助中小企业利用跨境电子商务开展国际贸易。另外，还应大力支持在有条件的地方建设我国与“一带一路”沿线国家中小企业合作区，鼓励中小企业服务机构和企业到“一带一路”沿线国家建立中小企业创业创新基地，开展技术合作、科研成果产业化等。“一带一路”倡议的提出对中小企业来说是个千载难逢的机遇，给企业带来巨大发展空间。

中小企业可以借助“一带一路”开拓国外市场，从而改善自身的经营环境，获得更大的发展空间。首先，中小企业借助“一带一路”开拓国外市场要注重与央企以及大型民企合作，这样不仅可以形成规模效应，同时也可以与上下游产业链形成配套支持，从而达到节约资金、节省资源、快速发展的目的。其次，中小企业应该注重发挥自身优势，尽量多在数字经济、人工智能、纳米技术、高铁装备、智能制造等领域扩大合作，避免走产业链低端，避免与当地所在国的民众和企业形成直接竞争，并获得较高的附加值和回报。最后，“走出去”的中小企业在参与“一带一路”沿线国家的项目建设时要积极与当地的企业、民众进行融合与合作，这样不仅可以减小项目运作阻力，也能为当地政府创造就业机会，增加税收，增进两国人民之间的友谊和联系，为中国产品和文化做出宣传和推广。

B.9

山东省中小企业发展指数报告

孙国茂　何磊磊　闫小敏　金宗琦*

摘　要： 改革开放以来，国家发展壮大民营经济，加强对中小企业的支持，中小企业已成为经济发展中的重要部分。山东中小企业虽然数量增长很快，但抗风险能力差，生命周期短。本报告通过构建山东中小企业发展指数评价体系，编制山东省中小企业发展指数，长期追踪山东中小企业发展情况。2018 年的发展指数为 111.71，较 2017 年增长了 3.47%，这表明山东中小企业发展整体向好，但存在盈利能力整体偏弱、融资问题未得到彻底解决等特征。因此，国家和省政府应合力优化中小企业发展的营商环境，中小企业应该做到主动融入国家发展战略和山东发展规划，汇聚各类创新资源，不断适应市场环境变化，努力成长为优质创新型中小企业。

关键词： 民营经济　山东中小企业　中小企业发展指数　营商环境

改革开放 40 年来，我国民营经济从弱到强不断发展壮大，已经成为稳定经济的重要基础。与此同时，中小企业作为经济发展中的重要组成部分也取得迅速发展。目前，国际形势复杂多变，我国经济正处于从高速增

---

* 孙国茂，青岛大学经济学院特聘教授、博士生导师，研究领域为公司金融、资本市场、制度经济学；何磊磊，中央财经大学博士，研究领域为宏观经济与金融市场；闫小敏，山东财经大学金融学硕士，齐鲁财富网副总经理、研究中心高级研究员，研究领域为证券市场、公司金融；金宗琦，加拿大北阿尔伯塔理工学院学士，研究领域为资本市场、公司金融。

长转向高质量发展的关键阶段，中小企业仍然承载着创业创新转型升级的重任，在稳定增长、促进创新、增加就业、改善民生等方面发挥着显著作用。党中央、国务院高度重视中小企业发展，在财税金融、营商环境、公共服务等方面出台了一系列政策措施，取得积极成效。但是，随着国际、国内市场环境发生变化，我国中小企业面临的问题日益突出，必须引起高度重视。

2018 年 11 月 1 日，习近平总书记在民营企业座谈会上的重要讲话科学回答了新时代要不要民营经济、要什么样的民营经济、怎样发展壮大民营经济等重大问题，为新时代促进民营经济和中小企业发展工作指明了方向。李克强总理也多次就中小企业发展问题做出重要指示，同年召开的国务院常务会议中，有 13 次议题涉及加大对中小微企业的支持力度。在这样的背景下，山东中小企业取得蓬勃发展。虽然中小企业在数量规模上增长很快，但抗风险能力较差，企业生命周期短。山东中小企业的生存环境与发展前景受到广泛关注，部分企业受到市场需求不足、成本上升较快和融资难度较大等问题的困扰，也有部分企业在推进高质量发展过程中面临转型难题。如何实现山东中小企业持续健康发展始终是社会各界重点关注的问题。本报告通过构建山东中小企业发展指数评价体系，编制山东省中小企业发展指数，长期追踪山东中小企业发展情况，以期为有关政府部门、行业机构制定中小企业相关政策提供理论依据，促进山东中小企业为实现山东经济全面科学高质量发展、保障和扩大就业、优化经济结构、加快新旧动能的转换发挥更大作用。

一　山东省中小企业发展指数的编制

基于企业业绩评价理论和企业竞争力理论，以及现有与企业发展评价相关的指数编制方法，并通过分析国内对区域中小企业发展的研究成果，本部分构建山东中小企业发展指数评价体系，编制山东省中小企业发展指数，以反映山东中小企业的营商环境及综合发展变化。

（一）中小企业发展指数的编制依据

随着企业业绩评价理论和企业竞争力理论的不断发展，企业业绩和企业竞争力的评价方法和技术得到完善，同时为评价企业发展提供了新思路。企业发展评价的核心是选取评价指标，指标的选取随着企业所处的内外部环境变化而发展变化，是一个动态完善的过程。国内外专家学者很早就对企业发展评价的相关问题进行了研究，并取得了丰硕的研究成果。

1. 有关企业业绩评价理论的研究

在国外企业业绩评价理论的发展过程中，评价指标的选取经历了由最初仅考虑企业成本指标过渡到财务指标，演变为将财务指标与非财务指标共同纳入评价体系的三个阶段，分别对应着成本业绩评价、财务业绩评价和战略综合业绩评价三个时期。20 世纪初期，被誉为“科学管理之父”的泰勒建立了标准成本制度，标准成本的执行情况和差异分析结果成为该时期企业业绩评价的主要指标，反映了单一性企业组织的经营管理需要。20 世纪 80 年代之前，综合性大企业的快速发展对业绩评价体系提出了更高的要求，因而，杜邦公司设计了杜邦分析法，通过利用财务指标来综合分析企业财务状况，即从财务角度评价企业绩效。直到 90 年代，为了实现企业的战略目标，企业业绩评价体系应服务于企业战略竞争优势的形成和保持，并且对企业战略经营有重要影响的多个因素也应体现在企业业绩评价体系中。

20 世纪 90 年代至今的战略综合业绩评价时期比较有影响力的评价理论或方法不胜枚举。Emmanuel 等（1990）依据“权变管理理论”（Contingency Theory of Management），采用定量和定性指标相结合的综合评价法，建立的“业绩计量体系”（Performance Measure），能有合理有效地反映企业经营绩效状况。Stewart（1991）提出的经济增加值（Economic Value Added，EVA）指标，是企业税后营利利润扣除全部资本成本后的余额，是对“剩余收益”指标进行改进得到的经济利润指标，用以衡量企业价值。Kaplan & Norton（1992）发明的“平衡计分卡”（Balanced Score Card，BSC）法则通过财务、客户、内部业务流程、学习与成长 4 个维度指标之间相互驱动的因果关系来刻画企业的综合绩效。Needly & Adams（2003）认为应围绕利益相关者的价值取向进行企业绩效评价，需要从利益相关者的能力、需求、企业贡献、战略定位和流程设计5个方面考虑，构建了“绩效三棱镜体系”（Performance Triprism System）。Hall（2004）的“四尺度”模型将非财务因素引入企业的业绩评价系统，认为评价企业的业绩需要以4个尺度为标准——质量、作业时间、资源利用和人力资源的开发，并且企业可以通过上述4个尺度进行改进，以减少竞争风险。

随着我国企业的不断改革与发展，国内企业业绩评价理论历经曲折的过程。20世纪70年代，企业业绩评价以实物的数量为考核标准；80年代主要以企业产值和净利润指标作为参考；90年代，依据资产收益率（ROA）和净资产收益率（ROE）等投资回报率指标进行企业业绩评价。自进入21世纪，我国经济体制改革的不断深化对企业监督机制的调整提出了要求，国资委于2006年底发布了修订后的《中央企业负责人经营业绩考核暂行办法》。至此，我国初步建成了财务指标与非财务指标相结合的新型企业业绩评价指标体系。国内专家学者在研究中对企业业绩评价不断进行创新突破。孙国茂（2002）认为公司价值是公司经营和发展的目标函数，理论上公司价值等于公司股权价值和公司债权价值，但实际上公司财务指标和公司治理指标等会影响公司价值。因此，在构建企业发展评价指标体系时可以综合考虑公司财务指标与公司治理指标。王建宁（2009）在研究中对中央企业绩效进行评价时，从盈利能力、资产质量、债务风险和经营增长这几个方面考虑选取指标。叶倩倩（2013）建立了中小企业动态业绩评价的指标体系，从盈利能力、偿债能力、营运能力、成长能力、股本扩张、现金流量这几个方面考虑，最终确定12个二级指标构成指标体系。张连起（2015）将平衡计分卡、经济增加值和作业成本法等普适性方法融入企事业单位的业绩评价，建立以企业战略目标为基础，以管理会计方法为手段，将战略规划、经营方针、预算和业绩考核相结合的业绩评价体系。殷俊明（2016）在对企业业绩采用平衡计分卡进行评价时，为保证评价的准确性，采用模糊综合评价方法。冷克平等（2016）则通过灰色关联度模型进行指标的选取和评价，将其应用到制造业企业的 BSC 业绩评价中，并推广应用到相关适用行业。段敏（2017）认为在构建 EVA-BSC 相结合的业绩评价体系时，应包括研究、开发能力等评价指标，要注重对科技投入和研发创新等方面的评价。

2. 有关企业竞争力评价的研究

美国《财富》杂志在研究企业发展潜力时，为体现企业的综合竞争力，通过创新能力、服务质量、管理质量、社会责任感、吸引人才和留住人才的能力、整合资产的能力、国际运作能力、投资评估 8 个方面建设评价体系来评价企业的持续生存能力。《福布斯》杂志每年以被评价公司的营业额、利润、资产额和股票市值作为评价指标。跨国公司内企业竞争力评价主要从盈利能力、经营能力、财务结构三大方面展开。Prencipe & Patel（1997）认为创新一直是提高企业效益的关键，所以关于技术的创新对于企业竞争力而言是很重要的。同时可以利用专利技术的数目和投入产出比来对企业竞争力进行评价。Coombs 和 Rod（2005）认为对于一个企业来说，研发能力是影响企业的产品在市场中是否具有竞争力的最关键的因素，研发水平如何对企业至关重要。Thomas 等（2007）在竞争力与竞争力方法的概念模型的基础上，构建了组织能力、创新能力和业绩等几个体系，用于不同领域和行业企业竞争力的比较研究。Agha 等（2012）对企业的竞争力、竞争优势与组织绩效之间的关系进行了探讨，肯定了知识在企业竞争力中的重要性。Tomas 等（2014）指出内部协调组织能力和外部关系处理能力能够为企业创造竞争力。Corazza 等（2016）运用“多标准决策分析”（Multi-criteria decision analysis），揭示中小企业部门衰退的早期信号。

冒乔玲（2002）在构建企业成长性评价指标体系时从安全性、前瞻性和相关者利益三个层面考虑，具体来说从企业的经营、财务管理、人力资本、创新能力及相关者利益等方面选取指标。郭蕊（2006）提出从宏观、中观和微观层面设计企业发展评价体系，从社会宏观、产业、制度、技术、财务 5 个维度，涵盖环境意识、社会贡献、行业发展、创新活力、组织结构、偿债能力、运营能力等 20 个细分指标。李旭熙和林美华（2009）提出评价企业发展能力的指标要分为两类：一类是反映资产负债表中资产增长的指标，有总资产增长率与固定资产增长率等；另一类是反映损益表中通过运用资产促使收入利润增长的指标，有主营业务收入增长率、营业利润增长率和净利润增长率等。顾艳辉（2011）通过实证研究方式探究研发投入给企业成长性带来的影响，用主营业务利润增长率、税后利润率和净资产增长率等指标来衡量企业成长性。胡鞍钢（2013）构建了国有企业竞争力评价的“五角星”模式，包括做大规模、做强效益、做优创新、做绿环保、做和谐；具体指标有净资产收益率、销售收入增长率、资产周转率、速动比率等。司玉辰（2013）认为在构建中小企业发展评价体系时，要将短期水平与长期效益相结合、将静态指标与动态指标相结合，提出从投入、过程、产出、环境4个维度选用31个二级指标设计评价体系。曾晓宏（2015）从管理、创新、人力、市场等方面提取影响科技型中小企业竞争力的因素，构建符合科技型中小企业又体现竞争力的指标体系。王晓燕（2017）针对该企业以企业价值最大化为战略目标的特点，从财务、学习与成长、价值链运作和社会效应4个维度构建绩效评价体系，提高企业的经营绩效与核心竞争力。李雪梅（2018）在研究中以东北地区上市民营企业为样本，以资源基础理论和核心竞争力理论为基础，采取层次分析法，将定性分析手段与定量分析手段相结合，探究影响民营企业核心竞争力的重要因素，获取4个准则层要素及14个指标，进行计算统计并分析结果，对于东北地区民营企业培育自身的核心竞争力具有一定的指导意义。目前，我国采用制造业采购经理人指数（PMI）、企业景气指数、企业家信心指数、企业商品交易价格指数、渣打中国中小企业信心指数（SMEI）等来观测企业的内外部发展环境的变化情况。

（二）中小企业发展指数指标体系构建

现有研究对企业发展评价指标体系的构建逐渐由以财务指标为核心的评价体系演变为将财务指标与非财务指标综合考虑的评价体系。国内专家学者对企业发展的研究主体由中央企业、国有企业逐步转移到规模日益壮大的中小企业部门，但仍未对中小企业发展评价指标体系的构建达成共识。由于区域间经济金融发展差异化显著，中小企业部门发展状况各异。中小企业是区域经济金融发展的主要推动力，因而，对区域中小企业发展的相关研究意义重大。本报告在现有研究的基础上，构建评价山东中小企业发展的指标体系，编制“山东省中小企业发展指数”。该指数是一个纯客观的、综合性的、全量化的指数，它既能准确反映企业的获利能力和潜在成长能力，也能反映企业生存环境的变化。

2006 年 1 月 17 日，浙江省中小企业局发布《2005 浙江省中小企业发展报告》，对推动当地中小企业转型具有指导性。2013 年 12 月 1 日，由浙江省经信委企业规划处指导，省中小企业发展促进中心具体承担，张金如主编的《2013 浙江省中小企业发展报告》出版，该报告首次基于浙江省统计局和浙江省小微企业培育与监测平台的原始数据编制浙江省小微企业发展指数。该指数的指标体系主要从财务角度选取了反映内部资源、股东情况、财务状况、生产经营效益和企业规模 5 个方面的 13 个指标。2014 年由赵有广主编的《安徽中小企业发展研究报告（2014）》和 2016 年由内蒙古中小企业发展研究基地编写的《内蒙古自治区中小企业发展研究报告（2016）》分别对地区中小企业发展现状进行概述分析，但两者存在一个共性问题：都未提及评价中小企业发展能力的指标体系。随着数字化、信息化和智能化技术在中小企业的运用，企业的发展不再单纯地由成本和质量决定，宏观经济状况和社会营商环境的变化对中小企业的影响日益加深。因此，对中小企业发展情况进行评价时必然要多角度考虑。

山东中小企业发展评价指标体系涵盖微观指标、宏观经济指标和社会指标三个层面。微观层面从能够反映企业投入产出的经营效益视角切入，主要取自企业财务报表，具体包括销售收入、净利润、销售收入利润率、净资产、负债率偏离度、总资产收益率、劳动生产率和研发费用占销售收入的比重。由于新三板市场相对成熟，且绝大多数挂牌企业为中小企业，因此，选取三板成指指标反映中小企业在二级市场的生存能力。宏观经济层面基于中小企业营商经济环境考虑，选取非公企业投资、企业家数、融资成本、民营经济占比、社会融资规模、PMI、发明专利数量、税收收入、高新技术企业数量9个二级指标。社会层面是对中小企业发展所处的社会经济环境进行量化，含社会消费品零售总额、失业率、创业板指数、CPI 4个二级指标。从失业人口、消费者、投资者的经济行为角度，刻画中小企业的成长环境。现将山东中小企业发展评价指标体系的具体指标构成及指标解析展示在表1中。

表1　山东中小企业发展评价指标体系

序号	一级指标	指标名称	指标性质	指标解析
1	微观指标	销售收入	正向	产品销售或提供劳务所获得货币收入(万元)
2		净利润	正向	利润总额 - 所得税(万元)
3		销售收入利润率	正向	利润总额/销售收入×100%(%)
4		净资产	正向	所有者权益,即资产总额 - 负债(万元)
5		负债率偏离度	负向	(国有企业资产负债率 - 中小企业资产负债率)/国有企业资产负债率×100%(%)
6		总资产收益率	正向	净利润/平均资产总额×100%(%),其中,平均资产总额=(年初资产总额+年末资产总额)/2
7		劳动生产率	正向	营业收入/平均从业人数(万元/人),其中,平均从业人数=(年初从业人数+年末从业人数)/2
8		研发费用占销售收入的比重	正向	研发费用支出/销售收入×100%(%)
9		三板成指	正向	反映新三板市场运行情况的指数
10	宏观经济指标	非公企业投资	正向	非国有企业固定资产投资,指集体、私营、个人性质的内资企事业单位及其控股的企业单位在山东建造或购置固定资产的民间投资(亿元)
11		企业家数	正向	山东拥有的中小企业数量(万户)
12		融资成本	负向	上海银行间同业拆借利率×50% + P2P网络借贷平均综合年利率×50%(%)
13		民营经济占比	正向	民营经济增加值/GDP(%)
14		社会融资规模	正向	一个会计年度内山东实体经济从金融体系获得的全部资金总额(亿元)
15		PMI	正向	制造业采购经理人指数
16		发明专利数量	正向	山东拥有的企业发明专利数量(件)
17		税收收入	正向	企业缴纳的税收(亿元)
18		高新技术企业数量	正向	山东拥有的高薪技术企业数量(家)

续表

序号	一级指标	指标名称	指标性质	指标解析
19	社会指标	社会消费品零售总额	正向	一个会计年度内国民经济各部门向消费者出售的消费品的金额总和(万元)
20		失业率	负向	失业人口占劳动人口的比例(%)
21		创业板指数	正向	反映创业板市场运行情况的指数
22		CPI	负向	居民消费价格指数,衡量居民家庭部门所购买的消费品价格水平变动

（三）指标权重确定

一个指标体系由若干个具体指标组成，在确定权重时忽略指标间可能存在的相关性问题会导致指标体系的准确性和科学性下降，使指数测算产生偏误。在综合考量各种赋权办法及各种指标间的相互关系后，我们选择相对科学易行的专家打分法①。专家打分法又被称为德尔菲法（Delphi Method），是广泛征求专家意见，由专家直接根据经验并考虑评价观点后定出权重，经反复多次的信息交流和反馈修正，使评价意见逐步趋于一致，一般被用于信息不能准确量化和数据搜集困难的评价中。具体实施步骤如下。

（1）在全国范围内，选择邀请长期从事中小企业或经济金融领域研究工作的专家共10人，组成一个具有权威性的专家打分团队。

（2）对指标权重确定规则达成统一后，由各位专家独立为评价体系中的22个指标打分赋权。单个指标得分占全部指标得分总和的比重，即为该指标的权重。

（3）汇总各位专家打分赋权的结果，并计算各指标权重的均值和标准

① 现有的赋权方法分为主观赋权和客观赋权。主观赋权是人们对分析对象的各个要素按重要程度，依据经验主观确定权重，如专家打分法、层次分析法。客观赋权是指经过对实际发生的资料进行整理和计算，得出具体数值进行赋权，如变异系数法、熵值法、主成分分析法。

误差。

（4）由各位专家在计算结果的基础上再次确定权重。

重复上述步骤（3）和（4），误差范围规定是各指标权重与其均值的离差低于20%，表明专家团队就赋权结果的意见基本达成共识，并确定最终赋权结果。表2为运用专家打分法确定的评价体系指标权重的最终结果。

表2 山东中小企业发展评价指标权重

单位：%

序号	一级指标	指标名称	权重
1	微观指标(50)	销售收入	10
2		净利润	10
3		销售收入利润率	5
4		净资产	5
5		负债率偏离度	5
6		总资产收益率	5
7		劳动生产率	5
8		研发费用占销售收入的比重	2.5
9		三板成指	2.5
10	宏观经济指标(40)	非公企业投资	10
11		企业家数	5
12		融资成本	5
13		民营经济占比	5
14		社会融资规模	2.5
15		PMI	2.5
16		发明专利数量	2.5
17		税收收入	2.5
18		高新技术企业数量	5
19	社会指标(10)	社会消费品零售总额	2.5
20		失业率	2.5
21		创业板指数	2.5
22		CPI	2.5

二 2018年山东中小企业发展指数计算

由于大多数中小企业未进入资本市场，财务核算制度不健全，没有严格的信息披露要求。财务数据大多未经过第三方审计，真实性、准确性、权威性、及时性难以得到保证。因此，我们在计算山东2018年中小企业发展指数时，综合考虑数据的普遍性、客观性及真实性，采用山东新三板挂牌企业中符合由工信部、国家统计局、国家发改委、财政部四部门2011年联合发布的《关于印发中小企业划型标准规定的通知》（工信部联企业〔2011〕300号）分类标准的510家企业作为研究样本来测算微观指标数据，再通过对山东省统计局、山东省财政厅等公开数据的搜集、汇总获得全省宏观经济指标和社会指标（见表3）。最后，经过对指标做正向化、标准化处理后计算2018年山东中小企业发展指数并得出结论。

在编制2017年山东省中小企业发展指数时依据与2018年相同的标准原则，筛选出符合要求的540家样本企业。过去一年，由于部分中小企业存在摘牌、退市或企业规模发生变动等情况，2018年筛选出的样本企业数量与2017年存在数量上的差异。2018年的指数沿用循环增长率法进行编制，该方法的特征是本期指数的测算需要以上一期计算的指数为基期指数，为了保证2018年与2017年微观指标数据统计口径的一致性，我们必须重新按照2018年的510家样本公司统计2017年的各项微观指标数值。

表3 山东中小企业发展评价指标数据（2017～2018年）

序号	一级指标	指标名称	2018年	2017年
1	微观指标	销售收入(万元)	8259746.47	7397548.24
2		净利润(万元)	387125.91	415005.53
3		销售收入利润率(%)	5.79	6.80
4		净资产(万元)	4798218.62	4413503.21
5		负债率偏离度(%)	27.13	28.59
6		总资产收益率(%)	4.54	5.42
7		劳动生产率(万元/人)	81.80	73.80
8		研发费用占销售收入的比重(%)	3.54	3.54
9		三板成指	954.81	1275.32

续表

序号	一级指标	指标名称	2018 年	2017 年
10	宏观经济指标	非公企业投资(亿元)	43764.37	42040.70
11		企业家数(万户)	261.30	225.00
12		融资成本(%)	6.41	6.87
13		民营经济占比(%)	50.55	50.77
14		社会融资规模(亿元)	9225.00	8497.71
15		PMI	49.40	51.60
16		发明专利数量(件)	87362	74590
17		税收收入(亿元)	4897.90	4419.30
18		高新技术企业数量(家)	8912.00	6300.00
19	社会指标	社会消费品零售总额(万元)	366101588.60	336490430.70
20		失业率(%)	3.35	3.40
21		创业板指数	1250.53	1752.65
22		CPI	102.50	100.00

资料来源：Wind、全国中小企业股份转让系统、第一网贷、中国人民银行、山东省统计局、山东省市场监督管理局、山东省科技厅、齐鲁财富网。

（一）指数计算

本报告构建的山东省中小企业发展评价指标体系共包括 22 个二级指标，按照指标性质划分，其中包括 18 个正向指标和 4 个负向指标。首先，需要对负向指标采用取倒数的方法做正向化处理。其次，由于各指标的经济学意义和计量单位不同，不能进行直接比较分析，因此，计算全部指标的增长率，计算公式为：

$$P_i = \frac{X_i - X_{i-1}}{X_i} \times 100\% \qquad (1)$$

其中，P_i为第 i 个指标的增长率，X_i是报告期的指标数值，X_{i-1}则表示基期的指标数值。最后，综合考虑指标增长率和权重，依据公式（2）逐年连续地计算年度指数。

$$报告期指数 = 上期指数 \times (1 + \sum W_i \times P_i) \qquad (2)$$

其中，W_i表示第 i 个指标的权重。延用计算 2017 年山东省中小企业发展指数时采用的循环增长率法（2017 年 = 107.96），计算 2018 年指数。利用式（2）及表 4 数据计算得出 2018 年山东省中小企业发展指数为 111.71。

表 4　山东中小企业发展评价指标的 P_i 和 W_i（2017 ~ 2018 年）

单位：%

一级指标	指标名称	P_i	W_i
微观指标	销售收入	11.66	10
	净利润	-6.72	10
	销售收入利润率	-14.85	5
	净资产	8.72	5
	负债率偏离度	5.38	5
	总资产收益率	-16.24	5
	劳动生产率	10.84	5
	研发费用占销售收入的比重	0.00	2.5
	三板成指	-25.13	2.5
宏观经济指标	非公企业投资	4.10	10
	企业家数	16.13	5
	融资成本	7.18	5
	民营经济占比	-0.43	5
	社会融资规模	8.56	2.5
	PMI	-4.26	2.5
	发明专利数量	17.12	2.5
	税收收入	10.83	2.5
	高新技术企业数量	41.46	5
社会指标	社会消费品零售总额	8.80	2.5
	失业率	1.49	2.5
	创业板指数	-28.65	2.5
	CPI	-2.44	2.5

（二）结论

编制山东省中小企业发展指数的目的，是为了长期追踪山东中小企业的发展情况。我们已经连续两年测算得出山东省中小企业发展指数。2018 年的发展指数为111.71，较2017年增长了3.47%，这表明山东中小企业发展整体向好。2017年的发展指数为107.96，较2016年增长了7.96%。不难发现，2018年指数增幅较2017年出现下降（见图1）。

究其原因，2018年，山东经济运行总体保持平稳，新旧动能转换发挥作用，再加上政府支持民营经济、促进中小企业发展的政策频出，中小企业发展赖以生存的营商环境显著优化，从整体来看，山东中小企业发展势头较好。但是，山东区域经济发展依然存在产业结构不优、质量效益不高以及发展不均衡的问题，这些问题严重制约了经济发展，成为全面提升综合竞争力的桎梏。此外，虽然政府不断出台相关扶持政策，但由于受到多方面因素的影响，政策落实效果有待提升，全省中小企业发展的营商环境仍有进一步优化的空间。通过2018年指数增长幅度下降可以看出山东中小企业的发展存在压力。

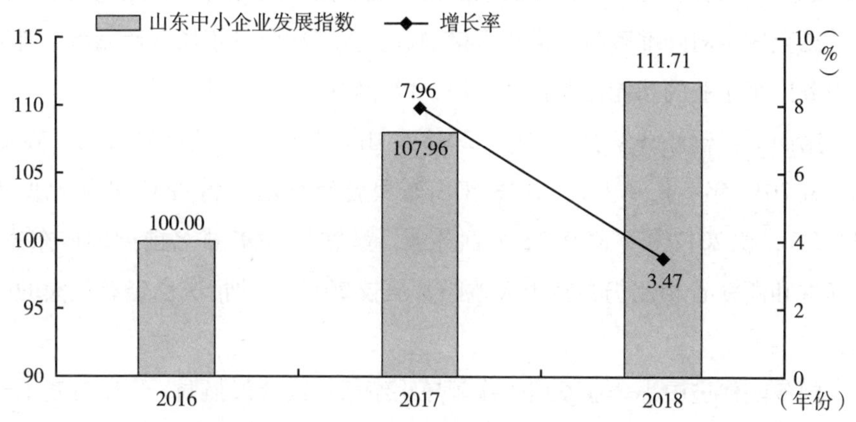

图1　山东中小企业发展指数及增长率变化（2016~2018年）

通过对2018年和2017年的具体指标数值进行对比分析，发现有11个指标数值上升，10个指标的数值出现不同幅度的下降，仅有研发费用占销售收入的比重这个指标没有发生变化。山东中小企业的发展具有以下几点特征。

第一，中小企业发挥作用显著。2018年山东的税收收入为4897.9亿元，较2017年增长了10.83%；发明专利数量为87362件，增长了17.12%；失业

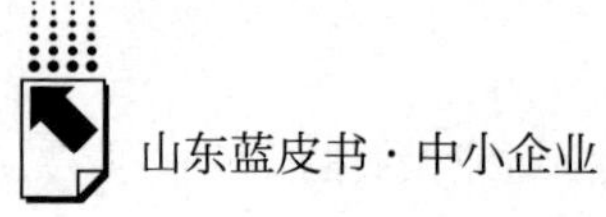

率指标出现了小幅下调，由 3. 40% 下降为 3. 35%。反映出中小企业在增加财政税收、提高就业率以及促进技术创新方面发挥的作用显著。

第二，中小企业盈利能力整体偏弱。2018 年山东全部实有中小企业家数为 261. 30 万户，较 2017 年增加了 36. 30 万户。从样本企业的微观数据可得，销售收入和净资产两者均较 2017 年出现增长。由此可见，山东中小企业的整体规模呈现不断扩大的趋势。但是，样本企业的净利润、销售收入利润率和总资产收益率指标均出现下降，反映出山东中小企业的盈利能力整体偏弱。

第三，中小企业融资问题得到部分缓解。负债偏离度和融资成本指标下降，表明中小企业的融资贵问题得到部分缓解，从间接渠道获取资金较多，同时反映出山东普惠金融发展取得了成果。但从三板成指和创业板指数来看，2018 年三板成指为 954. 81，较 2017 年同期下降 25. 13%；2018 年创业板指数为 1250. 53，较 2017 年同期下降 28. 65%。这从侧面反映出，资本市场不景气，投资者对二级市场股票的认可度不高。由此看来，应该进一步落实普惠金融定向降准政策，强化直接融资，多层次资本市场有待完善，科创板服务中小企业的功能需要持续发挥，以纾解中小企业难题。

第四，民营经济发展有起色。2018 年山东非公企业投资为 43764. 37 亿元，较 2017 年增长 4. 1%。2018 年山东民营经济增加值占 GDP 的比值为 50. 55%，比 2017 年下降 0. 22 个百分点，虽然与 GDP 排名前列的广东省、江苏省和浙江省相比仍存在很大差距，但较 2017 年的情况已经有很大的改善。

国务院促进中小企业发展工作领导小组第一次会议强调，要坚持基本经济制度，对国有和民营经济一视同仁，对大中小企业平等对待，把工作重点放到为企业发展创造环境上来，要抓紧解决当前中小企业发展中的突出问题。国家和省政府应合力优化中小企业发展的营商环境，中小企业应该做到主动融入国家发展战略和山东发展规划，汇聚各类创新资源，不断适应市场环境变化，努力成长为优质创新型中小企业。

附　　录

Appendix

B.10 山东省样本公司数据列表

场外市场挂牌企业

所属板块	股票代码	股票简称	城市	注册资本（万元）	总资产（万元）	净资产（万元）	营业收入（万元）	利润总额（万元）	净利润（万元）	总负债（万元）	资产负债率（%）	销售利润率（%）	总资产收益率（%）	净资产收益率（%）
新三板	833831. OC	鲁华泓锦	淄博	44540. 00	204279. 20	125738. 83	261030. 74	7330. 64	6627. 90	78540. 37	38. 74	2. 81	3. 31	5. 41
新三板	839122. OC	隆华新材	淄博	36000. 00	66813. 01	48061. 65	179452. 48	6214. 93	5308. 85	18751. 36	27. 65	3. 46	8. 45	11. 68
新三板	833838. OC	美世创投	济南	24100. 00	41528. 10	40965. 84	189. 39	-2278. 03	-2132. 71	562. 26	1. 30	-1202. 85	-5. 01	-5. 07

续表

所属板块	股票代码	股票简称	城市	注册资本（万元）	总资产（万元）	净资产（万元）	营业收入（万元）	利润总额（万元）	净利润（万元）	总负债（万元）	资产负债率（%）	销售利润率（%）	总资产收益率（%）	净资产收益率（%）
新三板	831439. OC	中喜生态	滨州	24000. 00	70262. 20	52026. 38	18324. 73	2313. 13	2313. 12	18235. 82	25. 96	12. 62	3. 37	4. 55
新三板	835902. OC	科盾科技	烟台	23904. 31	—	—	24424. 38	7799. 88	—	—	—	31. 93	—	—
新三板	838849. OC	东岳机械	临沂	21015. 00	71681. 09	30717. 58	32380. 65	2336. 71	1879. 83	40963. 50	54. 03	7. 22	2. 89	6. 29
新三板	832276. OC	翔宇药业	临沂	19172. 60	109664. 34	58137. 47	37452. 37	1711. 99	1460. 34	51526. 87	55. 13	4. 57	1. 28	2. 86
新三板	832029. OC	金正食品	烟台	16800. 00	44888. 68	43731. 96	38566. 83	-2890. 56	-2890. 56	1156. 73	2. 74	-7. 49	-6. 22	-6. 40
新三板	838564. OC	康平铁科	青岛	16376. 00	63297. 99	34295. 56	45535. 59	5984. 20	5413. 26	29002. 43	43. 02	13. 14	9. 28	16. 29
新三板	834270. OC	远大特材	德州	15500. 00	58021. 13	32915. 45	13520. 83	-1525. 04	-1638. 12	25105. 68	41. 75	-11. 28	-2. 83	-4. 86
新三板	835517. OC	宏祥新材	德州	15300. 00	72061. 49	43039. 15	23308. 72	796. 92	788. 85	29022. 34	42. 70	3. 42	1. 06	1. 85
新三板	836596. OC	鲁新新材	济南	15000. 00	39791. 04	28587. 92	50616. 32	756. 55	606. 52	11203. 12	22. 50	1. 49	1. 66	2. 14
新三板	831668. OC	天元小贷	聊城	15000. 00	21415. 78	20144. 12	3249. 93	2647. 88	1984. 07	1271. 66	13. 18	81. 48	8. 66	9. 97
新三板	873140. OC	易通城建	济南	14300. 00	37589. 30	19953. 90	8420. 90	402. 16	299. 47	17635. 39	39. 67	4. 78	0. 91	1. 51
新三板	835776. OC	招金励福	烟台	13800. 00	124545. 17	64007. 50	843604. 69	10991. 74	8232. 59	60537. 67	52. 06	1. 30	6. 51	13. 58
新三板	834428. OC	蓝孚高能	济南	13038. 00	50978. 47	40537. 88	2816. 25	-2470. 14	-2437. 58	10440. 59	20. 86	-87. 71	-4. 30	-5. 43
新三板	831129. OC	领信股份	日照	12762. 60	41528. 41	38208. 55	27786. 37	6261. 43	5625. 51	3319. 86	7. 94	22. 53	14. 63	15. 89
新三板	430510. OC	丰光精密	青岛	12458. 14	23904. 21	18546. 01	18320. 59	2482. 19	2205. 62	5358. 19	22. 96	13. 55	9. 75	12. 65
新三板	872972. OC	山大电力	济南	12216. 00	38802. 47	16438. 35	28729. 74	4231. 09	4094. 68	22364. 12	59. 52	14. 73	12. 33	30. 46
新三板	839288. OC	荣鑫科技	威海	12000. 00	32151. 12	24374. 74	25288. 19	939. 31	879. 50	7776. 38	28. 41	3. 71	3. 05	4. 27
新三板	831278. OC	泰德股份	青岛	11820. 60	34037. 14	22939. 16	22409. 07	3595. 67	3196. 75	11097. 98	35. 40	16. 05	10. 48	16. 23
新三板	832532. OC	大亚股份	淄博	11430. 00	60104. 10	25203. 06	64121. 54	565. 51	458. 62	34901. 03	57. 99	0. 88	0. 77	1. 84
新三板	832620. OC	中安股份	济南	11360. 00	34694. 49	15092. 99	14796. 74	793. 83	788. 25	19601. 49	53. 02	5. 36	2. 52	5. 36

续表

所属板块	股票代码	股票简称	城市	注册资本（万元）	总资产（万元）	净资产（万元）	营业收入（万元）	利润总额（万元）	净利润（万元）	总负债（万元）	资产负债率（%）	销售利润率（%）	总资产收益率（%）	净资产收益率（%）
新三板	872731. OC	德石股份	德州	11277. 78	74209. 77	50950. 15	34845. 21	4894. 89	4203. 70	23259. 63	26. 82	14. 05	6. 27	8. 57
新三板	835968. OC	科创蓝	青岛	11063. 33	40188. 40	29599. 73	3958. 11	-881. 93	-826. 79	10588. 67	30. 20	-22. 28	-1. 92	-2. 75
齐鲁股交	100153. QLE	昊安金科	威海	11060. 00	17804. 04	6593. 11	2314. 13	-780. 09	-780. 09	11210. 93	61. 64	-33. 71	-4. 41	-11. 50
新三板	430680. OC	联兴科技	潍坊	11046. 54	163798. 07	44767. 20	98307. 19	983. 93	571. 84	119030. 87	73. 76	1. 00	0. 33	1. 25
齐鲁股交	100301. QLE	华宝食品	潍坊	11000. 00	29664. 58	27529. 50	300002. 56	3790. 19	3791. 19	2135. 08	14. 22	1. 26	12. 69	14. 79
新三板	870257. OC	龙冈旅游	临沂	10790. 00	39145. 13	33357. 11	16345. 58	9467. 76	7071. 53	5788. 03	13. 89	57. 92	19. 22	22. 32
新三板	832597. OC	中移能	济南	10775. 00	29710. 62	13812. 31	9511. 76	426. 75	537. 37	15898. 31	53. 96	4. 49	1. 83	3. 97
新三板	871975. OC	百年堂	聊城	10356. 69	29721. 99	15234. 33	7127. 70	148. 39	122. 28	14487. 66	43. 62	2. 08	0. 45	0. 81
新三板	833273. OC	蓝思种业	日照	10157. 07	20873. 90	12084. 97	4950. 37	-4982. 14	-4982. 14	8788. 93	41. 02	-100. 64	-20. 16	-34. 18
齐鲁股交	301967. QLE	乾诚股份	淄博	10100. 00	10467. 05	9524. 11	235. 98	-134. 63	-53. 37	942. 95	9. 42	-57. 05	-0. 51	-0. 56
齐鲁股交	300535. QLE	华光防水	潍坊	10098. 00	18277. 00	14065. 00	15478. 00	1576. 00	1248. 00	4211. 00	19. 22	10. 18	7. 50	9. 28
新三板	830832. OC	齐鲁华信	淄博	10037. 35	52382. 22	33711. 93	52903. 05	5851. 18	5024. 59	18670. 29	35. 69	11. 06	9. 80	15. 24
新三板	832308. OC	旺盛生态	济南	10032. 00	46277. 48	17318. 70	26366. 28	3748. 31	3391. 78	28958. 78	60. 80	14. 22	8. 51	21. 71
新三板	870869. OC	比特智能	日照	10020. 00	19987. 64	15541. 80	16693. 30	1193. 13	1173. 15	4445. 84	21. 92	7. 15	5. 88	7. 53
新三板	870991. OC	鑫丰种业	聊城	10018. 00	12135. 52	10025. 33	6851. 85	-222. 28	-222. 28	2110. 18	18. 73	-3. 24	-1. 78	-2. 19
新三板	870711. OC	泰莱电气	莱芜	10010. 00	26703. 37	12515. 81	10428. 27	-79. 42	-40. 05	14187. 56	50. 24	-0. 76	-0. 16	-0. 32
新三板	839711. OC	凯盛新材	淄博	10000. 00	52277. 69	46131. 08	69809. 05	7772. 92	6729. 30	6146. 61	12. 14	11. 13	13. 10	14. 91
新三板	836448. OC	民和生物	烟台	10000. 00	28502. 51	6362. 60	4727. 27	-2783. 51	-2783. 51	22139. 91	75. 08	-58. 88	-8. 94	-35. 90
新三板	833394. OC	民士达	烟台	10000. 00	26328. 37	22390. 11	11223. 44	1854. 15	1635. 71	3938. 26	15. 66	16. 52	6. 40	7. 58
新三板	834339. OC	东方贷款	济南	10000. 00	13876. 92	12094. 47	1750. 57	1160. 42	869. 97	1782. 45	15. 80	66. 29	6. 15	7. 30

续表

所属板块	股票代码	股票简称	城市	注册资本（万元）	总资产（万元）	净资产（万元）	营业收入（万元）	利润总额（万元）	净利润（万元）	总负债（万元）	资产负债率（%）	销售利润率（%）	总资产收益率（%）	净资产收益率（%）
新三板	833995. OC	黄河文化	滨州	10000. 00	11793. 73	9832. 61	2877. 46	-2361. 98	-2400. 31	1961. 13	13. 61	-82. 09	-18. 80	-21. 76
新三板	837207. OC	沃特佳	济南	9981. 18	16682. 98	10399. 92	10108. 10	365. 28	331. 15	6283. 06	33. 96	3. 61	2. 14	3. 24
新三板	839034. OC	优优木业	临沂	9900. 00	18956. 27	12441. 25	16760. 84	720. 36	724. 45	6515. 02	29. 12	4. 30	4. 25	6. 00
新三板	871018. OC	华菱电子	威海	9560. 00	37728. 83	31778. 15	43956. 75	7415. 90	6843. 09	5950. 68	16. 44	16. 87	19. 35	23. 16
新三板	836800. OC	海钰生物	济宁	9506. 64	47804. 96	37967. 88	21894. 56	5847. 45	4947. 09	9837. 08	24. 69	26. 71	11. 56	15. 36
新三板	430395. OC	ST 奥盖克	青岛	9500. 00	20777. 52	-3513. 78	19263. 19	-3643. 97	-3643. 97	24291. 30	107. 86	-18. 92	-16. 93	215. 39
新三板	832076. OC	泰鹏环保	泰安	9100. 00	31114. 70	15358. 40	29821. 44	2003. 93	1784. 82	15756. 30	53. 20	6. 72	5. 67	12. 11
新三板	836853. OC	海王股份	潍坊	9000. 00	124973. 05	43948. 86	101120. 66	9558. 38	6669. 93	81024. 20	64. 37	9. 45	5. 79	16. 25
新三板	833610. OC	山东天力	济南	8980. 00	33660. 53	11544. 64	9307. 26	-1574. 01	-1481. 54	22115. 89	62. 80	-16. 91	-4. 48	-12. 05
新三板	870316. OC	明大科技	聊城	8967. 00	13651. 76	12343. 56	13043. 44	730. 05	641. 27	1308. 20	12. 30	5. 60	4. 47	5. 09
新三板	837022. OC	雄狮装饰	枣庄	8800. 00	67492. 06	25721. 99	61503. 64	2378. 52	2101. 48	41770. 07	66. 22	3. 87	2. 87	8. 50
新三板	838820. OC	普利思	济南	8800. 00	27046. 47	16356. 13	18714. 59	3019. 36	2263. 55	10690. 35	34. 88	16. 13	9. 68	14. 87
新三板	835181. OC	中阳股份	东营	8736. 00	29147. 31	15319. 40	50166. 91	2089. 23	1532. 21	13827. 91	48. 49	4. 16	5. 45	10. 59
新三板	831304. OC	迪尔化工	泰安	8676. 00	18088. 30	12358. 35	27074. 70	2380. 31	1748. 15	5729. 94	29. 26	8. 79	10. 36	14. 64
新三板	832419. OC	路斯股份	烟台	8580. 00	28667. 43	20959. 76	33912. 49	5140. 51	4437. 58	7707. 68	35. 43	15. 16	15. 37	23. 80
新三板	872704. OC	锦城股份	德州	8522. 74	33674. 87	11007. 63	37868. 19	-193. 78	-204. 10	22667. 23	68. 40	-0. 51	-0. 57	-1. 79
新三板	833225. OC	赛特股份	淄博	8509. 80	18755. 19	17055. 60	5117. 17	-226. 75	-111. 28	1699. 59	9. 16	-4. 43	-0. 59	-0. 65
新三板	831509. OC	中科英泰	青岛	8456. 00	32462. 22	16441. 42	28462. 52	4389. 83	3624. 21	16020. 81	42. 27	15. 42	13. 91	24. 09
新三板	430609. OC	中磁视讯	济南	8443. 00	105979. 97	80681. 48	44686. 21	11703. 67	10158. 48	25298. 49	22. 15	26. 19	10. 46	13. 44
新三板	832220. OC	海德尔	烟台	8400. 00	24077. 84	11215. 11	1856. 50	-7324. 46	-7324. 98	12862. 73	46. 60	-394. 53	-26. 29	-49. 23

续表

所属板块	股票代码	股票简称	城市	注册资本（万元）	总资产（万元）	净资产（万元）	营业收入（万元）	利润总额（万元）	净利润（万元）	总负债（万元）	资产负债率（%）	销售利润率（%）	总资产收益率（%）	净资产收益率（%）
新三板	831195. OC	三祥科技	青岛	8380. 00	56621. 60	23791. 64	56719. 29	-5282. 55	-5916. 88	32829. 96	55. 93	-9. 31	-9. 82	-22. 28
新三板	872461. OC	山东京普	临沂	8376. 50	24736. 25	20074. 62	11942. 54	3758. 68	2807. 08	4661. 64	29. 12	31. 47	10. 66	15. 03
新三板	831132. OC	临风股份	临沂	8360. 28	17055. 11	9258. 38	11237. 34	1024. 67	1021. 08	7796. 73	41. 54	9. 12	6. 82	11. 67
新三板	832416. OC	华美精陶	潍坊	8256. 00	17908. 15	13035. 36	11713. 11	809. 77	726. 84	4872. 79	27. 39	6. 91	4. 16	5. 74
新三板	839737. OC	鸥玛软件	济南	8218. 40	42644. 75	41120. 30	16997. 55	6965. 73	6296. 21	1524. 44	5. 12	40. 98	21. 01	22. 14
新三板	833748. OC	奥图股份	济南	8205. 24	28869. 33	10819. 48	20508. 03	1542. 53	1300. 79	18049. 85	58. 55	7. 52	5. 26	12. 70
新三板	831702. OC	源怡股份	淄博	8158. 00	58999. 55	23639. 27	17786. 08	2343. 67	1789. 03	35360. 28	63. 49	13. 18	2. 87	7. 87
新三板	872222. OC	中稀天马	济宁	8080. 00	36607. 57	19285. 90	38236. 41	4041. 82	4351. 22	17321. 66	41. 69	10. 57	14. 83	25. 43
新三板	838813. OC	招金膜天	烟台	8037. 00	38850. 12	11806. 07	21513. 49	951. 84	737. 46	27044. 05	64. 18	4. 42	2. 33	6. 51
新三板	830906. OC	万事达	滨州	8000. 00	63097. 05	22808. 21	101542. 20	4983. 88	4342. 94	40288. 84	64. 86	4. 91	7. 44	21. 18
新三板	833066. OC	亿联科技	青岛	8000. 00	51431. 21	21804. 17	36051. 44	4316. 08	3773. 83	29627. 04	61. 39	11. 97	8. 69	22. 51
新三板	831955. OC	海益宝	烟台	7885. 00	19594. 10	12495. 64	5374. 62	41. 62	41. 62	7098. 47	34. 39	0. 77	0. 22	0. 33
新三板	873086. OC	恒嘉高纯	滨州	7808. 00	12960. 49	10472. 99	13529. 18	1484. 52	1348. 46	2487. 51	31. 30	10. 97	15. 34	22. 33
新三板	430516. OC	文达通	青岛	7729. 00	25927. 31	8200. 17	30745. 42	105. 90	-342. 36	17727. 14	65. 43	0. 34	-1. 41	-4. 08
新三板	832657. OC	光合集团	济南	7586. 30	166208. 10	46155. 81	22658. 43	882. 11	354. 66	120052. 29	70. 69	3. 89	0. 23	0. 77
新三板	430663. OC	大陆股份	济南	7580. 00	22851. 11	11479. 01	9480. 47	591. 15	569. 96	11372. 10	48. 79	6. 24	2. 61	5. 09
新三板	831569. OC	华牧天元	济南	7488. 36	15039. 51	9785. 35	9591. 65	246. 93	181. 95	5254. 16	35. 46	2. 57	1. 21	1. 88
新三板	430476. OC	海能仪器	济南	7475. 41	36043. 13	30967. 84	20454. 21	3096. 33	2575. 66	5075. 29	18. 14	15. 14	7. 11	8. 69
新三板	835567. OC	泰维能源	济南	7272. 12	15730. 89	8871. 82	2123. 12	691. 65	691. 65	6859. 07	46. 97	32. 58	5. 35	10. 09
新三板	838234. OC	亚华电子	淄博	7200. 00	18834. 00	14420. 09	13258. 70	2636. 73	2409. 95	4413. 91	23. 57	19. 89	13. 93	18. 22

续表

所属板块	股票代码	股票简称	城市	注册资本（万元）	总资产（万元）	净资产（万元）	营业收入（万元）	利润总额（万元）	净利润（万元）	总负债（万元）	资产负债率（%）	销售利润率（%）	总资产收益率（%）	净资产收益率（%）
新三板	834278. OC	高测股份	青岛	7140. 50	68940. 94	22225. 77	60669. 76	5854. 65	5435. 67	46715. 18	67. 35	9. 65	9. 10	27. 86
新三板	833579. OC	鼎盛精工	东营	7045. 00	26217. 65	12080. 35	3162. 73	-2645. 14	-2530. 17	14137. 30	51. 04	-83. 63	-9. 28	-18. 96
新三板	872123. OC	开创集团	济南	6900. 00	28636. 61	20774. 39	119404. 71	4442. 13	3958. 17	7862. 22	31. 14	3. 72	14. 60	21. 20
齐鲁股交	302325. QLE	奥博防水	潍坊	6900. 00	1267. 00	153. 00	743. 00	20. 11	18. 10	1114. 00	80. 49	2. 71	2. 44	12. 57
新三板	838171. OC	邦德股份	威海	6842. 13	18705. 91	11509. 77	18108. 97	3663. 62	3229. 26	7196. 14	33. 35	20. 23	18. 85	28. 28
齐鲁股交	300937. QLE	鑫通钢构	聊城	6789. 00	14265. 00	6646. 00	6831. 00	185. 00	164. 00	7619. 00	66. 10	2. 71	1. 35	3. 97
新三板	430728. OC	云鼎教育	聊城	6720. 00	4906. 79	4719. 64	1420. 95	-452. 10	-452. 10	187. 15	15. 41	-31. 82	-8. 20	-9. 69
新三板	871452. OC	朗进科技	莱芜	6668. 00	62048. 73	35739. 24	47364. 07	8618. 73	7612. 57	26309. 48	45. 24	18. 20	13. 05	23. 84
新三板	872387. OC	青岛食品	青岛	6655. 00	46931. 03	38753. 44	46622. 56	9093. 29	6773. 28	8177. 59	15. 75	19. 50	15. 69	18. 63
新三板	832236. OC	丰源股份	枣庄	6582. 80	64784. 05	29938. 80	27647. 96	6228. 35	5355. 71	34845. 26	56. 59	22. 53	8. 48	19. 54
新三板	835077. OC	博宁福田	青岛	6581. 50	21458. 87	7108. 60	10289. 76	-897. 14	-897. 05	14350. 27	63. 45	-8. 72	-4. 34	-11. 87
新三板	833644. OC	瀚高股份	济南	6553. 77	13651. 38	11580. 54	9294. 79	1169. 86	1025. 03	2070. 84	19. 58	12. 59	8. 64	10. 74
新三板	834261. OC	一诺威	淄博	6530. 00	152833. 90	66476. 01	456666. 40	11897. 35	10853. 52	86357. 89	58. 11	2. 61	7. 26	17. 33
新三板	836612. OC	瑞博龙	德州	6528. 00	11251. 16	8546. 57	8691. 72	1292. 00	1014. 37	2704. 59	26. 51	14. 86	8. 98	12. 22
新三板	871397. OC	美泰科技	青岛	6500. 00	34825. 47	18934. 43	27908. 74	4657. 38	3896. 01	15891. 03	44. 08	16. 69	12. 83	22. 94
新三板	832556. OC	宏力能源	潍坊	6500. 00	33485. 12	13300. 80	3454. 47	-3428. 17	-3452. 29	20184. 32	60. 28	-99. 24	-9. 13	-23. 00
新三板	831387. OC	华特磁电	潍坊	6475. 00	55208. 52	29462. 01	24597. 67	666. 30	523. 44	25746. 51	44. 64	2. 71	1. 00	1. 80
新三板	871659. OC	鑫科生物	聊城	6460. 00	9592. 61	7063. 51	3355. 02	439. 87	399. 27	2529. 10	27. 38	13. 11	4. 22	5. 82
新三板	836079. OC	鑫海矿装	烟台	6300. 00	24109. 85	11897. 80	20014. 63	3042. 10	2640. 84	12212. 05	51. 40	15. 20	12. 13	24. 97
新三板	835020. OC	山东北辰	济南	6288. 00	54401. 45	23964. 75	30815. 23	2382. 24	2276. 60	30436. 70	53. 48	7. 73	4. 64	9. 97

续表

所属板块	股票代码	股票简称	城市	注册资本（万元）	总资产（万元）	净资产（万元）	营业收入（万元）	利润总额（万元）	净利润（万元）	总负债（万元）	资产负债率（%）	销售利润率（%）	总资产收益率（%）	净资产收益率（%）
新三板	831605. OC	奔速电梯	莱芜	6239. 23	19963. 60	12312. 32	4607. 13	-225. 86	-347. 17	7651. 28	42. 52	-4. 90	-1. 74	-3. 02
新三板	830782. OC	泰安众诚	泰安	6232. 00	32409. 95	26445. 72	20820. 41	4366. 10	3706. 51	5964. 22	18. 92	20. 97	12. 08	14. 90
新三板	870348. OC	华辰泰尔	济南	6200. 00	11655. 96	8616. 97	9172. 48	152. 72	238. 37	3038. 99	31. 75	1. 66	2. 17	3. 18
新三板	872836. OC	康派斯	威海	6200. 00	30225. 67	8811. 37	20860. 44	2550. 63	2113. 39	21414. 29	68. 85	12. 23	8. 49	27. 25
齐鲁股交	302320. QLE	东风防水	潍坊	6200. 00	2365. 41	889. 28	1399. 00	61. 52	54. 65	1476. 13	47. 31	4. 40	3. 34	6. 34
新三板	430492. OC	老来寿	济南	6162. 99	30738. 93	27179. 22	6251. 78	5903. 90	4003. 70	3559. 72	19. 59	94. 44	12. 26	15. 25
齐鲁股交	100395. QLE	联创管业	淄博	6140. 00	8294. 93	2307. 35	7324. 23	266. 23	185. 42	5987. 58	70. 91	3. 63	2. 46	8. 47
新三板	832819. OC	啸创股份	济南	6100. 00	18210. 29	7246. 72	25930. 11	112. 26	72. 51	10963. 57	66. 44	0. 43	0. 34	1. 01
新三板	831689. OC	克莱特	威海	6040. 00	33497. 52	23789. 58	22466. 61	2336. 38	2073. 36	9707. 94	31. 37	10. 40	6. 25	9. 11
新三板	832234. OC	鸿通管材	威海	6000. 00	34329. 47	22041. 64	13569. 89	422. 42	301. 47	12287. 83	34. 87	3. 11	0. 88	1. 36
新三板	830839. OC	万通液压	日照	6000. 00	33259. 96	21802. 13	37087. 68	4725. 68	4303. 22	11457. 83	39. 07	12. 74	13. 34	21. 90
新三板	832119. OC	路通精密	烟台	6000. 00	25640. 81	16170. 29	14865. 62	3596. 54	3095. 96	9470. 52	36. 01	24. 19	11. 24	17. 57
新三板	838790. OC	卡尔股份	威海	6000. 00	24148. 91	19763. 01	28041. 78	4769. 93	4362. 24	4385. 91	17. 43	17. 01	19. 18	23. 23
新三板	870615. OC	龙港股份	烟台	6000. 00	18077. 78	6910. 13	10614. 49	209. 48	259. 65	11167. 65	58. 01	1. 97	1. 63	3. 88
新三板	837785. OC	聚力股份	烟台	6000. 00	13863. 16	12367. 71	5362. 17	666. 03	484. 31	1495. 45	11. 59	12. 42	3. 53	4. 00
新三板	838841. OC	东方阿胶	聊城	6000. 00	9235. 24	7487. 12	6304. 66	462. 80	437. 97	1748. 12	18. 12	7. 34	5. 50	6. 72
新三板	831311. OC	博安智能	济南	5990. 00	33015. 10	19701. 23	21197. 57	2441. 56	2108. 86	13313. 88	37. 76	11. 52	7. 14	11. 47
新三板	838404. OC	美陵股份	淄博	5989. 47	43095. 34	17812. 12	39864. 80	467. 17	405. 39	25283. 22	58. 75	1. 17	0. 95	2. 30
新三板	833055. OC	旭域股份	青岛	5900. 00	31929. 83	19966. 67	20552. 79	3216. 85	2818. 58	11963. 16	37. 31	15. 65	9. 59	15. 30
新三板	835670. OC	数字人	济南	5836. 40	13802. 04	12708. 03	7404. 05	2630. 34	2376. 67	1094. 00	10. 50	35. 53	16. 96	18. 95

续表

所属板块	股票代码	股票简称	城市	注册资本（万元）	总资产（万元）	净资产（万元）	营业收入（万元）	利润总额（万元）	净利润（万元）	总负债（万元）	资产负债率（%）	销售利润率（%）	总资产收益率（%）	净资产收益率（%）
新三板	833804. OC	康威通信	济南	5821. 00	29720. 40	18289. 39	13847. 20	895. 22	776. 30	11431. 01	38. 68	6. 47	2. 80	4. 57
新三板	836262. OC	科源制药	济南	5800. 00	34679. 62	27273. 26	24550. 13	4518. 02	4055. 49	7406. 36	21. 91	18. 40	11. 90	15. 24
新三板	831778. OC	鸿森重工	青岛	5800. 00	18976. 89	8519. 92	15491. 15	772. 18	750. 74	10456. 98	52. 21	4. 98	4. 40	9. 22
新三板	430695. OC	浩海科技	青岛	5733. 24	16298. 42	11450. 79	10566. 37	1148. 77	1144. 12	4847. 63	31. 29	10. 87	7. 23	10. 52
新三板	837856. OC	德鲁泰	济南	5712. 00	11451. 58	8913. 95	7061. 08	1063. 76	1031. 42	2537. 63	21. 12	15. 07	9. 43	11. 96
新三板	832298. OC	菲缆股份	潍坊	5640. 00	12641. 45	5511. 44	5146. 92	-561. 82	-412. 49	7130. 02	57. 49	-10. 92	-3. 07	-7. 21
新三板	831492. OC	安信种苗	济南	5628. 00	16420. 30	12526. 28	7657. 07	422. 49	423. 07	3894. 02	23. 35	5. 52	2. 64	3. 44
新三板	430732. OC	威马股份	莱芜	5625. 00	21406. 30	10574. 42	8190. 55	-418. 79	-324. 79	10831. 89	49. 29	-5. 11	-1. 53	-3. 02
新三板	831413. OC	中创股份	济南	5620. 00	20602. 75	17992. 66	12930. 63	2146. 94	2031. 79	2610. 10	11. 95	16. 60	10. 45	11. 87
新三板	832488. OC	奔腾股份	济宁	5573. 20	36907. 28	18681. 29	36325. 06	1770. 65	1557. 15	18225. 99	49. 61	4. 87	4. 34	8. 62
新三板	834347. OC	天畅环保	枣庄	5570. 00	22063. 38	7672. 08	5366. 52	-77. 78	-68. 15	14391. 30	64. 90	-1. 45	-0. 31	-0. 88
新三板	838602. OC	环能设计	济南	5555. 00	44005. 10	15031. 38	47342. 55	2042. 98	1819. 83	28973. 72	65. 06	4. 32	4. 58	13. 10
齐鲁股交	100037. QLE	伯仲真空	淄博	5548. 30	8048. 72	6295. 50	5043. 41	407. 48	337. 48	1753. 22	21. 51	8. 08	4. 26	5. 42
新三板	837582. OC	海莱云视	济南	5520. 00	16615. 67	6185. 30	18263. 89	-3416. 03	-3406. 74	10430. 37	56. 77	-18. 70	-18. 04	-41. 73
新三板	831957. OC	晨宇电气	潍坊	5513. 00	16715. 43	7390. 82	9577. 46	516. 68	511. 21	9324. 62	56. 64	5. 39	3. 11	7. 16
新三板	834486. OC	德佑电气	淄博	5500. 00	16247. 39	6604. 47	12190. 09	656. 81	651. 27	9642. 92	56. 64	5. 39	4. 50	10. 37
新三板	836376. OC	前田热能	泰安	5500. 00	13481. 56	4132. 60	3900. 12	-971. 06	-971. 06	9348. 96	70. 70	-24. 90	-6. 24	-21. 31
新三板	837062. OC	同成医药	烟台	5460. 00	19845. 49	15339. 08	32046. 84	4893. 05	4258. 52	4506. 41	26. 12	15. 27	23. 05	31. 19
新三板	831556. OC	文正股份	日照	5455. 14	9642. 82	5556. 83	4282. 41	-1172. 84	-1160. 29	4085. 99	38. 06	-27. 39	-11. 71	-18. 91
新三板	838483. OC	亿嘉股份	烟台	5410. 00	19398. 91	8045. 79	13860. 37	118. 91	73. 97	11353. 12	58. 00	0. 86	0. 39	0. 92

续表

所属板块	股票代码	股票简称	城市	注册资本（万元）	总资产（万元）	净资产（万元）	营业收入（万元）	利润总额（万元）	净利润（万元）	总负债（万元）	资产负债率（%）	销售利润率（%）	总资产收益率（%）	净资产收益率（%）
新三板	871510. OC	大境生态	烟台	5400. 00	24638. 08	18958. 90	10049. 65	3459. 62	2939. 94	5679. 19	22. 34	34. 43	13. 05	16. 81
齐鲁股交	100017. QLE	瀚海水业	淄博	5400. 00	19413. 85	6955. 26	5148. 63	301. 71	226. 28	12458. 58	62. 06	5. 86	1. 25	3. 30
新三板	430626. OC	胜达科技	潍坊	5400. 00	18690. 03	13063. 68	12762. 03	517. 63	496. 76	5626. 35	32. 10	4. 06	2. 63	3. 88
新三板	872397. OC	世德装备	烟台	5350. 00	15277. 62	8924. 21	9891. 01	1092. 58	984. 05	6353. 40	40. 18	11. 05	6. 98	11. 67
新三板	831270. OC	宇虹颜料	德州	5345. 20	10303. 75	7086. 53	16320. 74	916. 13	852. 45	3217. 21	33. 20	5. 61	8. 55	12. 80
新三板	836258. OC	高兴新材	济宁	5342. 00	8504. 42	6833. 75	6980. 29	74. 66	89. 70	1670. 67	20. 76	1. 07	1. 07	1. 35
齐鲁股交	172126. QLE	世代海洋	威海	5312. 00	13979. 06	4566. 08	733. 73	-612. 74	-612. 74	9412. 98	65. 09	-83. 51	-4. 39	-12. 58
齐鲁股交	172036. QLE	齐开电力	淄博	5310. 00	5660. 16	3263. 71	854. 84	-550. 01	-550. 01	2396. 45	40. 81	-64. 34	-9. 20	-15. 54
新三板	836184. OC	和远智能	济南	5270. 00	7863. 14	6414. 07	4464. 81	257. 65	314. 46	1449. 07	18. 05	5. 77	4. 02	4. 91
新三板	838014. OC	亿维技术	济宁	5180. 00	23718. 60	7437. 07	31625. 36	839. 56	711. 45	16281. 54	69. 09	2. 65	3. 12	10. 08
新三板	832918. OC	鼎讯股份	济南	5150. 00	15720. 53	13535. 37	9059. 05	1104. 50	964. 43	2185. 16	24. 92	12. 19	7. 40	9. 86
新三板	831121. OC	力久电机	威海	5138. 44	19191. 26	8467. 96	31233. 78	1287. 57	1116. 21	10723. 31	56. 26	4. 12	6. 12	13. 99
新三板	832084. OC	深川股份	淄博	5130. 00	14648. 24	8522. 27	8429. 59	62. 85	85. 13	6125. 97	41. 28	0. 75	0. 60	1. 01
新三板	832125. OC	乐克科技	青岛	5128. 00	8776. 15	4546. 19	5242. 95	-2319. 14	-2233. 57	4229. 96	40. 46	-44. 23	-23. 48	-39. 44
新三板	872976. OC	银鹰新材	潍坊	5100. 00	13976. 14	10141. 03	11585. 71	1376. 92	1386. 39	3835. 12	34. 56	11. 88	9. 65	14. 75
新三板	830783. OC	广源精密	聊城	5100. 00	12632. 15	8681. 80	7368. 37	-338. 20	-304. 44	3950. 36	43. 07	-4. 59	-1. 96	-3. 45
新三板	831770. OC	同智科技	济南	5100. 00	8134. 28	3717. 18	3752. 71	-1827. 94	-1783. 62	4417. 10	44. 41	-48. 71	-21. 51	-38. 70
新三板	834729. OC	朗朗教育	济南	5053. 00	15551. 88	9322. 27	19386. 26	2890. 53	2526. 11	6229. 61	38. 80	14. 91	17. 53	28. 65
新三板	831149. OC	奥美环境	济南	5036. 64	10818. 09	6732. 72	6370. 85	772. 56	694. 18	4085. 38	37. 41	12. 13	6. 70	10. 70
新三板	832651. OC	天罡股份	威海	5035. 00	36673. 82	23497. 78	17459. 71	4725. 60	4038. 64	13176. 05	34. 19	27. 07	11. 70	17. 78

续表

所属板块	股票代码	股票简称	城市	注册资本（万元）	总资产（万元）	净资产（万元）	营业收入（万元）	利润总额（万元）	净利润（万元）	总负债（万元）	资产负债率（%）	销售利润率（%）	总资产收益率（%）	净资产收益率（%）
新三板	831234. OC	天辰股份	济南	5025. 00	18798. 99	15403. 89	9045. 87	1392. 28	1252. 53	3395. 10	24. 26	15. 39	6. 42	8. 48
新三板	838194. OC	金泰美林	烟台	5018. 00	7082. 18	6626. 52	4152. 69	869. 92	871. 27	455. 66	7. 35	20. 95	12. 98	14. 01
新三板	832799. OC	陆海股份	德州	5017. 60	19675. 59	9383. 80	5539. 67	-1160. 75	-1030. 40	10291. 80	50. 98	-20. 95	-5. 10	-10. 41
新三板	872326. OC	名流泵业	威海	5008. 00	6000. 80	4922. 46	3320. 49	135. 21	4. 17	1078. 34	19. 08	4. 07	0. 07	0. 08
新三板	839373. OC	润华保险	济南	5000. 84	18418. 86	17682. 36	21326. 49	4282. 21	3227. 08	736. 51	6. 11	20. 08	19. 46	20. 73
齐鲁股交	100369. QLE	凯升保险	淄博	5000. 60	8279. 80	6170. 51	12625. 75	4. 10	2. 48	2109. 29	19. 07	0. 03	0. 03	0. 04
新三板	834779. OC	美瑞新材	烟台	5000. 00	37227. 50	19660. 96	59160. 50	6069. 95	5537. 37	17566. 53	52. 01	10. 26	15. 28	31. 84
新三板	831236. OC	华东修船	威海	5000. 00	33918. 57	13984. 78	20273. 73	3394. 41	2659. 36	19933. 79	61. 64	16. 74	7. 75	20. 22
新三板	837267. OC	海纳摩擦	烟台	5000. 00	22298. 33	7672. 51	9832. 59	1547. 74	1263. 86	14625. 83	64. 08	15. 74	5. 73	15. 96
新三板	871336. OC	裕龙农牧	滨州	5000. 00	17618. 88	13099. 67	10355. 25	723. 02	718. 91	4519. 21	25. 32	6. 98	4. 21	5. 64
新三板	834715. OC	十川股份	青岛	5000. 00	13736. 26	8328. 48	11905. 27	1658. 69	1418. 55	5407. 79	35. 28	13. 93	12. 05	18. 62
新三板	837343. OC	益通节能	德州	5000. 00	12157. 70	6929. 28	3600. 37	115. 72	73. 12	5228. 41	44. 94	3. 21	0. 58	1. 06
新三板	872810. OC	国拓科技	济宁	5000. 00	8071. 19	6733. 88	2670. 85	935. 44	804. 55	1337. 31	20. 59	35. 02	10. 09	12. 71
新三板	873168. OC	鲁变电工	泰安	5000. 00	7473. 97	4887. 49	5400. 25	-218. 44	-252. 75	2586. 47	36. 93	-4. 04	-3. 18	-5. 04
新三板	870920. OC	融汇通	青岛	5000. 00	6069. 83	5493. 64	2020. 70	103. 16	79. 09	576. 20	12. 75	5. 11	1. 18	1. 35
新三板	838386. OC	三德利	临沂	5000. 00	5865. 30	5296. 48	3670. 26	-526. 54	-523. 93	568. 82	13. 59	-14. 35	-8. 17	-9. 46
齐鲁股交	301665. QLE	君安泰	济南	5000. 00	4505. 75	3832. 18	561. 93	63. 42	63. 42	673. 57	10. 40	11. 29	1. 94	2. 16
齐鲁股交	300738. QLE	赛艾福	淄博	5000. 00	2994. 40	1924. 69	2403. 65	110. 09	110. 09	1069. 71	36. 21	4. 58	4. 29	6. 72
新三板	834971. OC	三元生物	滨州	4866. 76	27128. 87	18273. 01	28627. 26	7388. 39	6360. 98	8855. 86	31. 85	25. 81	28. 27	41. 48
新三板	836835. OC	ST 鲁虹	济宁	4858. 00	9314. 43	-695. 40	6827. 63	-1772. 76	-1776. 39	10009. 83	97. 95	-25. 96	-18. 89	-921. 37

续表

所属板块	股票代码	股票简称	城市	注册资本（万元）	总资产（万元）	净资产（万元）	营业收入（万元）	利润总额（万元）	净利润（万元）	总负债（万元）	资产负债率（%）	销售利润率（%）	总资产收益率（%）	净资产收益率（%）
新三板	831714. OC	福航环保	德州	4800. 00	16974. 04	8187. 62	10563. 34	1255. 16	1068. 18	8786. 42	45. 15	11. 88	7. 42	13. 53
新三板	832621. OC	三维钢构	枣庄	4800. 00	16772. 34	10312. 99	23645. 65	1423. 29	1184. 34	6459. 35	40. 64	6. 02	7. 14	12. 04
新三板	430511. OC	远大教科	济南	4800. 00	14009. 13	12326. 35	6764. 19	1354. 15	1106. 43	1682. 78	9. 87	20. 02	8. 31	9. 22
新三板	833934. OC	震宇科技	威海	4800. 00	13789. 38	6742. 44	2220. 80	73. 19	99. 74	7046. 94	49. 38	3. 30	0. 75	1. 49
新三板	831613. OC	雷帕得	淄博	4710. 30	54594. 24	22341. 62	40878. 90	1171. 52	1038. 82	32252. 62	57. 22	2. 87	2. 04	4. 77
新三板	832319. OC	华仁物业	青岛	4687. 50	10003. 67	6162. 51	12054. 20	1858. 81	1382. 51	3841. 16	39. 05	15. 42	14. 04	23. 03
新三板	831870. OC	欧森纳	烟台	4660. 00	10146. 45	4594. 23	2522. 67	-815. 86	-794. 49	5552. 22	52. 51	-32. 34	-7. 56	-15. 92
新三板	870576. OC	奥必通	东营	4655. 26	13327. 00	8000. 77	10690. 23	671. 36	611. 17	5326. 24	40. 67	6. 28	4. 85	8. 18
新三板	832794. OC	万斯达	济南	4650. 00	36359. 00	10350. 77	19952. 51	4152. 78	3539. 62	26008. 23	73. 42	20. 81	10. 97	41. 25
新三板	832027. OC	智衡减振	德州	4647. 06	30869. 08	28243. 83	15653. 51	2455. 32	2116. 81	2625. 25	8. 35	15. 69	7. 05	7. 69
新三板	838388. OC	凯能科技	青岛	4600. 00	16317. 39	7825. 17	7586. 85	383. 37	343. 67	8492. 21	50. 28	5. 05	2. 23	4. 49
新三板	836780. OC	新之环保	青岛	4585. 80	19589. 72	10685. 70	23374. 10	2655. 53	2472. 02	8904. 01	44. 57	11. 36	16. 43	29. 64
新三板	830792. OC	创新科技	聊城	4579. 75	23477. 44	10908. 69	3241. 28	-1592. 56	-1685. 12	12568. 75	52. 94	-49. 13	-6. 75	-14. 34
新三板	832314. OC	四砂泰益	青岛	4572. 80	13530. 12	10339. 71	8068. 04	1202. 81	1065. 99	3190. 41	29. 00	14. 91	9. 05	12. 75
新三板	832992. OC	神戎电子	济南	4569. 00	25536. 61	18277. 10	17967. 19	435. 55	468. 80	7259. 51	29. 96	2. 42	1. 82	2. 60
新三板	872499. OC	新诚志卓	青岛	4500. 00	19204. 56	4776. 16	9497. 69	-314. 60	-218. 52	14428. 40	74. 99	-3. 31	-1. 12	-4. 47
新三板	834860. OC	广大航服	威海	4485. 45	11955. 56	6756. 58	13527. 40	1208. 84	860. 54	5198. 98	40. 30	8. 94	8. 24	13. 81
新三板	872490. OC	美罗福	滨州	4456. 00	18280. 31	9934. 95	15382. 56	2434. 52	1785. 12	8345. 36	49. 98	15. 83	12. 03	24. 05
新三板	838394. OC	金润股份	烟台	4453. 79	11642. 42	10434. 36	4951. 13	1376. 52	1247. 87	1208. 06	12. 08	27. 80	11. 18	12. 72
新三板	838172. OC	芯诺科技	济宁	4440. 00	19163. 86	9245. 09	13358. 53	1664. 18	1474. 98	9918. 76	50. 06	12. 46	9. 87	19. 77

续表

所属板块	股票代码	股票简称	城市	注册资本（万元）	总资产（万元）	净资产（万元）	营业收入（万元）	利润总额（万元）	净利润（万元）	总负债（万元）	资产负债率（%）	销售利润率（%）	总资产收益率（%）	净资产收益率（%）
新三板	834752. OC	蓬莱海洋	烟台	4400. 00	6861. 84	3894. 64	3814. 75	-225. 96	-339. 17	2967. 20	49. 19	-5. 92	-4. 24	-8. 35
新三板	837212. OC	智新电子	潍坊	4305. 00	22550. 69	14905. 54	23646. 58	2650. 12	2315. 91	7645. 15	37. 21	11. 21	11. 74	18. 69
新三板	832078. OC	泰利模具	烟台	4300. 00	25745. 02	6938. 69	7011. 07	-934. 77	-869. 23	18806. 33	71. 25	-13. 33	-3. 39	-11. 79
新三板	832634. OC	赛特电工	泰安	4280. 00	26046. 23	21036. 12	48904. 81	2398. 34	2137. 78	5010. 11	21. 95	4. 90	8. 10	10. 37
新三板	838349. OC	乐舱网	青岛	4261. 80	10882. 19	7735. 90	25110. 40	1100. 42	887. 27	3146. 29	28. 54	4. 38	8. 69	12. 16
新三板	830926. OC	迪浩股份	淄博	4242. 00	13423. 69	4233. 50	5026. 15	-488. 98	-524. 72	9190. 19	66. 58	-9. 73	-3. 90	-11. 67
新三板	832118. OC	华网智能	东营	4239. 36	8670. 68	5369. 23	2287. 77	435. 32	368. 68	3301. 44	41. 10	19. 03	4. 19	7. 11
齐鲁股交	301637. QLE	金马首	德州	4226. 80	22433. 00	15397. 00	27357. 00	2695. 00	2022. 00	7036. 00	33. 33	9. 85	9. 37	14. 05
新三板	830772. OC	远航科技	威海	4225. 00	20846. 17	12385. 59	7762. 67	496. 32	442. 72	8460. 58	38. 83	6. 39	2. 23	3. 64
新三板	832730. OC	蓝贝股份	济南	4220. 00	16507. 40	10801. 95	25318. 17	1029. 58	1006. 37	5705. 45	33. 19	4. 07	6. 53	9. 77
新三板	836575. OC	绿邦作物	济南	4209. 50	20943. 60	9382. 59	17797. 50	1121. 69	1016. 53	11561. 01	55. 35	6. 30	4. 92	11. 02
新三板	870567. OC	儒房融科	临沂	4166. 60	10416. 31	7217. 37	11738. 06	2259. 89	1963. 32	3198. 93	23. 78	19. 25	24. 02	31. 51
新三板	871685. OC	慧科股份	淄博	4153. 60	13738. 54	9682. 52	8687. 76	559. 67	521. 79	4056. 02	33. 16	6. 44	3. 70	5. 54
新三板	831176. OC	天鸿股份	烟台	4131. 72	16053. 07	3275. 19	4156. 09	-546. 86	-540. 34	12777. 88	78. 05	-13. 16	-3. 35	-15. 24
新三板	872462. OC	兴润园林	泰安	4066. 00	16613. 74	6106. 82	10154. 77	578. 46	621. 89	10506. 92	57. 89	5. 70	4. 52	10. 73
齐鲁股交	100010. QLE	华伟科技	淄博	4025. 30	15108. 22	2824. 94	7540. 81	-1010. 81	-1260. 22	12283. 28	77. 09	-13. 40	-8. 34	-36. 41
新三板	833111. OC	国泰股份	青岛	4015. 06	27440. 38	10748. 86	21539. 44	-51. 31	-110. 76	16691. 53	57. 55	-0. 24	-0. 44	-1. 03
齐鲁股交	100363. QLE	五维实业	淄博	4010. 00	19016. 98	4935. 81	9597. 09	143. 09	136. 71	14081. 17	74. 36	1. 49	0. 80	3. 10
新三板	832938. OC	国林环保	青岛	4005. 00	61272. 07	40166. 49	33477. 48	7172. 48	6151. 24	21105. 57	34. 18	21. 42	10. 86	16. 50
新三板	834826. OC	常青树	东营	4000. 00	15521. 93	8013. 83	15024. 35	-892. 68	-803. 77	7508. 10	46. 64	-5. 94	-5. 10	-9. 55

续表

所属板块	股票代码	股票简称	城市	注册资本（万元）	总资产（万元）	净资产（万元）	营业收入（万元）	利润总额（万元）	净利润（万元）	总负债（万元）	资产负债率（%）	销售利润率（%）	总资产收益率（%）	净资产收益率（%）
新三板	832736. OC	华鼎伟业	烟台	4000. 00	14654. 63	2595. 65	7221. 69	-1953. 65	-1971. 66	12058. 98	77. 73	-27. 05	-12. 26	-55. 05
新三板	871775. OC	本本鼎	滨州	4000. 00	12953. 24	6540. 36	8543. 30	280. 03	280. 67	6412. 88	47. 60	3. 28	2. 30	4. 39
新三板	834073. OC	隆和节能	烟台	4000. 00	10432. 20	3367. 54	4788. 50	-1136. 12	-1136. 12	7064. 66	65. 19	-23. 73	-10. 05	-28. 87
新三板	836530. OC	骏发生物	青岛	4000. 00	8562. 12	7077. 41	2101. 72	846. 87	846. 87	1484. 71	18. 35	40. 29	10. 39	12. 73
新三板	872031. OC	浩大海洋	青岛	4000. 00	6804. 62	5318. 09	5564. 51	1061. 99	942. 74	1486. 54	28. 80	19. 09	17. 48	24. 56
新三板	832901. OC	山东孔圣	济宁	4000. 00	6667. 51	4200. 16	3008. 30	128. 75	-67. 67	2467. 35	35. 80	4. 28	-1. 03	-1. 60
新三板	870957. OC	侨森医疗	淄博	4000. 00	5664. 41	4905. 20	8195. 53	365. 17	270. 68	759. 21	19. 43	4. 46	4. 57	5. 67
新三板	837396. OC	昊月新材	济南	3936. 80	11563. 53	5927. 75	10008. 15	867. 49	749. 99	5635. 78	44. 33	8. 67	7. 52	13. 51
新三板	831338. OC	山东信和	聊城	3900. 00	28304. 93	2683. 39	8550. 42	-222. 85	-196. 87	25621. 54	89. 17	-2. 61	-0. 78	-7. 16
新三板	870601. OC	启明星	淄博	3900. 00	17779. 72	7353. 85	12014. 55	1302. 56	1173. 64	10425. 87	57. 01	10. 84	7. 46	17. 34
新三板	832607. OC	安华生物	滨州	3890. 91	9997. 63	8250. 57	3838. 10	265. 89	276. 30	1747. 06	16. 13	6. 93	2. 86	3. 41
新三板	871597. OC	海大海能	青岛	3888. 00	8324. 79	4508. 59	2902. 08	115. 09	99. 64	3816. 20	48. 77	3. 97	1. 14	2. 23
新三板	430497. OC	威硬工具	威海	3881. 84	18725. 08	15180. 29	10012. 13	3718. 81	3244. 64	3544. 80	17. 57	37. 14	18. 91	22. 95
新三板	831827. OC	宝来利来	泰安	3880. 50	39093. 23	21106. 30	22677. 02	2020. 07	1800. 38	17986. 93	44. 71	8. 91	4. 81	8. 69
新三板	871258. OC	吉田股份	枣庄	3866. 00	14510. 69	13210. 73	9024. 65	3198. 23	2735. 77	1299. 96	8. 73	35. 44	21. 16	23. 19
新三板	836128. OC	温声股份	济南	3815. 00	13257. 14	5376. 60	11676. 65	84. 40	52. 71	7880. 55	65. 58	0. 72	0. 40	1. 16
新三板	837092. OC	金佳园	烟台	3777. 60	21920. 30	11086. 60	16373. 21	3450. 39	3031. 33	10833. 70	49. 01	21. 07	16. 15	31. 67
新三板	831835. OC	苏柯汉	潍坊	3776. 00	8907. 44	5674. 03	3888. 28	-22. 58	-36. 86	3233. 42	37. 57	-0. 58	-0. 40	-0. 65
新三板	430496. OC	大正医疗	威海	3700. 00	16329. 98	15064. 89	8363. 48	1313. 92	1116. 00	1265. 09	6. 97	15. 71	6. 94	7. 46
新三板	833119. OC	得普达	淄博	3696. 30	9942. 88	5294. 94	13270. 18	1278. 25	1135. 59	4647. 95	48. 90	9. 63	12. 32	24. 11

续表

所属板块	股票代码	股票简称	城市	注册资本（万元）	总资产（万元）	净资产（万元）	营业收入（万元）	利润总额（万元）	净利润（万元）	总负债（万元）	资产负债率（%）	销售利润率（%）	总资产收益率（%）	净资产收益率（%）
新三板	430545. OC	星科智能	济南	3665. 00	18320. 19	11512. 01	10593. 50	470. 65	484. 47	6808. 18	35. 54	4. 44	2. 77	4. 30
新三板	872210. OC	德建建科	德州	3640. 00	59854. 94	12866. 58	64438. 46	5103. 54	4689. 27	46988. 36	78. 42	7. 92	10. 08	46. 72
新三板	831924. OC	海天物联	济南	3622. 75	11538. 39	3849. 04	27224. 49	416. 38	291. 42	7689. 35	66. 96	1. 53	2. 53	7. 66
新三板	870289. OC	华海科技	东营	3618. 00	6627. 27	3293. 60	2134. 86	-1851. 38	-1857. 41	3333. 67	46. 07	-86. 72	-23. 72	-44. 00
新三板	834314. OC	卓能材料	烟台	3600. 00	51851. 61	7301. 28	12795. 95	-5018. 26	-4752. 78	44550. 32	81. 14	-39. 22	-9. 26	-49. 11
新三板	871643. OC	祥生科技	烟台	3600. 00	12102. 53	9440. 48	14792. 53	2727. 99	2040. 85	2662. 05	23. 99	18. 44	18. 42	24. 24
新三板	872294. OC	汉邦生物	威海	3600. 00	7212. 74	5033. 36	4190. 01	607. 55	554. 71	2179. 39	33. 81	14. 50	7. 72	11. 66
新三板	830943. OC	科明数码	济南	3580. 00	6462. 51	5104. 16	5133. 92	256. 57	264. 33	1358. 35	17. 97	5. 00	4. 36	5. 32
新三板	835839. OC	环丰食品	潍坊	3527. 49	26006. 53	8683. 11	27573. 09	1479. 85	1419. 56	17323. 41	67. 99	5. 37	5. 58	17. 42
新三板	833676. OC	宇方工业	青岛	3500. 00	15894. 16	6039. 31	12471. 02	733. 49	703. 91	9854. 85	58. 84	5. 88	5. 09	12. 38
新三板	430730. OC	先大健康	济南	3500. 00	11828. 73	5908. 22	14393. 45	300. 88	218. 36	5920. 51	50. 50	2. 09	1. 96	3. 97
新三板	873115. OC	亚飞达	济南	3500. 00	8593. 06	6776. 69	9330. 64	1179. 16	940. 16	1816. 37	21. 58	12. 64	11. 69	14. 91
齐鲁股交	300726. QLE	顺峰橡胶	滨州	3450. 00	3949. 19	3601. 67	895. 88	72. 32	53. 90	347. 52	8. 13	8. 07	1. 36	1. 48
齐鲁股交	172056. QLE	万罗信和	济南	3380. 00	5154. 81	3419. 46	2357. 94	-7. 88	-7. 88	1735. 35	27. 13	-0. 33	-0. 17	-0. 23
新三板	837953. OC	圣邦人力	济宁	3378. 60	7447. 38	5320. 58	66358. 77	2199. 45	1647. 85	2126. 80	23. 66	3. 31	22. 48	29. 45
新三板	835850. OC	凯欣股份	潍坊	3350. 00	21306. 81	12558. 01	20517. 18	1995. 32	1988. 81	8748. 80	37. 38	9. 73	10. 77	17. 20
新三板	839444. OC	泰华股份	泰安	3350. 00	7795. 19	5963. 37	4079. 40	320. 45	284. 48	1831. 82	22. 83	7. 86	3. 79	4. 91
新三板	832464. OC	科大科技	济宁	3342. 71	12764. 62	10591. 14	4611. 70	373. 96	380. 15	2173. 48	16. 92	8. 11	3. 07	3. 69
新三板	832600. OC	金鸿新材	潍坊	3300. 00	21059. 43	15924. 75	12179. 76	2483. 15	2245. 87	5134. 68	22. 75	20. 39	11. 72	15. 17
新三板	871952. OC	国创节能	潍坊	3300. 00	18804. 36	7168. 87	13434. 56	1469. 98	811. 63	11635. 50	52. 64	10. 94	5. 68	12. 00

续表

所属板块	股票代码	股票简称	城市	注册资本（万元）	总资产（万元）	净资产（万元）	营业收入（万元）	利润总额（万元）	净利润（万元）	总负债（万元）	资产负债率（%）	销售利润率（%）	总资产收益率（%）	净资产收益率（%）
新三板	870218. OC	金潮新材	烟台	3300. 00	10247. 38	4410. 22	8202. 95	67. 05	47. 83	5837. 15	57. 00	0. 82	0. 47	1. 09
新三板	872356. OC	习尚喜	淄博	3300. 00	7416. 53	3948. 10	5576. 76	572. 04	495. 69	3468. 44	46. 09	10. 26	7. 29	13. 52
新三板	833475. OC	深蓝机器	济南	3300. 00	9247. 16	4064. 55	7611. 53	13. 36	18. 83	5182. 61	50. 03	0. 18	0. 23	0. 47
新三板	836784. OC	方德股份	济南	3289. 70	11982. 08	4966. 15	5075. 73	240. 19	188. 05	7015. 93	60. 26	4. 73	1. 55	3. 90
新三板	871005. OC	太环股份	济南	3267. 00	20831. 67	4707. 26	12728. 87	638. 01	606. 83	16124. 41	76. 12	5. 01	3. 47	14. 54
新三板	872799. OC	益康药业	枣庄	3256. 00	24442. 19	13999. 18	23794. 48	3332. 94	2993. 04	10443. 02	45. 32	14. 01	13. 09	23. 94
新三板	838672. OC	金润德	淄博	3239. 00	8940. 02	6833. 19	22428. 85	1477. 30	1319. 98	2106. 83	24. 42	6. 59	15. 91	21. 05
新三板	872477. OC	龙成消防	泰安	3235. 00	11952. 16	5304. 36	22328. 05	270. 67	262. 02	6647. 80	58. 06	1. 21	2. 81	6. 70
新三板	835757. OC	盛金稀土	淄博	3205. 00	8369. 80	3422. 81	1961. 63	-1198. 69	-1153. 50	4946. 99	54. 12	-61. 11	-13. 23	-28. 84
新三板	872880. OC	正宜包装	东营	3200. 00	9193. 86	3805. 55	5682. 23	144. 94	126. 42	5388. 32	56. 50	2. 55	1. 47	3. 38
新三板	871237. OC	玉鑫环保	淄博	3200. 00	8090. 45	4441. 26	3174. 05	253. 96	245. 66	3649. 20	32. 47	8. 00	3. 70	5. 48
新三板	873015. OC	中瑞泰	青岛	3200. 00	6225. 58	4407. 53	3173. 50	362. 35	309. 69	1818. 06	25. 78	11. 42	5. 31	7. 16
新三板	837892. OC	宏运通	德州	3150. 00	11898. 00	1961. 87	3992. 18	-651. 19	-661. 69	9936. 13	80. 59	-16. 31	-5. 61	-28. 89
新三板	837980. OC	电盾科技	淄博	3100. 00	5675. 00	3821. 18	3160. 23	477. 68	497. 26	1853. 82	35. 10	15. 12	9. 09	14. 01
新三板	833292. OC	泰然科技	东营	3098. 00	—	—	11020. 14	1197. 29	—	—	—	10. 86	—	—
新三板	870127. OC	精科传动	潍坊	3065. 00	7395. 90	3062. 75	5120. 47	158. 39	168. 13	4333. 15	58. 56	3. 09	2. 34	5. 64
新三板	837242. OC	建邦股份	青岛	3064. 40	30612. 57	16305. 60	44040. 31	8079. 31	6046. 88	14306. 96	48. 33	18. 35	23. 52	45. 53
新三板	872506. OC	合信科技	潍坊	3060. 00	8917. 67	4556. 88	7096. 38	1323. 41	946. 92	4360. 79	50. 08	18. 65	11. 58	23. 19
新三板	834482. OC	海格尔	烟台	3058. 00	6109. 52	4912. 60	2439. 29	-1064. 51	-1054. 88	1196. 92	23. 37	-43. 64	-16. 75	-21. 85
新三板	873241. OC	盛泉科技	威海	3020. 00	17057. 01	15731. 32	1047. 15	89. 79	63. 04	1325. 69	41. 67	8. 58	0. 35	0. 59

续表

所属板块	股票代码	股票简称	城市	注册资本（万元）	总资产（万元）	净资产（万元）	营业收入（万元）	利润总额（万元）	净利润（万元）	总负债（万元）	资产负债率（%）	销售利润率（%）	总资产收益率（%）	净资产收益率（%）
新三板	830768. OC	耀通科技	济南	3009. 00	3246. 91	2192. 04	2351. 00	-843. 66	-812. 94	1054. 87	32. 98	-35. 89	-20. 97	-31. 28
新三板	837804. OC	韩升元	菏泽	3006. 00	14411. 57	6771. 95	25798. 49	850. 17	747. 84	7639. 62	55. 74	3. 30	5. 17	11. 69
新三板	831480. OC	福生佳信	济南	3001. 50	6587. 50	3604. 49	2513. 67	-1484. 93	-1402. 40	2983. 02	37. 48	-59. 07	-20. 82	-33. 31
新三板	873133. OC	济高公用	济宁	3000. 00	36571. 93	11878. 93	23019. 46	4728. 71	3546. 37	24693. 01	67. 04	20. 54	11. 57	35. 09
新三板	835887. OC	正凯新材	枣庄	3000. 00	30352. 02	5655. 57	20570. 06	1038. 23	820. 87	24696. 46	75. 70	5. 05	3. 80	15. 65
新三板	430433. OC	中瑞电子	临沂	3000. 00	24784. 12	3774. 15	13978. 44	24. 77	-41. 19	21009. 97	85. 00	0. 18	-0. 16	-1. 09
新三板	837873. OC	正海科技	烟台	3000. 00	24770. 94	5737. 61	30492. 13	607. 28	607. 28	19033. 33	76. 92	1. 99	2. 58	11. 18
新三板	834422. OC	鑫光正	青岛	3000. 00	23604. 05	7498. 40	42918. 53	1177. 27	946. 75	16105. 65	70. 62	2. 74	3. 98	13. 56
新三板	834135. OC	龙盛股份	德州	3000. 00	16110. 35	3726. 99	14368. 50	453. 54	470. 02	12383. 36	77. 21	3. 16	2. 94	12. 92
新三板	872078. OC	思索股份	临沂	3000. 00	13536. 05	5013. 25	12849. 64	-59. 24	-25. 79	8522. 80	59. 74	-0. 46	-0. 21	-0. 51
新三板	838861. OC	华鹏精机	烟台	3000. 00	13524. 57	4365. 98	8074. 08	1010. 32	863. 42	9158. 59	64. 21	12. 51	7. 13	19. 93
新三板	872981. OC	鸿祥股份	威海	3000. 00	13426. 37	4120. 14	12442. 28	662. 18	583. 07	9306. 22	70. 26	5. 32	4. 20	14. 12
新三板	837667. OC	益生康健	青岛	3000. 00	13402. 96	4437. 16	18729. 29	1490. 51	1380. 22	8965. 80	62. 70	7. 96	9. 33	25. 00
新三板	830846. OC	格林检测	潍坊	3000. 00	12713. 53	6726. 86	4884. 50	1389. 78	1180. 75	5986. 67	35. 77	28. 45	12. 36	19. 24
新三板	835773. OC	纵横科技	烟台	3000. 00	10318. 01	7556. 30	14789. 85	909. 06	845. 27	2761. 71	22. 27	6. 15	9. 21	11. 85
新三板	837918. OC	力力惠	青岛	3000. 00	9781. 29	3596. 76	19875. 66	207. 69	192. 15	6184. 53	66. 64	1. 04	1. 86	5. 57
新三板	832542. OC	金软科技	烟台	3000. 00	8669. 17	5751. 06	6510. 80	224. 42	187. 21	2918. 11	29. 93	3. 45	2. 34	3. 34
新三板	872592. OC	卓佳股份	滨州	3000. 00	8591. 42	2558. 21	1719. 28	-732. 57	-645. 03	6033. 21	64. 40	-42. 61	-7. 97	-22. 39
新三板	837728. OC	奥海文化	青岛	3000. 00	7019. 40	4636. 58	3971. 62	535. 05	462. 58	2382. 82	32. 06	13. 47	6. 90	10. 15
新三板	836303. OC	嘉钢股份	济南	3000. 00	6957. 26	4811. 53	50226. 51	655. 43	514. 86	2145. 73	31. 41	1. 30	7. 75	11. 31

续表

所属板块	股票代码	股票简称	城市	注册资本（万元）	总资产（万元）	净资产（万元）	营业收入（万元）	利润总额（万元）	净利润（万元）	总负债（万元）	资产负债率（%）	销售利润率（%）	总资产收益率（%）	净资产收益率（%）
新三板	833611. OC	镭之源	济南	3000. 00	6865. 49	6084. 32	3756. 47	1465. 83	1463. 84	781. 17	12. 03	39. 02	23. 62	26. 85
新三板	871275. OC	华宝科技	聊城	3000. 00	6563. 66	4104. 63	9954. 98	−17. 90	−16. 52	2459. 03	40. 07	−0. 18	−0. 24	−0. 40
新三板	834002. OC	易构软件	济南	3000. 00	6462. 01	5927. 94	2234. 98	−1399. 96	−1487. 37	534. 07	7. 51	−62. 64	−20. 62	−22. 29
新三板	838031. OC	易安达	青岛	3000. 00	6313. 82	3669. 34	16099. 39	523. 80	399. 27	2644. 48	37. 52	3. 25	6. 95	11. 12
新三板	870248. OC	巴罗克	济南	3000. 00	6072. 76	4262. 19	5021. 41	545. 13	464. 46	1810. 57	26. 71	10. 86	7. 95	10. 85
新三板	831703. OC	青广无线	青岛	3000. 00	6037. 10	2907. 23	3825. 98	−564. 08	−565. 85	3129. 87	44. 07	−14. 74	−8. 08	−14. 45
新三板	870550. OC	美核电气	济南	3000. 00	6017. 88	4597. 03	2076. 09	283. 24	247. 52	1420. 85	15. 18	13. 64	4. 69	5. 53
新三板	831956. OC	汇森能源	青岛	3000. 00	5115. 67	4297. 77	124. 85	−605. 17	−567. 63	817. 89	19. 35	−484. 71	−9. 99	−12. 39
新三板	833408. OC	伊森新材	青岛	3000. 00	5047. 74	3570. 23	7404. 92	223. 54	222. 20	1477. 51	26. 66	3. 02	4. 65	6. 34
齐鲁股交	100489. QLE	德正乳业	威海	3000. 00	4923. 03	2848. 13	6641. 74	184. 77	183. 09	2074. 90	49. 12	2. 78	3. 52	6. 91
新三板	831995. OC	贝特智联	威海	3000. 00	4164. 97	2935. 58	822. 59	−392. 52	−334. 59	1229. 38	29. 95	−47. 72	−7. 55	−10. 78
新三板	836296. OC	海天炜业	青岛	3000. 00	4118. 75	2072. 26	3078. 65	364. 32	355. 72	2046. 49	56. 85	11. 83	8. 10	18. 78
新三板	831092. OC	乾元泽孚	济南	2970. 00	15052. 17	10891. 22	8482. 66	1463. 68	1271. 46	4160. 95	23. 58	17. 26	9. 47	12. 40
新三板	835198. OC	松竹铝业	淄博	2900. 00	11652. 40	7194. 58	23344. 57	282. 58	264. 26	4457. 82	37. 58	1. 21	2. 34	3. 74
新三板	832286. OC	凯翔生物	日照	2860. 00	23053. 42	985. 12	24921. 42	1233. 19	1204. 77	22068. 31	98. 33	4. 95	5. 25	314. 78
新三板	870395. OC	龙普股份	聊城	2860. 00	13095. 16	3875. 94	13377. 86	282. 28	300. 10	9219. 22	70. 83	2. 11	2. 35	8. 05
新三板	833088. OC	泰金精锻	莱芜	2800. 00	15061. 34	6617. 17	11872. 54	15. 10	69. 96	8444. 17	57. 47	0. 13	0. 45	1. 06
新三板	871352. OC	百灵科技	青岛	2800. 00	3336. 56	2853. 91	1779. 74	−410. 93	−336. 43	482. 66	15. 25	−23. 09	−9. 44	−11. 13
新三板	838892. OC	休普动力	淄博	2777. 00	11701. 95	4324. 00	3339. 98	−1606. 71	−1366. 26	7377. 95	60. 22	−48. 11	−10. 85	−27. 29
新三板	831606. OC	方硕科技	烟台	2760. 00	748. 52	424. 55	566. 37	−432. 62	−432. 62	323. 96	54. 76	−76. 39	−57. 41	−126. 92

续表

所属板块	股票代码	股票简称	城市	注册资本（万元）	总资产（万元）	净资产（万元）	营业收入（万元）	利润总额（万元）	净利润（万元）	总负债（万元）	资产负债率（%）	销售利润率（%）	总资产收益率（%）	净资产收益率（%）
新三板	839313. OC	和宁信息	济南	2754. 00	14071. 59	3218. 18	18156. 75	642. 54	602. 46	10853. 42	80. 73	3. 54	4. 25	22. 03
新三板	834625. OC	能源谷	济南	2750. 00	4244. 47	2593. 79	1149. 63	-674. 40	-674. 40	1650. 69	36. 07	-58. 66	-14. 71	-23. 01
新三板	831686. OC	正大环保	威海	2746. 00	36539. 91	16702. 38	20278. 85	2333. 63	2045. 28	19837. 54	54. 59	11. 51	5. 92	13. 04
新三板	872394. OC	泰一股份	聊城	2708. 00	5931. 89	2828. 05	2017. 17	162. 76	138. 71	3103. 85	51. 95	8. 07	2. 42	5. 03
新三板	834812. OC	圣士达	烟台	2671. 90	5843. 58	3892. 15	5589. 45	466. 23	400. 93	1951. 44	31. 34	8. 34	7. 30	10. 63
新三板	871945. OC	隆鑫股份	滨州	2660. 00	5013. 04	3164. 10	7488. 11	93. 42	83. 03	1848. 93	47. 89	1. 25	1. 39	2. 67
新三板	833693. OC	华邦科技	威海	2638. 75	9249. 74	5080. 37	5650. 15	642. 93	562. 83	4169. 37	45. 95	11. 38	6. 36	11. 77
新三板	870534. OC	万泽冷链	莱芜	2612. 00	8508. 47	3303. 89	3315. 74	201. 56	176. 02	5204. 58	62. 69	6. 08	2. 03	5. 44
新三板	430717. OC	源通机械	淄博	2600. 00	13628. 71	6770. 53	16266. 24	672. 58	581. 56	6858. 18	51. 81	4. 13	4. 28	8. 89
新三板	837885. OC	利和萃取	青岛	2598. 95	14011. 34	9985. 16	11638. 65	1527. 75	1347. 18	4026. 17	35. 51	13. 13	11. 88	18. 42
新三板	834920. OC	人合机电	威海	2591. 31	12095. 35	5470. 95	15754. 96	1398. 81	1268. 27	6624. 41	49. 55	8. 88	12. 25	24. 27
齐鲁股交	100207. QLE	只楚化学	烟台	2556. 50	6275. 69	2177. 96	4821. 81	-370. 98	-374. 96	4097. 73	63. 80	-7. 69	-5. 79	-15. 98
新三板	831623. OC	金汇膜	烟台	2531. 98	4295. 55	2732. 39	3096. 99	221. 51	214. 45	1563. 16	36. 25	7. 15	5. 21	8. 17
新三板	870291. OC	爱尔家佳	青岛	2520. 00	5854. 89	4297. 09	9494. 24	1411. 01	1258. 16	1557. 80	27. 21	14. 86	24. 97	34. 30
新三板	831470. OC	德柏教育	聊城	2518. 70	2399. 02	2165. 02	969. 85	-1123. 75	-1122. 56	234. 00	8. 73	-115. 87	-37. 58	-41. 18
新三板	830774. OC	百博生物	济南	2510. 00	3371. 40	2969. 40	3006. 00	81. 89	76. 59	402. 00	11. 36	2. 72	2. 32	2. 61
新三板	872768. OC	三木水产	青岛	2500. 00	13002. 00	6085. 97	25245. 53	1043. 99	1021. 05	6916. 03	58. 89	4. 14	7. 53	18. 31
新三板	872445. OC	大众股份	莱芜	2500. 00	9715. 70	4398. 74	12779. 76	233. 13	250. 82	5316. 96	52. 84	1. 82	2. 77	5. 87
齐鲁股交	300917. QLE	筑通建材	日照	2500. 00	7845. 45	2208. 47	4491. 59	108. 12	93. 45	5636. 98	70. 13	2. 41	1. 32	4. 43
新三板	872460. OC	一飞药业	德州	2500. 00	6793. 88	3696. 99	4041. 88	43. 61	49. 01	3096. 90	45. 77	1. 08	0. 73	1. 35

续表

所属板块	股票代码	股票简称	城市	注册资本（万元）	总资产（万元）	净资产（万元）	营业收入（万元）	利润总额（万元）	净利润（万元）	总负债（万元）	资产负债率（%）	销售利润率（%）	总资产收益率（%）	净资产收益率（%）
新三板	832134. OC	宇都股份	青岛	2500. 00	6197. 77	3492. 33	11013. 48	296. 94	221. 03	2705. 44	41. 30	2. 70	3. 84	6. 54
新三板	873221. OC	怡富保险	济南	2500. 00	3940. 10	3102. 31	15001. 42	301. 51	228. 39	837. 78	16. 33	2. 01	6. 40	7. 64
新三板	838578. OC	东方信达	济南	2498. 00	11275. 76	6577. 69	17591. 14	912. 79	794. 49	4698. 06	40. 08	5. 19	7. 73	12. 91
新三板	835980. OC	佳田影像	济宁	2454. 66	5100. 93	3031. 77	635. 71	-517. 42	-519. 46	2069. 16	41. 50	-81. 39	-9. 23	-15. 78
新三板	836126. OC	丰泰新材	威海	2454. 00	3940. 44	3554. 00	1764. 46	278. 41	251. 16	386. 43	7. 75	15. 78	6. 61	7. 17
新三板	430704. OC	同智伟业	济南	2450. 00	6445. 23	5770. 22	4855. 26	312. 56	342. 08	675. 00	12. 39	6. 44	6. 36	7. 26
新三板	830883. OC	联桥新材	威海	2400. 00	10176. 29	5819. 43	20954. 95	1315. 47	1226. 73	4356. 87	43. 14	6. 28	13. 16	23. 14
新三板	872219. OC	联科云	济南	2400. 00	5927. 64	4994. 32	3067. 79	935. 17	833. 88	933. 32	15. 29	30. 48	15. 43	18. 22
新三板	872903. OC	万安药业	东营	2400. 00	5441. 96	4407. 24	1542. 79	-179. 83	-194. 81	1034. 71	19. 07	-11. 66	-3. 50	-4. 32
齐鲁股交	100352. QLE	燎原农业	潍坊	2390. 00	8905. 00	2900. 00	3697. 00	-182. 00	-182. 00	6005. 00	68. 94	-4. 92	-1. 91	-6. 14
新三板	872537. OC	坤宝股份	东营	2383. 93	16148. 87	13150. 49	29203. 81	9035. 57	6801. 68	2998. 38	19. 79	30. 94	60. 13	74. 97
新三板	871161. OC	绿通燃气	淄博	2380. 00	6178. 24	4533. 27	5050. 52	130. 63	136. 07	1644. 97	26. 87	2. 59	2. 23	3. 05
新三板	839008. OC	东润仪表	烟台	2379. 00	7621. 27	4516. 13	4046. 31	295. 32	295. 02	3105. 14	40. 13	7. 30	4. 04	6. 75
新三板	871636. OC	高翔通航	济宁	2375. 83	6855. 55	4266. 87	3629. 85	704. 79	508. 48	2588. 67	41. 21	19. 42	7. 45	12. 67
齐鲁股交	100022. QLE	安博科技	淄博	2340. 00	28067. 86	8261. 28	20048. 42	1224. 95	996. 63	19806. 57	72. 13	6. 11	3. 47	12. 44
新三板	871674. OC	德衡股份	烟台	2334. 00	6554. 93	3894. 86	81003. 74	618. 53	462. 59	2660. 06	37. 71	0. 76	7. 90	12. 68
新三板	832082. OC	聚祥股份	菏泽	2328. 00	5243. 78	4013. 28	4375. 46	622. 71	563. 07	1230. 50	19. 64	14. 23	11. 39	14. 17
新三板	839253. OC	红霖股份	济南	2300. 00	11071. 11	3177. 52	6126. 86	154. 89	154. 89	7893. 59	68. 59	2. 53	1. 57	5. 00
新三板	839814. OC	师帅冷链	青岛	2300. 00	4586. 82	2843. 46	4219. 25	279. 52	182. 10	1743. 36	34. 39	6. 62	4. 30	6. 56
新三板	833628. OC	金山地质	烟台	2266. 00	7796. 75	4674. 55	2977. 54	15. 88	21. 73	3122. 20	36. 55	0. 53	0. 30	0. 47

续表

所属板块	股票代码	股票简称	城市	注册资本（万元）	总资产（万元）	净资产（万元）	营业收入（万元）	利润总额（万元）	净利润（万元）	总负债（万元）	资产负债率（%）	销售利润率（%）	总资产收益率（%）	净资产收益率（%）
新三板	870505. OC	隆济时	威海	2255. 53	8925. 15	4451. 03	6970. 20	1057. 91	904. 86	4474. 12	51. 22	15. 18	11. 00	22. 55
齐鲁股交	100507. QLE	蓝创科技	潍坊	2250. 00	4435. 40	1957. 00	635. 70	-330. 60	-330. 60	2478. 40	54. 48	-52. 01	-7. 09	-15. 58
新三板	838072. OC	鑫运通	聊城	2245. 00	4280. 74	2294. 24	3694. 21	-219. 08	-204. 66	1986. 50	41. 81	-5. 93	-4. 97	-8. 54
新三板	834290. OC	培诺教育	青岛	2236. 87	11013. 25	10166. 88	5978. 46	362. 80	171. 07	846. 37	21. 95	6. 07	1. 55	1. 99
新三板	834241. OC	天利和	淄博	2222. 00	8622. 23	6135. 01	4263. 27	296. 96	341. 68	2487. 22	29. 34	6. 97	4. 05	5. 73
新三板	872608. OC	澳迪森	淄博	2200. 00	13389. 77	3364. 98	15424. 99	-707. 49	-734. 24	10024. 79	73. 88	-4. 59	-5. 50	-21. 06
新三板	839545. OC	特斯特	青岛	2200. 00	3781. 10	3296. 66	3651. 52	249. 97	252. 20	484. 44	15. 33	6. 85	6. 74	7. 95
齐鲁股交	300448. QLE	鑫联惠	滨州	2200. 00	2463. 00	2331. 00	40. 00	-116. 00	-105. 00	132. 00	17. 07	-290. 00	-3. 69	-4. 45
新三板	837579. OC	雨诺股份	青岛	2189. 78	11730. 07	2831. 38	5005. 50	488. 56	497. 60	8898. 69	64. 47	9. 76	6. 85	19. 27
新三板	832642. OC	确信信息	济南	2172. 92	6815. 81	4660. 76	3654. 60	35. 87	88. 12	2155. 04	33. 05	0. 98	1. 43	2. 13
新三板	872872. OC	中富泰科	青岛	2166. 00	35750. 04	2578. 87	48397. 26	199. 14	170. 87	33171. 17	93. 61	0. 41	0. 46	7. 14
新三板	873132. OC	泰鹏智能	泰安	2160. 00	16825. 87	2495. 85	18143. 20	485. 63	470. 02	14330. 02	86. 32	2. 68	2. 54	18. 55
新三板	834027. OC	冠尔股份	青岛	2155. 00	3383. 77	2282. 61	943. 30	-281. 83	-269. 47	1101. 16	34. 34	-29. 88	-7. 32	-11. 15
新三板	835936. OC	天璇物流	青岛	2129. 93	8256. 68	4269. 29	17309. 45	805. 62	458. 30	3987. 39	54. 07	4. 65	5. 84	12. 71
新三板	834727. OC	天茂新材	济南	2125. 00	5583. 35	4256. 13	9006. 81	632. 90	558. 85	1327. 22	24. 21	7. 03	10. 65	14. 05
新三板	872190. OC	雷神科技	青岛	2121. 11	70754. 30	20362. 56	167314. 28	1803. 07	1116. 46	50391. 74	69. 69	1. 08	1. 71	5. 65
新三板	833110. OC	中教产业	济南	2108. 80	7325. 77	3439. 01	10058. 97	575. 20	455. 97	3886. 76	53. 31	5. 72	6. 63	14. 20
新三板	871991. OC	和同信息	济南	2105. 26	7885. 09	2987. 91	6121. 08	51. 73	48. 40	4897. 18	59. 68	0. 85	0. 66	1. 63
新三板	837965. OC	宝源股份	淄博	2100. 00	11575. 97	8757. 03	22504. 70	2745. 58	2036. 59	2818. 93	33. 34	12. 20	16. 95	25. 42
新三板	873173. OC	康源堂	济宁	2090. 00	7227. 37	3757. 37	16595. 10	1159. 44	1083. 28	3470. 00	64. 70	6. 99	11. 89	33. 69

续表

所属板块	股票代码	股票简称	城市	注册资本（万元）	总资产（万元）	净资产（万元）	营业收入（万元）	利润总额（万元）	净利润（万元）	总负债（万元）	资产负债率（%）	销售利润率（%）	总资产收益率（%）	净资产收益率（%）
新三板	832591. OC	翔宇科技	威海	2070. 00	3662. 21	3326. 29	2528. 54	478. 58	439. 67	335. 92	10. 48	18. 93	12. 34	13. 79
新三板	832355. OC	动脉智能	济宁	2062. 53	5793. 99	2170. 38	4334. 63	53. 68	78. 14	3623. 61	66. 22	1. 24	1. 21	3. 58
新三板	838801. OC	中彩环保	济南	2033. 00	3507. 91	1960. 94	2508. 40	-195. 88	-246. 31	1546. 96	41. 28	-7. 81	-8. 23	-14. 02
新三板	872197. OC	汉诺宝嘉	济南	2020. 00	6612. 40	1760. 22	1739. 34	-680. 85	-683. 08	4852. 18	70. 60	-39. 14	-9. 56	-32. 50
新三板	870784. OC	鲁强电工	济宁	2020. 00	3901. 75	3630. 77	3875. 97	467. 34	372. 04	270. 98	9. 91	12. 06	9. 45	10. 49
新三板	838552. OC	同创化工	临沂	2020. 00	2188. 43	1598. 59	2380. 71	-35. 79	-164. 47	589. 84	27. 04	-1. 50	-7. 14	-9. 78
新三板	838049. OC	琅卡博	威海	2016. 00	3512. 83	2622. 97	2544. 70	512. 97	469. 15	889. 86	24. 43	20. 16	13. 79	18. 25
新三板	839233. OC	艺创科技	济南	2013. 01	4818. 22	2178. 51	4300. 61	375. 50	335. 74	2639. 71	57. 12	8. 73	7. 16	16. 70
齐鲁股交	100160. QLE	恒久科技	淄博	2009. 00	11374. 25	2392. 94	15663. 17	-157. 95	-120. 65	8981. 31	77. 32	-1. 01	-1. 16	-5. 10
新三板	835756. OC	弘易传媒	潍坊	2007. 60	4396. 67	3430. 37	4910. 02	705. 75	519. 82	966. 30	32. 54	14. 37	12. 36	18. 32
新三板	831261. OC	天海科技	聊城	2001. 00	6215. 01	4270. 05	4437. 93	648. 53	592. 16	1944. 96	45. 08	14. 61	8. 71	15. 86
新三板	873027. OC	华夏高科	临沂	2000. 00	27214. 56	3251. 69	16560. 08	392. 39	363. 31	23962. 87	88. 16	2. 37	1. 40	11. 83
齐鲁股交	301813. QLE	华刚恒业	济宁	2000. 00	25174. 92	2690. 32	241320. 37	1715. 40	1283. 32	22484. 60	93. 00	0. 71	4. 39	62. 64
新三板	837191. OC	京广传媒	潍坊	2000. 00	24654. 54	6431. 58	14804. 60	338. 63	195. 33	18222. 96	73. 46	2. 29	0. 82	3. 08
新三板	836007. OC	润华物业	济南	2000. 00	16156. 74	7567. 45	35004. 82	1175. 80	981. 97	8589. 29	49. 12	3. 36	7. 06	13. 88
新三板	831442. OC	枫林食品	烟台	2000. 00	10548. 10	2774. 42	17426. 74	207. 11	178. 02	7773. 68	71. 29	1. 19	1. 90	6. 63
新三板	870749. OC	建华中兴	济宁	2000. 00	10530. 50	6149. 45	10976. 35	1315. 96	1248. 22	4381. 05	42. 42	11. 99	13. 01	22. 59
新三板	837426. OC	易森园林	青岛	2000. 00	9305. 29	2853. 26	4447. 98	141. 13	99. 14	6452. 02	72. 52	3. 17	0. 97	3. 54
新三板	872044. OC	正中信息	济南	2000. 00	9160. 28	5474. 83	9872. 15	1564. 62	1410. 48	3685. 45	40. 74	15. 85	17. 16	28. 95
新三板	835856. OC	明炬气体	烟台	2000. 00	7711. 59	6245. 87	6499. 34	1038. 28	945. 47	1465. 72	18. 51	15. 98	13. 44	16. 49

续表

所属板块	股票代码	股票简称	城市	注册资本（万元）	总资产（万元）	净资产（万元）	营业收入（万元）	利润总额（万元）	净利润（万元）	总负债（万元）	资产负债率（%）	销售利润率（%）	总资产收益率（%）	净资产收益率（%）
新三板	872905. OC	海博科技	青岛	2000. 00	7543. 30	5593. 22	12000. 46	4052. 26	3558. 14	1950. 09	22. 04	33. 77	64. 30	82. 48
新三板	835080. OC	蓝川环保	济南	2000. 00	7027. 62	3744. 59	4416. 52	962. 96	901. 19	3283. 03	41. 02	21. 80	16. 01	27. 14
新三板	872412. OC	三让洁能	济宁	2000. 00	6893. 25	2076. 23	7646. 79	46. 00	47. 85	4817. 02	64. 67	0. 60	0. 82	2. 33
新三板	871925. OC	金视野	济南	2000. 00	6709. 73	6051. 22	7042. 71	1039. 89	946. 61	658. 52	9. 79	14. 77	13. 49	14. 96
新三板	839381. OC	海鹰科技	潍坊	2000. 00	6489. 05	3073. 87	15144. 55	483. 01	351. 81	3415. 19	55. 05	3. 19	5. 46	12. 14
新三板	833552. OC	威尔数据	烟台	2000. 00	5801. 05	4777. 97	5068. 71	1164. 69	1104. 44	1023. 08	16. 75	22. 98	21. 01	25. 24
新三板	836132. OC	恒大教育	烟台	2000. 00	5486. 50	4306. 83	6977. 32	1280. 09	1045. 95	1179. 68	23. 79	18. 35	21. 70	28. 47
齐鲁股交	302869. QLE	草根快递	临沂	2000. 00	5399. 18	4524. 82	19534. 64	2612. 63	2612. 63	874. 36	16. 30	13. 37	92. 65	110. 70
新三板	838589. OC	驼风科技	日照	2000. 00	5268. 38	2229. 56	6130. 79	-22. 84	-137. 37	3038. 82	57. 53	-0. 37	-2. 54	-5. 98
新三板	872821. OC	圣梵尼	济南	2000. 00	4922. 39	1822. 31	3292. 50	-523. 53	-526. 97	3100. 08	56. 85	-15. 90	-10. 90	-25. 26
新三板	831109. OC	金牌股份	威海	2000. 00	4596. 81	722. 23	2706. 65	-591. 85	-591. 85	3874. 58	78. 68	-21. 87	-12. 39	-58. 13
新三板	870599. OC	美迪医疗	济南	2000. 00	3682. 27	1945. 01	1282. 48	139. 02	127. 03	1737. 26	46. 01	10. 84	3. 64	6. 73
新三板	872003. OC	四维律动	济南	2000. 00	3412. 61	2453. 01	7486. 74	234. 86	170. 60	959. 61	27. 42	3. 14	5. 23	7. 21
新三板	872968. OC	德瑞斯	烟台	2000. 00	2911. 00	2142. 20	1185. 48	34. 88	21. 83	768. 80	26. 84	2. 94	0. 75	1. 02
新三板	870570. OC	信带通	青岛	2000. 00	1832. 10	409. 97	728. 35	-1076. 76	-1081. 68	1422. 13	54. 62	-147. 84	-53. 10	-117. 00
新三板	871810. OC	北洋天青	青岛	1986. 28	7832. 71	4412. 00	6106. 09	1092. 85	958. 18	3420. 71	38. 80	17. 90	14. 91	24. 36
新三板	872815. OC	国丰君达	东营	1972. 50	4123. 31	1348. 71	3246. 60	-872. 69	-878. 35	2774. 60	63. 84	-26. 88	-17. 77	-49. 13
新三板	839417. OC	元盛光电	青岛	1870. 00	4266. 67	1739. 91	3125. 42	-139. 03	-137. 31	2526. 76	54. 74	-4. 45	-3. 57	-7. 89
齐鲁股交	301979. QLE	罗兰丝汇	滨州	1862. 89	3986. 00	2077. 00	1661. 00	125. 00	110. 00	1909. 00	48. 68	7. 53	2. 82	5. 50
新三板	872298. OC	威海顺意	威海	1805. 92	6672. 87	4256. 76	8297. 71	90. 66	89. 55	2416. 11	34. 55	1. 09	1. 39	2. 13

续表

所属板块	股票代码	股票简称	城市	注册资本（万元）	总资产（万元）	净资产（万元）	营业收入（万元）	利润总额（万元）	净利润（万元）	总负债（万元）	资产负债率（%）	销售利润率（%）	总资产收益率（%）	净资产收益率（%）
齐鲁股交	171002. QLE	山能激光	泰安	1800. 00	17932. 00	11414. 00	16727. 00	1271. 00	1082. 00	6517. 00	32. 42	7. 60	6. 72	9. 94
新三板	837377. OC	云宇制动	泰安	1800. 00	7986. 73	1908. 96	5372. 55	307. 96	272. 06	6077. 77	75. 07	5. 73	3. 83	15. 35
新三板	837556. OC	开元模具	烟台	1800. 00	6978. 88	1915. 57	2995. 73	-358. 69	-344. 52	5063. 31	71. 07	-11. 97	-4. 77	-16. 50
新三板	836406. OC	矩阵软件	济南	1800. 00	4985. 29	2308. 34	5490. 00	229. 85	237. 66	2676. 95	47. 08	4. 19	5. 59	10. 56
新三板	870212. OC	奥旺迪	淄博	1774. 80	3732. 17	2350. 58	13351. 39	203. 28	151. 20	1381. 59	35. 44	1. 52	4. 29	6. 65
新三板	832403. OC	德尔智能	烟台	1760. 00	5127. 02	3947. 83	3402. 25	401. 00	366. 43	1179. 19	25. 95	11. 79	6. 98	9. 43
新三板	831865. OC	凯瑞电气	威海	1738. 80	2517. 63	2285. 98	1622. 63	463. 98	398. 77	231. 66	9. 72	28. 59	16. 36	18. 13
新三板	838240. OC	九州信泰	济南	1730. 30	4018. 51	2339. 60	8212. 38	510. 31	523. 63	1678. 91	40. 68	6. 21	14. 95	25. 20
新三板	872171. OC	绿泉环保	济南	1721. 90	3865. 45	1979. 85	2090. 14	50. 67	62. 83	1885. 60	51. 17	2. 42	1. 57	3. 22
新三板	831293. OC	征宙机械	德州	1718. 00	12630. 03	10607. 10	8150. 50	59. 02	76. 01	2022. 93	15. 49	0. 72	0. 61	0. 72
齐鲁股交	100223. QLE	三和玩具	临沂	1700. 00	15836. 00	3376. 00	14802. 00	-122. 00	-118. 00	12460. 00	77. 59	-0. 82	-0. 77	-3. 44
新三板	430517. OC	新吉纳	济南	1700. 00	2843. 63	2255. 91	557. 03	-286. 99	-258. 83	587. 72	17. 69	-51. 52	-8. 93	-10. 85
齐鲁股交	301036. QLE	豪飞服饰	聊城	1698. 00	3160. 21	762. 32	6275. 52	63. 14	47. 35	2397. 89	73. 53	1. 01	1. 69	6. 39
新三板	832879. OC	开瑞物流	青岛	1655. 61	7804. 90	1946. 35	25344. 97	84. 55	38. 78	5858. 54	73. 82	0. 33	0. 57	2. 19
新三板	430576. OC	泰信电子	济南	1628. 50	1490. 69	7. 38	218. 01	-331. 08	-331. 08	1483. 32	89. 08	-151. 87	-20. 91	-191. 47
新三板	835606. OC	亿友电器	青岛	1600. 00	3248. 97	1320. 74	1986. 19	-217. 36	-197. 14	1928. 23	53. 73	-10. 94	-6. 43	-13. 89
新三板	832923. OC	视观察	济南	1600. 00	1989. 74	1419. 33	552. 20	-475. 29	-451. 30	570. 41	25. 36	-86. 07	-20. 48	-27. 44
新三板	834359. OC	金色童年	济南	1589. 00	2415. 79	548. 69	1455. 13	15. 39	71. 67	1867. 10	76. 61	1. 06	3. 27	13. 97
新三板	832833. OC	易霸科技	威海	1579. 40	5752. 95	3181. 96	2519. 13	211. 41	165. 54	2570. 99	44. 02	8. 39	2. 99	5. 34
新三板	870495. OC	金恒宇	济南	1510. 00	11955. 45	1739. 80	11618. 99	175. 80	175. 80	10215. 66	86. 30	1. 51	1. 46	10. 64

续表

所属板块	股票代码	股票简称	城市	注册资本（万元）	总资产（万元）	净资产（万元）	营业收入（万元）	利润总额（万元）	净利润（万元）	总负债（万元）	资产负债率（%）	销售利润率（%）	总资产收益率（%）	净资产收益率（%）
齐鲁股交	100436. QLE	淄博电瓷	淄博	1510. 00	11868. 00	2810. 00	11319. 00	873. 00	859. 00	9058. 00	80. 57	7. 71	7. 02	36. 11
新三板	871907. OC	环球软件	烟台	1500. 00	2342. 66	2046. 84	2010. 55	169. 31	141. 30	295. 83	11. 76	8. 42	6. 31	7. 15
新三板	833307. OC	优格花园	青岛	1500. 00	867. 47	576. 00	159. 33	-939. 78	-952. 43	291. 47	18. 41	-589. 85	-73. 85	-90. 52
新三板	835195. OC	金正动画	聊城	1492. 40	4216. 31	1560. 29	1609. 18	53. 23	51. 07	2656. 01	60. 74	3. 31	1. 31	3. 33
齐鲁股交	100550. QLE	华银食品	潍坊	1451. 20	8100. 00	2174. 00	4081. 00	836. 00	627. 00	5926. 00	77. 26	20. 49	7. 66	33. 70
齐鲁股交	172087. QLE	稷丰农业	潍坊	1449. 00	2205. 07	1321. 10	393. 68	-85. 81	-85. 81	883. 97	45. 44	-21. 80	-3. 69	-6. 76
齐鲁股交	300553. QLE	碧龙面业	潍坊	1429. 00	11639. 00	5274. 00	31620. 00	1301. 00	1300. 00	6366. 00	59. 90	4. 11	11. 47	28. 60
齐鲁股交	100182. QLE	华强精密	枣庄	1427. 60	2743. 00	1647. 00	811. 00	71. 00	65. 00	1096. 00	41. 32	8. 75	2. 36	4. 03
新三板	872883. OC	海岳环境	烟台	1400. 00	3980. 59	2791. 63	2405. 85	831. 07	727. 82	1188. 96	27. 99	34. 54	21. 59	29. 98
新三板	839761. OC	隽秀生物	烟台	1363. 63	2315. 00	2236. 75	132. 42	-587. 11	-584. 52	78. 25	3. 42	-443. 35	-31. 60	-32. 72
新三板	831773. OC	金巴赫	青岛	1357. 80	2369. 11	1926. 62	3311. 59	-476. 17	-366. 88	442. 49	10. 53	-14. 38	-15. 56	-17. 39
新三板	835143. OC	ST 中顾	济南	1333. 57	467. 74	-614. 55	2583. 77	-831. 53	-831. 53	1082. 30	129. 27	-32. 18	-132. 61	453. 04
齐鲁股交	172080. QLE	东宇能源	潍坊	1320. 00	1056. 55	1083. 77	113. 76	-10. 78	-10. 78	-27. 22	10. 88	-9. 48	-0. 84	-0. 95
齐鲁股交	171039. QLE	科澜新材	潍坊	1300. 00	2682. 14	2112. 35	4191. 25	444. 96	406. 91	569. 79	21. 70	10. 62	16. 69	21. 32
新三板	833983. OC	一品鲜蔬	烟台	1300. 00	1726. 64	1389. 51	1597. 03	2. 13	2. 13	337. 13	17. 51	0. 13	0. 13	0. 15
齐鲁股交	300805. QLE	将军井	淄博	1300. 00	1629. 91	1236. 00	216. 84	-18. 00	-18. 00	392. 00	19. 56	-8. 30	-1. 15	-1. 44
齐鲁股交	301589. QLE	祥龙股份	潍坊	1288. 00	3145. 00	1597. 00	7644. 00	49. 00	37. 00	1548. 00	44. 25	0. 64	1. 30	2. 33
齐鲁股交	172168. QLE	诚峰智远	烟台	1280. 00	2443. 86	1391. 02	1133. 97	77. 17	75. 23	1052. 84	49. 55	6. 81	2. 77	5. 49
齐鲁股交	100370. QLE	中南股份	淄博	1260. 00	3641. 00	1545. 00	10845. 00	87. 00	84. 00	2096. 00	56. 17	0. 80	2. 45	5. 59
新三板	871225. OC	都都股份	青岛	1259. 00	1587. 57	1386. 91	1084. 10	-248. 09	-234. 08	200. 66	11. 20	-22. 88	-14. 80	-16. 67

续表

所属板块	股票代码	股票简称	城市	注册资本（万元）	总资产（万元）	净资产（万元）	营业收入（万元）	利润总额（万元）	净利润（万元）	总负债（万元）	资产负债率（%）	销售利润率（%）	总资产收益率（%）	净资产收益率（%）
新三板	872723. OC	三木众合	聊城	1236. 60	2823. 67	1383. 29	2783. 19	223. 79	204. 55	1440. 38	52. 21	8. 04	7. 63	15. 97
齐鲁股交	100310. QLE	九星包装	潍坊	1235. 00	1636. 13	1278. 08	1171. 58	8. 97	8. 06	358. 05	21. 93	0. 77	0. 49	0. 63
新三板	835672. OC	华高墨烯	青岛	1230. 00	1162. 26	282. 75	566. 67	-460. 81	-460. 81	879. 51	57. 63	-81. 32	-38. 12	-89. 97
新三板	873193. OC	擎雷科技	济南	1225. 00	5874. 26	5279. 81	5473. 14	891. 70	794. 99	594. 45	20. 40	16. 29	14. 61	18. 35
齐鲁股交	301458. QLE	众达模具	烟台	1220. 00	4555. 37	1625. 89	2762. 84	45. 07	40. 05	2929. 47	63. 85	1. 63	0. 90	2. 50
新三板	873252. OC	麦丰新材	泰安	1220. 00	1812. 48	1240. 79	1001. 49	-34. 51	-32. 46	571. 69	44. 93	-3. 45	-2. 40	-4. 36
新三板	838322. OC	达创科技	济南	1217. 64	2312. 07	1819. 11	1778. 59	92. 24	147. 20	492. 97	23. 12	5. 19	6. 48	8. 43
新三板	837515. OC	世纪股份	济南	1210. 00	2535. 72	663. 59	2059. 95	-154. 73	-89. 14	1872. 12	69. 77	-7. 51	-3. 81	-12. 59
齐鲁股交	172075. QLE	艾莫康	济南	1210. 00	1048. 47	1040. 02	28. 15	-178. 47	-178. 47	8. 45	0. 57	-634. 00	-15. 60	-15. 69
新三板	833022. OC	欧迈机械	德州	1200. 00	8580. 62	3231. 60	7103. 28	585. 71	567. 64	5349. 02	62. 88	8. 25	7. 15	19. 26
新三板	833869. OC	海普安全	青岛	1200. 00	5392. 21	2377. 94	4978. 28	603. 29	583. 49	3014. 27	51. 48	12. 12	13. 57	27. 97
新三板	430410. OC	微纳颗粒	济南	1200. 00	2349. 87	2145. 48	1027. 72	293. 75	252. 78	204. 38	9. 97	28. 58	10. 95	12. 16
新三板	872705. OC	锦桥电商	青岛	1200. 00	2257. 47	769. 25	30164. 94	-686. 04	-679. 47	1488. 22	58. 11	-2. 27	-25. 67	-61. 27
新三板	839707. OC	昌宏股份	聊城	1200. 00	1885. 72	1631. 18	1825. 56	84. 95	66. 56	254. 54	16. 99	4. 65	3. 46	4. 17
新三板	872007. OC	润生保险	东营	1200. 00	1695. 88	1645. 92	5447. 06	6. 57	-3. 55	49. 96	9. 82	0. 12	-0. 19	-0. 22
新三板	833815. OC	嘉友互联	济南	1200. 00	1624. 89	1588. 83	1126. 40	23. 73	24. 74	36. 07	7. 84	2. 11	1. 45	1. 57
新三板	834868. OC	佳科能源	青岛	1185. 60	3406. 52	816. 93	1183. 51	-118. 37	-164. 15	2589. 59	71. 76	-10. 00	-5. 16	-18. 26
新三板	838067. OC	三土能源	威海	1160. 00	11395. 84	3570. 97	8048. 91	1140. 60	1029. 01	7824. 87	67. 27	14. 17	11. 02	33. 67
新三板	872956. OC	展望科技	日照	1160. 00	2456. 15	1348. 10	2207. 27	-5. 98	10. 39	1108. 06	44. 14	-0. 27	0. 43	0. 77
新三板	870719. OC	方天股份	青岛	1160. 00	2299. 37	1586. 86	2542. 10	35. 80	32. 84	712. 51	29. 42	1. 41	1. 48	2. 09

续表

所属板块	股票代码	股票简称	城市	注册资本（万元）	总资产（万元）	净资产（万元）	营业收入（万元）	利润总额（万元）	净利润（万元）	总负债（万元）	资产负债率（%）	销售利润率（%）	总资产收益率（%）	净资产收益率（%）
新三板	831259. OC	创优股份	济南	1150. 00	948. 54	870. 12	2225. 02	442. 24	443. 97	78. 42	11. 28	19. 88	61. 02	68. 78
新三板	830932. OC	博扬超声	威海	1141. 30	1620. 34	1475. 25	949. 92	3. 27	4. 71	145. 09	6. 87	0. 34	0. 30	0. 32
齐鲁股交	300716. QLE	立阳制造	滨州	1140. 00	2131. 00	1191. 00	865. 00	13. 00	11. 00	940. 00	37. 99	1. 50	0. 54	0. 87
新三板	871446. OC	瘦课教育	烟台	1111. 11	3243. 98	3106. 01	1956. 80	453. 49	404. 00	137. 97	4. 58	23. 18	13. 34	13. 98
齐鲁股交	100293. QLE	万捷股份	烟台	1110. 00	2557. 00	1138. 40	2175. 40	8. 20	7. 40	1419. 00	53. 09	0. 38	0. 31	0. 65
齐鲁股交	100707. QLE	万洲科技	东营	1110. 00	1994. 59	1386. 65	584. 47	32. 55	32. 55	607. 94	35. 85	5. 57	1. 70	2. 38
新三板	873125. OC	山东博丽	淄博	1100. 00	6037. 36	3585. 87	16481. 68	1517. 43	1109. 62	2451. 49	42. 41	9. 21	22. 57	39. 19
新三板	872022. OC	味正品康	威海	1100. 00	4360. 88	2812. 64	6893. 73	945. 62	841. 39	1548. 24	37. 46	13. 72	21. 75	34. 78
新三板	834142. OC	立晨数据	临沂	1100. 00	3669. 20	3310. 42	2989. 98	1047. 81	923. 56	358. 78	9. 60	35. 04	29. 31	32. 42
新三板	871178. OC	高盛信息	青岛	1100. 00	1951. 47	1486. 01	1625. 68	116. 19	119. 74	465. 46	16. 45	7. 15	7. 01	8. 40
新三板	872368. OC	全影科技	潍坊	1100. 00	1868. 98	1536. 00	709. 34	49. 18	49. 18	332. 98	16. 89	6. 93	2. 70	3. 25
新三板	872902. OC	尚视觉	济南	1100. 00	1417. 37	1366. 45	1183. 61	90. 30	65. 18	50. 92	3. 57	7. 63	4. 71	4. 89
齐鲁股交	301705. QLE	恒鑫生科	烟台	1100. 00	1105. 15	1104. 92	35. 65	3. 07	2. 76	0. 23	0. 02	8. 61	0. 25	0. 25
新三板	834191. OC	世博演艺	济南	1100. 00	657. 11	32. 30	589. 02	19. 52	13. 87	624. 81	96. 48	3. 31	1. 92	54. 66
新三板	870671. OC	光远文化	威海	1076. 00	1873. 30	746. 27	1134. 31	-189. 21	-183. 54	1127. 03	56. 14	-16. 68	-9. 60	-21. 89
新三板	871615. OC	德胜股份	聊城	1060. 00	3930. 11	821. 17	2018. 58	-368. 47	-398. 69	3108. 94	74. 64	-18. 25	-10. 08	-39. 74
新三板	871119. OC	德系智能	青岛	1053. 00	4379. 73	3638. 88	2550. 27	333. 50	310. 53	740. 86	17. 35	13. 08	7. 35	8. 89
新三板	837963. OC	通产智能	青岛	1045. 20	6830. 59	247. 28	2227. 69	-1040. 63	-1040. 63	6583. 31	88. 04	-46. 71	-16. 22	-135. 57
新三板	430502. OC	万隆电气	潍坊	1045. 00	4524. 77	2166. 50	3000. 23	138. 68	160. 44	2358. 26	52. 50	4. 62	3. 65	7. 69
新三板	835682. OC	安之畅	济南	1040. 00	2540. 98	1956. 63	3002. 64	421. 36	366. 75	584. 35	21. 31	14. 03	16. 04	20. 38

续表

所属板块	股票代码	股票简称	城市	注册资本（万元）	总资产（万元）	净资产（万元）	营业收入（万元）	利润总额（万元）	净利润（万元）	总负债（万元）	资产负债率（%）	销售利润率（%）	总资产收益率（%）	净资产收益率（%）
新三板	835861. OC	奥诺科技	济南	1020. 00	11099. 49	4013. 72	7588. 12	765. 99	727. 47	7085. 77	59. 66	10. 09	7. 72	19. 13
新三板	872310. OC	协汇食品	威海	1010. 00	3126. 47	2764. 25	1884. 00	401. 53	300. 40	362. 21	13. 72	21. 31	9. 92	11. 49
齐鲁股交	100569. QLE	索通节能	威海	1010. 00	1657. 60	970. 20	530. 90	-301. 80	-301. 80	687. 40	33. 74	-56. 85	-15. 82	-23. 87
齐鲁股交	300765. QLE	沣亿农业	淄博	1010. 00	1014. 86	1014. 86	144. 00	4. 44	4. 44	0. 00	13. 80	3. 08	0. 36	0. 41
新三板	872406. OC	三同新材	泰安	1004. 00	2604. 52	1347. 16	3078. 62	268. 14	263. 91	1257. 36	56. 62	8. 71	9. 42	21. 72
新三板	871647. OC	福财股份	烟台	1000. 50	864. 38	769. 48	178. 24	-214. 14	-283. 39	94. 90	12. 11	-120. 14	-27. 33	-31. 10
新三板	834266. OC	英谷教育	青岛	1000. 00	12093. 67	8220. 73	5160. 37	3035. 26	2609. 92	3872. 94	30. 76	58. 82	26. 13	37. 74
新三板	832109. OC	新港模板	临沂	1000. 00	7235. 07	2697. 64	5973. 86	928. 75	800. 12	4537. 43	60. 17	15. 55	13. 87	34. 82
新三板	873016. OC	林森生物	淄博	1000. 00	4818. 39	771. 05	3180. 77	-776. 20	-804. 76	4047. 35	74. 18	-24. 40	-17. 82	-69. 02
新三板	872650. OC	双丰韩柏	威海	1000. 00	4649. 98	3784. 67	3399. 69	299. 48	272. 86	865. 30	23. 93	8. 81	5. 56	7. 32
新三板	833731. OC	默锐环境	烟台	1000. 00	4218. 59	1632. 06	2999. 03	567. 32	451. 74	2586. 53	66. 52	18. 92	10. 84	32. 37
新三板	839609. OC	雷悦重工	青岛	1000. 00	3874. 29	1876. 86	4034. 51	152. 00	154. 58	1997. 43	54. 10	3. 77	3. 98	8. 67
新三板	873123. OC	超逸国旅	青岛	1000. 00	3539. 84	1379. 78	6802. 95	37. 91	33. 20	2160. 06	62. 72	0. 56	0. 91	2. 44
新三板	832573. OC	地瑞科森	东营	1000. 00	3371. 66	1232. 92	1856. 36	40. 61	39. 67	2138. 74	56. 21	2. 19	1. 43	3. 27
新三板	430658. OC	舜网传媒	济南	1000. 00	3019. 20	1830. 15	2282. 64	271. 94	273. 19	1189. 05	36. 56	11. 91	9. 69	15. 27
齐鲁股交	301038. QLE	洪邦石化	日照	1000. 00	2907. 04	954. 96	355. 59	-58. 48	-58. 48	1952. 08	64. 95	-16. 45	-2. 07	-5. 90
新三板	872487. OC	筑建股份	济南	1000. 00	2688. 13	1761. 01	2711. 38	140. 51	66. 24	927. 13	30. 37	5. 18	2. 69	3. 86
新三板	838023. OC	嘉柏园林	淄博	1000. 00	2528. 96	1480. 03	2132. 79	63. 77	48. 41	1048. 93	46. 25	2. 99	1. 79	3. 33
新三板	870545. OC	民建股份	东营	1000. 00	2474. 94	991. 79	2807. 68	-124. 87	-124. 87	1483. 15	59. 28	-4. 45	-4. 82	-11. 84
新三板	831615. OC	禹成股份	烟台	1000. 00	2153. 45	796. 66	2482. 94	197. 88	180. 12	1356. 79	66. 89	7. 97	8. 44	25. 49

续表

所属板块	股票代码	股票简称	城市	注册资本（万元）	总资产（万元）	净资产（万元）	营业收入（万元）	利润总额（万元）	净利润（万元）	总负债（万元）	资产负债率（%）	销售利润率（%）	总资产收益率（%）	净资产收益率（%）
新三板	872097. OC	英网股份	青岛	1000. 00	1923. 17	1221. 34	58. 48	-566. 85	-424. 83	701. 83	30. 27	-969. 39	-20. 66	-29. 63
齐鲁股交	301587. QLE	中福信息	烟台	1000. 00	1430. 90	1122. 39	105. 23	-53. 07	-53. 07	308. 51	18. 76	-50. 43	-3. 70	-4. 56
齐鲁股交	302093. QLE	美迪森	威海	1000. 00	1294. 00	956. 00	412. 00	-63. 00	-64. 00	338. 00	18. 02	-15. 29	-5. 32	-6. 49
新三板	835685. OC	麦科三维	青岛	1000. 00	1164. 94	962. 67	1041. 60	72. 31	72. 42	202. 27	20. 83	6. 94	6. 19	7. 82
新三板	871334. OC	城业城	青岛	1000. 00	1055. 51	557. 00	2637. 43	-250. 65	-192. 97	498. 51	46. 78	-9. 50	-15. 71	-29. 53
齐鲁股交	171069. QLE	睿联股份	潍坊	1000. 00	578. 13	548. 79	224. 94	35. 16	35. 10	29. 34	7. 51	15. 63	6. 11	6. 61
齐鲁股交	300085. QLE	宽惠红木	潍坊	996. 00	1499. 57	1060. 27	105. 09	-40. 43	-41. 01	439. 30	56. 90	-38. 47	-1. 64	-3. 79
新三板	871378. OC	微图软件	济南	965. 94	1352. 12	1061. 18	1913. 65	95. 69	91. 29	290. 94	21. 62	5. 00	7. 05	8. 99
新三板	832508. OC	白马数控	济南	960. 00	3790. 91	767. 75	704. 45	-362. 15	-362. 15	3023. 15	75. 10	-51. 41	-9. 50	-38. 17
新三板	830975. OC	东和股份	青岛	900. 00	2472. 75	1364. 55	1083. 30	22. 22	22. 22	1108. 20	44. 32	2. 05	0. 92	1. 66
新三板	833208. OC	摆渡融创	青岛	843. 00	550. 26	452. 14	388. 02	93. 99	70. 69	98. 12	21. 41	24. 22	13. 33	16. 96
新三板	872878. OC	汇佳科技	东营	841. 00	1831. 23	1465. 47	1079. 91	102. 83	106. 97	365. 76	19. 33	9. 52	6. 13	7. 60
新三板	831747. OC	中景股份	青岛	832. 00	2604. 99	870. 21	4257. 41	60. 56	34. 98	1734. 79	63. 70	1. 42	1. 49	4. 10
新三板	838686. OC	源宜基因	潍坊	826. 45	2340. 02	1983. 87	802. 07	-980. 42	-967. 80	356. 15	10. 40	-122. 24	-35. 17	-39. 25
齐鲁股交	301638. QLE	大元包装	烟台	826. 00	719. 60	698. 60	233. 10	-237. 30	-237. 30	21. 00	4. 07	-101. 80	-27. 85	-29. 03
新三板	873215. OC	紫光圣果	威海	800. 00	2927. 86	809. 06	1403. 48	-45. 98	-54. 10	2118. 80	59. 99	-3. 28	-2. 59	-6. 47
新三板	834953. OC	金朋健康	烟台	800. 00	1426. 43	1040. 95	1963. 83	230. 11	93. 16	385. 48	19. 02	11. 72	5. 44	6. 72
新三板	837307. OC	环湾检测	青岛	800. 00	1388. 80	1190. 13	1901. 53	95. 35	100. 94	198. 67	14. 96	5. 01	7. 53	8. 86
新三板	837858. OC	鼎商动力	青岛	785. 00	1346. 69	352. 13	375. 30	-574. 31	-553. 30	994. 56	59. 23	-153. 03	-35. 87	-88. 00
新三板	871071. OC	康瑞体育	潍坊	777. 77	4242. 13	2793. 41	3461. 11	60. 01	31. 04	1448. 72	36. 02	1. 73	0. 71	1. 12

续表

所属板块	股票代码	股票简称	城市	注册资本（万元）	总资产（万元）	净资产（万元）	营业收入（万元）	利润总额（万元）	净利润（万元）	总负债（万元）	资产负债率（%）	销售利润率（%）	总资产收益率（%）	净资产收益率（%）
齐鲁股交	100501. QLE	昕诺吉	烟台	775. 50	1927. 86	665. 85	226. 66	-333. 16	-333. 16	1064. 01	48. 96	-146. 99	-19. 16	-42. 26
齐鲁股交	301469. QLE	金德化工	淄博	748. 00	15420. 00	2902. 00	5878. 00	343. 00	225. 00	12518. 00	83. 72	5. 84	1. 34	8. 24
齐鲁股交	100421. QLE	滨州海隆	滨州	740. 00	2184. 94	836. 21	2897. 05	-31. 22	-31. 30	1348. 73	60. 55	-1. 08	-1. 44	-3. 66
新三板	872919. OC	科尔股份	聊城	730. 00	2299. 07	865. 90	1002. 79	16. 89	12. 53	1433. 16	60. 05	1. 68	0. 58	1. 46
齐鲁股交	100365. QLE	拼钢科技	淄博	730. 00	1981. 68	823. 13	25136. 34	9. 00	4. 10	1158. 56	60. 54	0. 04	0. 20	0. 50
新三板	835503. OC	山东力凯	烟台	715. 00	4541. 49	1639. 74	5944. 19	470. 44	436. 50	2901. 74	70. 60	7. 91	9. 03	30. 71
新三板	838039. OC	光彩科技	青岛	700. 00	1699. 74	874. 66	2372. 69	-272. 28	-283. 82	825. 09	43. 66	-11. 48	-18. 45	-32. 75
新三板	836635. OC	大宏智能	济南	700. 00	1230. 67	724. 53	1882. 26	63. 78	58. 10	506. 14	37. 15	3. 39	5. 25	8. 35
齐鲁股交	301879. QLE	恒泰微粉	潍坊	700. 00	762. 90	697. 88	1604. 00	1. 25	1. 13	65. 00	12. 10	0. 08	0. 14	0. 16
新三板	836998. OC	速普电商	青岛	667. 00	349. 69	135. 14	287. 16	-313. 51	-313. 51	214. 55	42. 29	-109. 18	-62. 55	-108. 38
新三板	835203. OC	亚微软件	青岛	665. 00	7177. 97	3727. 44	5572. 17	554. 07	556. 23	3450. 53	44. 08	9. 94	9. 02	16. 13
齐鲁股交	300065. QLE	强盛工具	临沂	600. 00	9722. 53	-426. 35	1882. 34	-38. 74	-40. 24	10148. 88	104. 35	-2. 06	-0. 43	9. 91
新三板	873059. OC	莱恩光电	济宁	600. 00	7356. 78	6464. 58	6141. 65	1780. 06	1380. 37	892. 21	14. 70	28. 98	20. 39	23. 90
新三板	872813. OC	万方人才	威海	600. 00	5556. 68	1061. 12	3590. 74	56. 51	35. 68	4495. 57	77. 86	1. 57	0. 77	3. 49
新三板	835295. OC	联通人力	烟台	600. 00	1829. 66	587. 39	16228. 30	6. 57	2. 00	1242. 28	66. 80	0. 04	0. 11	0. 34
新三板	830930. OC	天行健	青岛	600. 00	1223. 04	681. 01	2193. 36	-80. 88	-80. 26	542. 03	38. 65	-3. 69	-6. 67	-10. 87
齐鲁股交	301389. QLE	金兜福	济南	600. 00	907. 61	625. 71	707. 32	17. 36	15. 61	281. 90	19. 19	2. 45	2. 04	2. 53
齐鲁股交	302115. QLE	淄博顺安	淄博	550. 00	59. 92	54. 08	152. 21	3. 50	3. 15	5. 84	7. 77	2. 30	5. 53	6. 00
新三板	838855. OC	力磁电气	青岛	537. 50	4577. 60	621. 21	1693. 12	-643. 82	-662. 43	3956. 39	84. 39	-38. 03	-14. 80	-94. 86
新三板	872070. OC	环球股份	青岛	524. 72	10987. 11	1753. 01	15468. 31	-871. 38	-845. 04	9234. 10	81. 43	-5. 63	-7. 21	-38. 84

续表

所属板块	股票代码	股票简称	城市	注册资本（万元）	总资产（万元）	净资产（万元）	营业收入（万元）	利润总额（万元）	净利润（万元）	总负债（万元）	资产负债率（%）	销售利润率（%）	总资产收益率（%）	净资产收益率（%）
新三板	832335. OC	科立森	临沂	505. 10	4413. 78	4149. 31	1385. 44	190. 06	140. 61	264. 46	6. 50	13. 72	3. 22	3. 45
新三板	837915. OC	车微联	济南	503. 81	1797. 74	270. 82	1017. 51	5. 85	13. 62	1526. 92	82. 08	0. 58	0. 92	5. 16
齐鲁股交	300226. QLE	威柏礼品	青岛	500. 00	6017. 00	878. 00	3720. 00	66. 00	56. 00	5138. 00	86. 01	1. 77	0. 92	6. 59
新三板	835500. OC	百丞税务	济南	500. 00	2533. 20	1524. 04	3813. 88	972. 43	811. 87	1009. 16	40. 03	25. 50	38. 39	64. 02
新三板	873192. OC	易飞国际	青岛	500. 00	2512. 71	585. 14	1494. 89	-57. 07	-65. 64	1927. 57	75. 56	-3. 82	-2. 68	-10. 98
齐鲁股交	171077. QLE	科创节能	聊城	500. 00	1310. 83	544. 05	449. 51	-32. 60	-36. 10	766. 77	55. 53	-7. 25	-2. 83	-6. 36
新三板	832603. OC	懿姿股份	青岛	500. 00	1244. 33	933. 17	2340. 38	398. 76	339. 74	311. 15	20. 36	17. 04	27. 38	34. 38
新三板	871380. OC	中财信	潍坊	500. 00	1208. 00	419. 47	1775. 42	334. 57	333. 36	788. 54	78. 61	18. 84	28. 21	131. 87
新三板	834700. OC	征途科技	泰安	500. 00	1084. 09	515. 65	1109. 80	157. 49	156. 81	568. 44	44. 94	14. 19	19. 75	35. 86
新三板	870010. OC	金盾安保	泰安	500. 00	1039. 83	677. 45	1680. 81	77. 47	33. 61	362. 38	41. 88	4. 61	2. 96	5. 09
新三板	871859. OC	明日教育	青岛	500. 00	958. 70	233. 24	1375. 32	172. 29	41. 63	725. 46	70. 49	12. 53	5. 78	19. 60
新三板	836432. OC	益信通	济南	500. 00	794. 11	668. 29	1289. 48	-111. 77	-111. 77	125. 82	13. 06	-8. 67	-10. 99	-12. 64
齐鲁股交	300957. QLE	永力轴承	聊城	500. 00	657. 00	497. 00	520. 00	0. 90	0. 50	160. 00	23. 71	0. 17	0. 08	0. 10
新三板	839132. OC	中际传媒	烟台	500. 00	645. 41	485. 22	106. 74	-139. 93	-139. 22	160. 19	19. 63	-131. 09	-20. 17	-25. 09
新三板	836039. OC	华力石油	东营	500. 00	621. 62	191. 34	229. 42	-68. 46	-63. 56	430. 28	68. 93	-29. 84	-8. 85	-28. 49
新三板	836761. OC	九博科技	聊城	500. 00	256. 01	256. 01	219. 00	-169. 59	-170. 51		5. 31	-77. 44	-47. 31	-49. 96
齐鲁股交	302638. QLE	轩瑞科技	潍坊	500. 00	199. 70	105. 70	133. 00	11. 80	11. 50	94. 00	41. 46	8. 87	6. 73	11. 51
齐鲁股交	300623. QLE	稷下风	淄博	450. 00	333. 58	293. 97	37. 74	-15. 81	-15. 81	39. 60	14. 97	-41. 89	-5. 56	-6. 54
齐鲁股交	301052. QLE	威海泓方	威海	400. 00	2518. 00	851. 00	4872. 00	60. 00	51. 00	1667. 00	64. 12	1. 23	2. 22	6. 20
齐鲁股交	100295. QLE	惠中工贸	烟台	400. 00	1061. 72	892. 84	585. 95	69. 24	62. 32	168. 88	17. 87	11. 82	5. 98	7. 28

续表

所属板块	股票代码	股票简称	城市	注册资本（万元）	总资产（万元）	净资产（万元）	营业收入（万元）	利润总额（万元）	净利润（万元）	总负债（万元）	资产负债率（%）	销售利润率（%）	总资产收益率（%）	净资产收益率（%）
齐鲁股交	303160. QLE	明科股份	东营	400. 00	470. 00	466. 00	286. 00	14. 00	12. 60	4. 20	8. 26	4. 90	4. 41	4. 80
齐鲁股交	302112. QLE	纪龙汽修	淄博	400. 00	447. 89	390. 51	265. 74	6. 30	6. 30	57. 38	15. 25	2. 37	1. 63	1. 92
新三板	871656. OC	远盾网络	济南	371. 54	2973. 36	2218. 60	2431. 64	-465. 19	-463. 70	754. 76	22. 23	-19. 13	-16. 35	-21. 02
齐鲁股交	300759. QLE	金乾坤	淄博	320. 00	888. 63	330. 14	1133. 71	10. 33	9. 20	558. 50	61. 88	0. 91	1. 08	2. 83
齐鲁股交	301069. QLE	汇润科技	威海	300. 00	1778. 60	364. 50	309. 59	12. 46	7. 96	1414. 10	79. 73	4. 02	0. 45	2. 21
齐鲁股交	302256. QLE	双赢股份	日照	300. 00	1586. 00	557. 00	2453. 00	54. 00	51. 80	1028. 00	66. 18	2. 20	3. 29	9. 76
齐鲁股交	302593. QLE	郁沁节能	潍坊	300. 00	195. 53	75. 81	341. 84	-28. 43	-31. 53	119. 72	72. 95	-8. 32	-15. 41	-56. 96
齐鲁股交	300513. QLE	文韬武略	济宁	300. 00	45. 65	45. 65	14. 68	1. 09	1. 07	0. 00	—	7. 43	2. 37	2. 37
新三板	871425. OC	富美特	烟台	220. 00	1340. 32	834. 31	2350. 94	165. 16	182. 27	506. 02	42. 64	7. 03	14. 07	24. 53
齐鲁股交	303165. QLE	祥峰智能	东营	210. 00	221. 00	211. 92	31. 06	0. 59	0. 44	9. 08	6. 97	1. 90	0. 36	0. 39
齐鲁股交	301850. QLE	欣顺电子	威海	200. 00	314. 20	247. 50	476. 60	31. 40	30. 30	66. 70	19. 87	6. 59	10. 45	13. 04
齐鲁股交	600151. QLE	宝善生态	淄博	200. 00	297. 57	297. 57	294. 04	97. 14	97. 14	0. 00	—	33. 04	55. 83	55. 83
齐鲁股交	302089. QLE	贝加贝	东营	170. 00	169. 80	169. 20	30. 40	0. 62	0. 55	0. 59	0. 46	2. 04	0. 32	0. 33
齐鲁股交	301493. QLE	鲁中文化	淄博	140. 00	73. 12	51. 89	21. 18	11. 18	11. 18	21. 23	32. 25	52. 79	14. 76	21. 78

B.11
参考文献

[1] 孙国茂:《山东省金融科技发展报告(2019)》,中国金融出版社,2019。

[2] 孙国茂:《山东上市公司经营绩效及市值管理研究报告(2019)》,中国金融出版社,2019。

[3] 孙国茂:《山东省普惠金融发展报告(2018)》,社会科学文献出版社,2018。

[4] 孙国茂:《中国证券公司竞争力研究报告(2018)》,社会科学文献出版社,2018。

[5] 孙国茂:《山东省中小企业发展报告(2018)》,社会科学文献出版社,2018。

[6] 孙国茂、胡汝银、陈志超:《金融资源配置、所有制结构与企业绩效》,《济南大学学报》(社会科学版)2018 年第 28 期。

[7] 中国人民银行:《2018 年金融市场运行情况》,中国人民银行官网,2019。

[8] 中国人民银行:《中国金融稳定报告(2018)》,中国金融出版社,2019。

[9] 中国人民银行:《2018 年货币政策执行报告》,中国人民银行官网,2019。

[10] 李建军、周叔媛:《高管金融素养是否影响企业金融排斥——基于缓解中小企业融资难的视角》,《中央财经大学学报》2019 年第 5 期。

[11] 范诗洋、钟培武:《供应链金融支持中小企业融资的路径分析》,《征信》2019 年第 6 期。

[12] 卢强、刘贝妮、宋华：《中小企业能力对供应链融资绩效的影响：基于信息的视角》，《南开管理评论》2019 年第 3 期。

[13] 金学星：《财税政策促进中小企业融资了吗——基于信号博弈扩展模型分析》，《地方财政研究》2019 年第 5 期。

[14] 朱秋华、杨毅、杨婷：《信息披露质量、供应链金融与中小企业融资约束——基于创业板上市公司的经验证据》，《企业经济》2019 年第 6 期。

[15] 程静、胡金林：《互联网金融化解中小企业融资难路径探析》，《商业经济研究》2019 年第 1 期。

[16] 周雪峰、左静静、郭晓唤：《市场化进程、多元化金融关联与民企创新投资——来自我国中小板上市公司的经验证据》，《会计之友》2018 年第 19 期。

[17] 朱健齐、林泽兰、苏志伟：《关于中小企业 “融资难”问题的对策研究——基于台湾经验和启示》，《中国海洋大学学报》（社会科学版）2018 年第 1 期。

[18] 俞懿、王兴旺：《中小企业融资问题浅探——以山东省为例》，《财会研究》2018 年第 4 期。

[19] 刘素荣：《融资约束下政府补贴对中小企业研发的激励效应——基于政府补贴相关性分类计量的视角》，《技术经济》2018 年第 1 期。

[20] 高严、陈诗思：《经济新常态下中小企业绩效评价：一个综述》，《财会通讯》2018 年第 2 期。

[21] 郭净、耿军会、陈小荣：《中小企业非研发创新绩效评价的探索性分析》，《会计之友》2018 年第 8 期。

[22] 杨奕：《供给侧改革背景下农村中小企业发展问题研究》，《农业经济》2018 年第 4 期。

[23] 李峰：《投贷联动助推中小企业发展》，《中国金融》2018 年第 5 期。

[24] 彭炜、杨建农、魏晓军、孙志国：《中小企业发展中政银企间的制约因素分析》，《金融与经济》2018 年第 8 期。

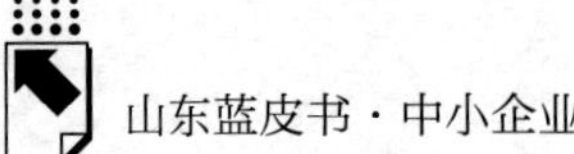

［25］董莉、彭永芳、董晓宏：《科技型中小企业融资的困境与出路》，《银行家》2018 年第 2 期。

［26］秦续忠、王宗水、赵红：《公司治理与企业社会责任披露——基于创业板的中小企业研究》，《管理评论》2018 年第 3 期。

［27］郭景先、苑泽明：《生命周期、财政政策与创新能力——基于科技型中小企业的经验证据》，《当代财经》2018 年第 3 期。

［28］刘渝琳、贾继能：《投贷联动、资本结构与研发效率——基于科技创新型中小企业视角》，《国际金融研究》2018 年第 1 期。

［29］宋华、杨璇：《中小企业竞争力与网络嵌入性对供应链金融绩效的影响研究》，《管理学报》2018 年第 4 期。

［30］杜楠、王大本、邢明强：《科技型中小企业技术创新驱动因素作用机理》，《经济与管理》2018 年第 2 期。

［31］徐海龙、王宏伟：《科技型中小企业全生命周期金融支持研究——基于风险特征的分析视角》，《科学管理研究》2018 年第 3 期。

［32］程刚、吴娣姝：《科技型中小企业知识创新的知识服务模式研究》，《情报理论与实践》2018 年第 4 期。

［33］焦媛媛、付轼辉、沈志锋、孙静：《我国中小企业社会关系网络对其“走出去”意愿的作用机制研究》，《科学学与科学技术管理》2018 年第 1 期。

［34］梁榜、张建华：《中国普惠金融创新能否缓解中小企业的融资约束》，《中国科技论坛》2018 年第 11 期。

［35］张晓玫、潘玲：《我国银行业市场结构与中小企业关系型贷款》，《金融研究》2013 年第 6 期。

［36］周中胜、罗正英、段姝：《网络嵌入、信息共享与中小企业信贷融资》，《中国软科学》2015 年第 5 期。

［37］中国中小企业发展促进中心：《中国中小企业年鉴》，九州出版社，2016。

［38］山东省中小企业局：《山东中小企业年鉴》，中国文史出版社，2017。

[39] 山东省中小企业局：《培育新动能　引领新常态——山东中小企业创新发展转型升级之路》，中国文史出版社，2017。

[40] 山东省中小企业局：《中小企业工作文件选编》，2017。

[41] 山东省中小企业局：《山东省中小企业新旧动能转换政策汇编》，山东省中小企业发展促进中心，2018。

[42] 山东省地方史志编纂委员会：《山东省志》，山东人民出版社，2016。

[43] 山东省统计局：《山东统计年鉴（2016）》，中国统计出版社，2016。

[44] 山东省统计局：《山东统计年鉴（2017）》，中国统计出版社，2017。

[45] 孙国茂：《金融改革的目标是实现金融服务的普惠性》，《国际融资》2017年第11期。

[46] 孙国茂：《区块链技术的本质特征及其金融领域应用研究》，《理论学刊》2017年第2期。

[47] 孙国茂：《尽快推进普惠金融制度体系建设》，《经济参考报》2017年3月3日。

[48] 孙国茂：《降低M2增速并不等同于去杠杆》，《上海证券报》2017年7月20日。

[49] 孙国茂、胡汝银：《健全资本市场加快新旧动能转换》，《中国社会科学报》2017年9月20日。

[50] 孙国茂、安强身：《普惠金融组织与普惠金融发展研究——来自山东省的经验与案例》，中国金融出版社，2017。

[51] 孙国茂、范跃进：《金融中心的本质、功能与路径选择》，《管理世界》2013年第11期。

[52] 孙国茂：《从根本上改革股票发行制度》，《理论学刊》2014年第3期。

[53] 孙国茂：《互联网金融：本质、现状与趋势》，《理论学刊》2015年第3期。

[54] 孙国茂：《金融创新的本质、特征与路径选择——基于资本市场的视角》，《理论学刊》2013年第6期。

[55] 孙国茂：《经济发展需要“金融深化”》，《上海证券报》2006 年 4 月 11 日。

[56] 孙国茂：《经济发展中的金融深化研究——山东经济发展中的问题与对策》，《东岳论丛》2006 年第 1 期。

[57] 孙国茂：《释放资本市场改革的更大红利》，《人民日报》2014 年 10 月 29 日。

[58] 孙国茂、孙同岩：《经济增长中的全要素生产率研究——以山东省经验数据为例》，《东岳论丛》2017 年第 11 期。

[59] 罗红梅：《中小企业债券担保问题分析》，《山东社会科学》2017 年第 7 期。

[60] 赵海燕：《基于 CAS 集群合作对中小型科技企业成长的影响机理》，《科学管理研究》2017 年第 3 期。

[61] 周志敏：《试论我国中小企业财务管理存在的问题及对策》，《财会学习》2017 年第 3 期。

[62] 张玉明、王春燕：《协同视角下科技型中小企业融资信用治理机制研究》，《山东大学学报》2017 年第 1 期。

[63] 姚王信、夏娟、孙婷婷：《供应链金融视角下科技型中小企业融资约束及其缓解研究》，《科技进步与对策》2017 年第 4 期。

[64] 李一瑶：《中小企业财务管理存在问题及对策》，《商场现代化》2017 年第 1 期。

[65] 黄德锋：《完善中小企业现金流量管理的措施研究》，《现代国企研究》2017 年第 8 期。

[66] 刘畅、刘冲、马光荣：《中小金融机构与中小企业贷款》，《经济研究》2017 年第 8 期。

[67] 梁瑞仙：《我国中小企业的移动互联网营销策略研究》，《改革与战略》2017 年第 2 期。

[68] 陈亮：《“一带一路”背景下我国中小企业市场营销创新战略研究》，《特区经济》2017 年第 4 期。

[69] 卢明:《中小企业财务管理存在问题及对策》,《中国科技投资》2017年第19期。

[70] 程军豪:《中小企业税收筹划存在的问题及对策分析》,《中小企业管理与科技》2017年第15期。

[71] 刘思雨:《试论中小企业财务管理中存在的问题和解决措施》,《财会学习》2017年第6期。

[72] 向华、杨招军:《新型融资模式下中小企业投融资分析》,《中国管理科学》2017年第4期。

[73] 何启志、彭明生:《互联网金融、股票市场与中小企业发展》,《财政研究》2017年第9期。

[74] 余传鹏、林春培、姚聪:《制度与理性视角整合下中小企业管理创新作用机制研究》,《科学学与科学技术管理》2017年第8期。

[75] 田虹、崔悦:《企业家精神与中小企业成长的影响机制研究》,《南通大学学报》(社会科学版)2017年第6期。

[76] 时晨:《互联网金融云平台中小企业客户信用评价研究》,《财经问题研究》2018年第5期。

[77] 李海燕:《金融深化与科技型中小企业股权众筹融资》,《经济问题探索》2017年第10期。

[78] 王倩、邵华璐:《不对称信息条件下中小企业股权众筹问题研究》,《经济纵横》2017年第10期。

[79] 李晓翔、马竹君、谢阳群:《拼凑与朴素:资源匮乏情境下中小企业知识管理策略》,《情报理论与实践》2017年第12期。

[80] 杨惠芳:《企业家社会资本对中小企业商业信用融资的影响》,《社会科学战线》2017年第3期。

[81] 黄苒、范群、郭峰:《中小企业违约风险系统性和异质性测度——基于违约风险成分分析法的研究》,《中国管理科学》2018年第3期。

[82] 吕健:《影子银行有助于中小企业发展吗》,《人文杂志》2018年第3期。

[83] 于立强:《科技型中小企业知识产权质押融资模式探究》,《科学管理

研究》2017 年第 5 期。

[84] 陈啸:《普惠金融、关系型借贷与农村中小企业融资》,《经济问题》2017 年第 4 期。

[85] 罗仲伟、侯静如:《供给侧结构性改革与中小企业转型发展》,《价格理论与实践》2017 年第 6 期。

[86] 郭妍、张立光、刘佳:《中小企业信贷风险度量模型研究——基于山东省的实证分析》,《东岳论丛》2013 年第 7 期。

[87] 油永华:《银行贷款规模歧视与中小企业信贷融资——基于山东省上市公司的实证分析》,《系统工程》2012 年第 7 期。

[88] 韩刚:《商业银行金融创新与科技型小微企业融资困境突破——以交通银行苏州科技支行为例》,《金融理论与实践》2012 年第 4 期。

[89] 史安玲:《金融支持小微企业融资问题探讨》,《中国商贸》2012 年第 6 期。

[90] 周彦莉、赵炳新:《投入产出视角的企业技术创新绩效评价——以山东省某大企业和中小企业为例》,《理论学刊》2013 年第 8 期。

[91] 中国社会科学院工业经济研究所中小企业改革课题组:《轻舟已过万重山——山东省淄博市临淄区深化中小企业改革经验分析》,《经济管理》2000 年第 6 期。

[92] 冯文娜:《外部网络对中小企业成长的贡献分析——来自济南中小软件企业的证据》,《山东大学学报》(哲学社会科学版)2009 年第 5 期。

[93] 肖卫东、杜志雄:《中小企业集群发展创新平台构建:鲁省案例》,《改革》2010 年第 2 期。

[94] 张鹏、王长峰:《社会资本对企业合作创新的提升作用研究——基于齐鲁软件园内中小企业的案例分析》,《山东社会科学》2017 年第 10 期。

[95] 刘瑞波、李鑫:《环渤海经济带民营中小企业融资效率问题研究》,《财政研究》2014 年第 5 期。

[96] 汪海粟、曾维新：《科技型中小企业的知识产权证券化融资模式》，《改革》2018年第4期。

[97] 黄莎、代江龙：《供给侧改革视域下中小企业知识产权服务模式变革》，《理论视野》2018年第3期。

[98] 周宇亮、赵海珠、张彩江：《银企关系对中小企业银行贷款的影响：技术创新的调节作用》，《广东财经大学学报》2017年第6期。

[99] 邹伟、凌江怀：《普惠金融与中小微企业融资约束——来自中国中小微企业的经验证据》，《财经论丛》2018年第6期。

[100] 黄江泉、张国庆、谢艳华：《成长导向下中小微企业网络化协同发展机制创新及路径研究》，《科技进步与对策》2017年第23期。

[101] 张建明：《民营企业发展中的财务管理问题研究》，《中国商论》2017年第3期。

[102] 李炜光、张林、臧建文：《民营企业生存、发展与税负调查报告》，《学术界》2017年第2期。

[103] 罗军：《民营企业融资约束、对外直接投资与技术创新》，《中央财经大学学报》2017年第1期。

[104] 刘进、袁玎、揭筱纹：《产业环境、企业家战略领导能力与民营企业绩效——基于认知心理学视角》，《科技进步与对策》2017年第34卷第6期。

[105] 唐宁：《发展普惠金融的三部曲与三支撑》，《清华金融评论》2014年第7期。

[106] 王云、卢华：《山东民营企业调查与分析》，《宏观经济研究》2004年第12期。

[107] 孙丽英：《中小企业市场营销存在的问题及对策》，《山东社会科学》2013年第2期。

[108] 易金、王兴元：《中小企业品牌成长机制研究》，《山东社会科学》2010年第5期。

[109] 张玉明：《中小企业财务风险的成因及其防范》，《山东社会科学》

2003 年第 4 期。

[110] 于越：《利率市场化与中小企业融资问题分析》，《山东社会科学》2009 年第 11 期。

[111] 陈志军、王本东：《基于中小企业多元化战略的探讨》，《山东社会科学》2008 年第 2 期。

[112] 赵福全、刘宗巍、史天泽：《工业 4.0 与精益思想关系辨析及中国中小企业应对策略》，《科技管理研究》2018 年第 3 期。

[113] 时英、袁其刚、张力珂：《山东民营企业“走出去”战略面临问题及对策分析》，《经济与管理评论》2004 年第 6 期。

[114] 夏天翼：《中小民营企业人才激励约束机制探讨——以山东民营企业为例》，《现代经济信息》2016 年第 3 期。

[115] 马尧：《山东民营企业核心竞争力研究》，《企业文化旬刊》2012 年第 3 期。

[116] 齐家滨：《核心竞争力——山东民营企业战略管理核心》，《现代企业教育》2002 年第 3 期。

[117] 许立民：《山东省民营中小企业融资渠道选择影响因素实证研究》，《调研世界》2010 年第 3 期。

[118] 丛嘉益：《中小民营企业融资困境研究——以山东省为例》，《产权导刊》2012 年第 3 期。

[119] 王忠军：《民营中小企业发展的问题及对策——以山东省菏泽市为例》，《安阳师范学院学报》2008 年第 1 期。

[120] 王希胜：《技术创新路漫漫——山东民营中小企业技术创新调查》，《科技信息》2003 年第 8 期。

[121] 杨丰来、黄永航：《企业治理结构，信息不对称与中小企业融资》，《金融研究》2006 年第 5 期。

[122] 周建春：《破解小微企业融资难的安徽模式》，《中国金融》2011 年第 23 期。

[123] 李节平：《小微企业融资模式创新研究》，《金融发展研究》2013 年

第 12 期。

[124] 邢早忠：《小额贷款公司可持续发展问题研究》，《上海金融》2009 年第 11 期。

[125] 宋霞、姜春兰、周霞：《山东省民营中小企业财务管理研究——基于对省内部分民营中小企业的调查》，《财会学习》2018 年第 1 期。

[126] 姜倩：《山东省上市民营企业资本结构与公司绩效关系研究》，《经济师》2016 年第 11 期。

[127] 孙亚男、张媛媛：《关于山东省私营企业出口现状与对策的分析》，《商场现代化》2006 年第 16 期。

[128] 殷为华、杨洪爱：《山东省中小企业对区域经济增长贡献度的实证研究》，《中国人口·资源与环境》2017 年第 S2 期。

[129] 李浩杰：《浅析山东省中小企业融资能力》，《财讯》2017 年第 27 期。

[130] 张良儒：《山东省中小企业融资问题研究》，《社会科学》（全文版）2016 年第 9 期。

[131] 田琴心：《山东省中小企业出口贸易问题及对策研究》，《现代经济信息》2018 年第 2 期。

[132] 鲜佳雨：《山东省中小企业发展面临的困境与出路》，《赢未来》2017 年第 11 期。

[133] 魏强、张玮：《基于金融错配框架下山东省中小企业融资困境问题研究》，《现代商业》2018 年第 2 期。

[134] 姜迎春：《中小企业融资问题研究——以山东省龙口市为例》，《山东广播电视大学学报》2017 年第 3 期，

[135] 毛振鹏：《涉海科技型中小企业发展政策需求研究——以山东省青岛市为例》，《中国海洋经济》2017 年第 1 期。

[136] 齐丹丹：《山东省老工业城市创新型企业建设研究——以淄博市为例》，《中小企业管理与科技》（中旬刊）2017 年第 8 期。

[137] 岳俊侠、董钰凯：《中小企业财务风险控制研究》，《山东纺织经济》

2018 年第 3 期。

[138] 赵有广、魏彦杰：《安徽中小企业发展研究报告（2014）》，合肥工业大学出版社，2014。

[139] 冒乔玲：《构建企业成长性评价指标初探》，《南京工业大学学报》（社会科学版）2002 年第 4 期。

[140] 张金如：《2013 浙江省中小企业发展报告》，浙江工商大学出版社，2013。

[141] Chetty, S., Agndal, H., "Social Capital and Its Influence on Changes in Internationalization Mode Among Small and Medium-Sized Enterprises," *Journal of International Marketing*, 2007, 15 (1): 1 – 29.

[142] Acs, Z. J., Morck, R., Shaver, J. M., et al., "The Internationalization of Small and Medium-Sized Enterprises: A Policy Perspective," *Small Business Economics*, 1997, 9 (1): 7 – 20.

[143] Ellis, P., Pecotich, A., "Social Factors Influencing Export Initiation in Small and Medium-Sized Enterprises," *Journal of Marketing Research*, 2001, 38 (1): 119 – 130.

[144] Francis, J., Collins-Dodd, C., "The Impact of Firms' Export Orientation on the Export Performance of High-Tech Small and Medium-Sized Enterprises," *Journal of International Marketing*, 2000, 8 (3): 84 – 103.

[145] Mike Wright, Paul Westhead, Deniz Ucbasaran, "Internationalization of Small and Medium-sized Enterprises (SMEs) and International Entrepreneurship: A Critique and Policy Implications," *Regional Studies*, 2007, 41 (7): 1013 – 1030.

[146] Blili, S., Raymond, L., "IT: Threats and Opportunities for Small and Medium-sized Enterprises," *International Journal of Information Management*, 1993, 13 (6): 439 – 448.

[147] Edwards, T., Delbridge, R., Munday, M. "Understanding Innovation in Small and Medium-sized Enterprises: A Process Manifest," *Technovation*,

2005, 25 (10): 1119 - 1127.

[148] Wang, Z., "On Financing Problem of Small and Medium-sized Enterprises," *Journal of Finance*, 2003.

[149] Armario, J. M., Ruiz, D. M., Armario, E. M., "Market Orientation and Internationalization in Small and Medium-Sized Enterprises," *Journal of Small Business Management*, 2010, 46 (4): 485 - 511.

[150] Stiglitz, J. E., Weiss, A., "Credit Rationing in Markets with Imperfect Information," *The American economic review*, 1981, 71 (3): 393 - 410.

[151] Berger, A. N., Udell, G. F., "The Economics of Small Business Finance: The Roles of Private Equity and Debt Markets in the Financial Growth Cycle," *Journal of banking & finance*, 1998, 22 (6 - 8): 613 - 673.

[152] Mallick, R., Chakraborty, A., "Credit Gap in Small Businesses: Some New Evidence," *Working Paper from Econpapers*, 2002.

B.12
普惠金融：化解中小企业融资难最有效途径（代后记）

孙国茂

习近平总书记在中共中央政治局第十三次集体学习时指出，深化金融供给侧结构性改革必须贯彻落实新发展理念，要增加中小金融机构数量和业务比重，改进小微企业和“三农”金融服务。党中央、国务院《关于促进中小企业健康发展的指导意见》也提出，随着国际、国内市场环境的变化，中小企业面临的生产成本上升、融资难融资贵、创新发展能力不足等问题日益突出，必须引起高度重视。近期，国家统计局公布了2019年上半年统计数据，有两组数据触目惊心。一组是关于私营企业的统计数据：自2018年以来全国私营企业亏损企业比例不断提高，到6月底已达到17.69%，比年初增加了5个百分点。同时，私营企业资产负债率不断上升，到6月底达到58.32%，比年初增加了近2个百分点。另一组是关于规模以上工业企业的数据：2019年上半年，全国规模以上工业企业数量为366187家，比2018年底减少了12253家，减少幅度为3.24%，根据2018年的数据，预计2019年全年规模以上工业企业数量减少将超过2万家，减少幅度将达到7%。通过以上两组数据，可以真实地感受到中小企业生存与发展所面临的严峻形势。分析原因，中小企业融资约束是首要原因。正如《关于促进中小企业健康发展的指导意见》所说，只有从根本上纾解中小企业融资困难，增强企业信心及预期，加大创新支持力度，中小企业才能真正实现健康发展。

一　中小企业融资困境与现实悖论

从世界各国情况看，中小企业占企业总数的99%以上。无论是发达国家还是发展中国家乃至新兴市场经济国家和转轨型国家，概莫能外。中小企业在科技创新、吸纳就业、创造 GDP 和进出口贸易等方面的重大贡献决定了它举足轻重的社会地位，体现了中小企业的全局性和战略性“强位”。然而，中小企业又普遍面临金融资源获取困难、高技术转移壁垒和人才匮乏等问题，其中以融资难最为突出，广为人知，造成了中小企业的“弱势”。

根据中国人民银行和中国银保监会发布的《中国小微企业金融服务报告（2018）》，截至 2018 年底，全国小微企业贷款授信为 237 万户，同比增长 30.9%，贷款授信户数占小微企业总数的 18%；尽管小微企业贷款授信数量增加，但户均贷款余额明显下降。截至 2018 年末，小微企业贷款户均余额为 1095 万元，同比下降 17.94%。图 1 是笔者通过中国人民银行公布的信贷数据和中小企业数量计算得出的数据，从中可以看出，在将近 10 年的时间里，中小企业平均贷款余额呈逐年下降态势。

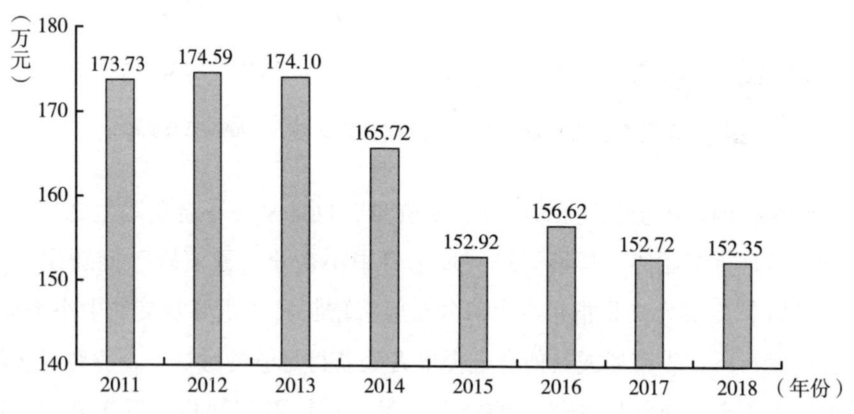

图 1　中小企业平均贷款余额（2011～2018 年）

此外，还可以通过总资产周转率指标来分析中小企业生产效率。总资产周转率通常被认为是针对单一企业的会计学指标，反映的是企业单位资产（资本）的产出水平或产出能力，总资产周转率越高说明企业的产出效率越高、投资效益越好。如果把总资产周转率作为总量指标，它的经济学

含义就是企业资本要素的生产率。习近平总书记说，供给侧改革的本质就是提高全要素生产率。那么对企业而言，金融供给侧改革的结果就应当是提高企业的资本要素生产率。图 2 是过去 10 年国有企业与私营企业总资产周转率的比较，从图中数据可以看出，以中小企业为主体的私营企业总资产周转率一直是国有企业的两倍以上。这意味着，从全社会的角度来看，应当将更多的金融资源向中小企业配置，然而事实正好相反——形成了一个较大的现实悖论。

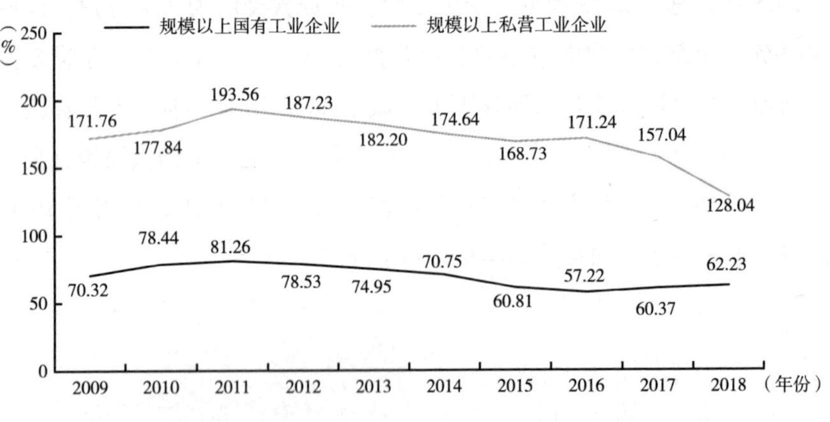

图 2　国有企业与私营企业总资产周转率比较（2009～2018 年）

回顾我国中小企业发展历程，“融资难”问题从中小企业诞生之初就已经出现，且贯穿始终。早期，经济理论将中小企业“融资难”问题定义为“融资缺口”，其含义是指相当大部分对经济增长具有重要意义的中小企业，无法从银行、资本市场或其他资金提供者处获得足够的融资，企业对资金的需求远大于金融市场所能提供的资金数量，形成融资缺口。近年来，“跑路”“钱荒”等与中小企业融资困境有关的新词语不断出现，反映了融资难、融资渠道不畅、融资成本高企等问题不仅一直困扰着中小企业，而且不断加剧。就连央行和银保监会也坦承：小微企业“经营难、融资难”问题有所加剧。

党的十九大提出，我国经济已由高速增长阶段转向高质量发展阶段，正处在转变发展方式、优化经济结构、转换增长动力的攻关期，建设现代化经济体系是跨越关口的迫切要求和我国发展的战略目标。中小企业创新发展是党的十九大确定的重要任务，是《中小企业促进法》明确的法定职责，是推进制造强国建设提出的迫切要求，也是实现高质量发展必备的动力基础。从中小企业创新的外部环境看，大中小企业融通发展的局面尚未形成，中小企业与产业政策融合对接不够，创新服务体系有待完善，促进创新成果向中小企业集聚的路径需要畅通，创新政策落实的有效性、工作指导的针对性有待提高，部门联动的协调性、破解难题的主动性有待加强，在普惠性财税政策支持上需要进一步探索，融资难、融资贵仍很突出。因此，我们要探索中小企业融资新路径，促进中小企业高质量发展，进而助力中国经济高质量发展。

二　解决中小企业融资难的国际经验

其实，中小企业融资难问题无论是早期还是现在都不是我国独有的，在其他国家甚至世界各国普遍存在。英国的麦克米伦被认为是现代金融史上正视中小企业融资难题的第一人。1931 年，由麦克米伦提出的《麦克米伦报告》认为，在英国中小企业发展过程中存在资金缺口，对资金的需求高于金融体系愿意提供的数额。麦克米伦建议国家应该将中小企业的发展作为一项重要战略内容，对中小企业的直接融资，尤其是对中长期性质资金的需求，国家应该重点支持。二战之后，世界各国在经济发展中逐渐认识到中小企业的重要性。世界银行在长达几十年的时间中完成大量有关中小企业发展的调查报告，其中很多报告证实各国中小企业普遍存在融资缺口。迄今为止，中小企业融资难仍然是一个国际性难题。中小企业“强位弱势”的巨大反差，要求各国或地区政府制定扶持中小企业发展的系统性政策，这种政策的制定要从中小企业整体出发，从战略高度全方位、多角度出发思考问题。

美国中小企业融资以自我积累和直接融资为主，以银行贷款为辅。在美国直接融资体系里，对企业治理结构真正施加影响和监督的是外部证券市场，中小企业普遍建立了与此相适应的外部市场监督型治理结构，企业经营透明度大，因此能够更好地吸引直接投资者。从股权融资方面来看，美国通过成立纳斯达克市场和场外电子柜台交易系统为高科技企业和中小企业提供融资便利，尤其是纳斯达克市场上市标准较为宽松，并专门针对小型及新兴公司设立了小型资本市场（小盘股市场），上市标准更低，没有业绩方面的要求。从债权融资方面来看，美国对中小企业发行债券所形成的负债总额没有限制，中小企业可方便地发行多种债券，包括低等级和无等级债券。在风险投资方面，美国对中小企业投资公司投资运作的限制不断放松，中小企业风险投资公司得到迅速发展，目前已成为美国中小企业发展的重要融资渠道之一。从政府方面看，美国政府在促进中小企业发展的过程中起到了非常重要的作用。为了缓解中小企业融资难问题，美国政府在 1953 年颁布了《小企业法案》，并以此法案为基础成立了中小企业局（Small Business Administration，SBA）专门负责促进中小企业融资问题的解决，同时通过多种方式辅导创业型企业成长和发展。美国是世界上最早制定中小企业基本法的国家，其不断健全和完善的法律体系，特别是金融方面的立法，对于中小企业融资产生了直接或间接的影响。自 1953 年保护中小企业的基本法《小企业法》正式实施后，美国政府为扶持中小企业发展先后制定了 50 多部专项法律法规，用立法形式规范中小企业融资服务体系。如 1964 年通过《机会均等法》，规定中小企业局要向中小企业或试图经营中小企业的个人提供小额贷款或融资担保。1975 年通过《公平信贷机会法》，规定商业借贷机构对个人或规模较小企业不得实行歧视性政策。1977 年通过《社区再投资法》，鼓励社区银行向社区居民及中小企业融资。1982 年通过《小企业创新发展法》，规定研究或开发预算额超 1 亿美元的联邦机构要设立小企业革新研究项目。1992 年通过《小企业股权投资促进法》，规定 SBA 可为小型投资公司提供担保，支持公开发行长期债券。1993 年出台《信贷担保法案》，降低银行向中小企业发放贷款风险。2012 年，时任美国总统奥巴马签署 JOBS 法案，使之正式成为法律，该法案旨在通过适当放松管制，完善美国小型公司与资本市场的对接，鼓励和支持小型公司发展。JOBS 法案是一系列促进小企业和初创企业融资的法案组合。除了放松 EGC 企业进行 IPO（如我们熟知的股权众筹）的条件外，法案同样也包含了一系列旨在促进私人公司融资的改革措施，主要是通过修改现行法律法规，放松对网上小额融资、小额公开发行的限制条件。另外，JOBS 法案放松了部分私募发行注册豁免的限制条件，比如我们熟知的股权众筹融资。

日本中小企业融资渠道与美国不同，其以间接融资为主，这与日本完善的中小企业间接融资体系分不开。为了扶植和加快中小企业发展，改变日本经济的二元结构，日本政府制定了一系列中小企业扶持政策，成立了一批服务中小企业融资的金融机构以促进中小企业融资体系的建立和完善。在日本，超过 80% 的企业经常向金融机构借款，他们的资金来源首先是“金融机构的贷款”，其次是“内部准备金”，然后是“管理人员的个人资金等”。在长期的发展中，日本逐渐形成了在政策性金融机构引导下，在信用担保和保险机制支持下，大量民间金融机构参与，以资本市场直接融资为补充的完善的中小企业融资体系。日本的中小企业间接融资体系主要由政府成立的政策性金融机构和民间金融机构组成。日本政府为促进中小企业的发展，先后成立了商工组合中央金库、国民金融公库和中小企业金融公库三家金融机构，专门为中小企业融资提供服务。其服务内容主要包括：提供无担保贷款和票据贴现、为难以从商业银行等金融机构得到贷款的中小企业提供必要资金等。此外，民间金融机构也是中小企业获得资金的重要渠道。在日本存在众多地方银行、信用会库、互助银行等民间金融机构，这些机构的合作互助性较强，许多金融机构采取会员制，以加深对当地中小企业的了解，根据中小企业的要求提供专业化融资服务。

美国、日本等国发挥政策性金融机构作用，弥合中小企业融资缺口的措施和经验为我们提供了有益的启示。

三　普惠金融是解决中小企业融资难最有效的途径

金融服务的本质是通过调整资金分布，优化对社会资源的配置。从目前我国金融体系的发展来看，金融体系并未实现“普惠”，金融机构更愿意为富人或“精英”服务，在满足中小企业、城市和农村低收入群体等金融远端客户的需求方面尚存在诸多短板，大大制约了我国中小经济实体的发展。如何打破金融机构服务中小企业的隐形壁垒，打通融资“最后一公里”，成为当前要解决的首要问题。普惠金融被实践证实是破解中小企业融资难题的锦囊妙计。普惠金融强调公平合理，世界上的每个人都有权利获得平等的金融服务。“金融权”其实是一种与“生存权”和“财产权”等权利一样的与生俱来的权利。中小企业融资与现行的以商业银行为主导的信贷体系无法实现顺利对接，导致服务中小企业的资金供给主体缺失，仅通过金融体系内部改革，没有办法从本质上破解中小企业融资难题，而普惠金融理念为解决中小企业融资难问题提供了新的途径。

金融排斥反映在金融市场中，并不是所有社会成员都可以获得金融产品或服务。对于一部分弱势群体而言，总会有一些因素阻碍其进入金融体系，享受金融服务。中小企业作为广大的“强位弱势群体”，在金融服务领域受到规模歧视和融资歧视，是企业中的“最少受惠者”，如果金融资源主要被配置到大型企业、大项目、国有企业中，广大的中小企业无法得到应有的金融服务，就违背了中小企业融资制度的正义性和人文性。普惠金融理念的提出有特殊的背景，与中小企业融资难、融资贵的现状密切相关，可以说普惠金融是为化解中小企业融资困境而提出的价值理念。普惠金融在系统构建上的公平、包容的理念与中小企业融资需求非常契合，普惠金融理念下的组织重构、技术创新、渠道拓展理论上可缓解市场对中小企业的金融排斥，并且兼顾相关金融机构的利益诉求，使得中小企业融资难问题从根本上得到解决。

首先，普惠金融可以拓宽中小企业融资渠道。数量庞大且创新活跃的中小企业，受发展规模小、资质担保差、经营与信用记录不完善、信息不对称严重等诸多因素的限制，往往被排斥在正规金融服务门槛之外，形成金融服务需求的“尾部”客户群体，难以获得适当、有效的金融服务。就国有商业银行等传统金融机构而言，其更愿意将贷款资金投向大型企业，而对中小企业的放贷意愿较为低迷。与传统金融相比，普惠金融能够以可负担的成本为有金融服务需求的特殊群体（如中小企业、中低收入阶层等）提供适当、有效的金融服务。实践表明，小额信贷、第三方支付、众筹融资以及新型的融资平台等低门槛、多品种、高效率、个性化的金融服务能够与中小企业风险性创新活动持续、高频、小额的资金需求特征相契合，进而有效缓解了中小企业的创新融资约束。

其次，普惠金融可以降低中小企业融资成本。为降低自身风险和信贷坏账的发生，传统金融机构通常会对中小企业的信贷资格进行严格审查，产生大量的审查费用。为弥补损失，通过上浮信贷利率将审查费用转嫁给中小企业就成为商业银行的常用手段，即便那些能获得相应贷款的中小企业，其使用成本也非常高昂，由此导致中小企业的贷款成本不断提升。此外，传统金融机构提供金融服务所依赖的营业网点、人工服务等都需要成本，服务范围的扩大使得提供金融服务的成本和难度增加。现在时兴的互联网金融则是金融脱媒化的典型代表，具有覆盖面广、速度快、成本低的特点，通过建立大数据平台，促进了信息收集的多元化，扩大了客户信息的分析维度，改变了原有的服务提供方式。以信贷为例，按照长尾理论，中小企业在“二八法则”中属于“八”，正好是被商业银行等传统金融机构忽略的部分。互联网金融通过线上网络实现了资金融通，使得金融具有普惠性和民生性，这种普惠性降低了中小企业的融资难度，为中小企业带来安全、便捷、透明的融资渠道。更为重要的是，普惠金融信息收集与处理的独有优势能够更好地发挥信息筛选和风险甄别功能，有利于资源的有效整合，降低信息的不对称性，从而大大降低融资成本。

最后，普惠金融可以提高中小企业的融资效率。传统金融服务模式下的服务效率、服务质量等一般都难以满足多元化的市场融资需求。而普惠金融理念下的金融服务模式发生了巨大变化，金融可获得性得到有效提升。比如，银行对中小企业的贷款审核周期一般是在 10 天到 1 个月，中小企业需要向银行提供各种材料，并且需要提供担保或抵押，申请和审批手续极为烦琐，效率低下。而普惠金融的发展则有效地简化了贷款程序，节省了贷款时间。以普惠金融的代表互联网金融为例，它通过计算机技术建立数据平台，利用云计算、大数据、人工智能、区块链等先进技术手段，打破了时空限制，可以及时、快速、高效地挖掘和收集客户的征信数据，有助于全面地了解中小企业的经营情况和信用等级，能够提升信贷资金的配置效率和服务质量。基于互联网信息的客户征信体系可以简化信贷审查程序，缩短信贷审核时间，进而降低资信评估、线下审核以及风险管理的成本，使中小企业能够更加高效、便捷、低成本地获得金融服务，提高中小企业的融资效率。

四　通过立法构建真正意义上的普惠金融体系

中小企业融资缺口的本质是一种市场失灵，弥合这个缺口不能在市场内部找办法。应对市场失灵，靠向商业金融机构发布文件、行政命令，强制其为中小企业贷款等都不会奏效，必须顺应客观规律，从法律和制度的构建和完善上入手解决问题。

制定普惠金融基本法，构建普惠金融法律法规体系。坚持立法先行是构建普惠金融法规体系的前提。要将普惠金融发展的顶层设计纳入法治化轨道，确保普惠金融发展有法可依、有章可循。普惠金融是维护公民发展权，给予公民平等金融权的重要手段，而一个条文准确、结构严谨的法律体系是普惠金融制度的奠基之石。美国的普惠金融法律制度之所以能有效保障低收入人群的金融权利，其中重要的一点就在于它的几部法律之间形成了相互配合、互为补充的关系。在法律层面，作为第一部正式涉及普惠金融的法律，新修订的《中小企业促进法》把普惠金融体系建设纳入法律体系，规定了国有商业银行在推进普惠金融体系建设中应承担的义务，可谓开了先河。但是应当注意到此次立法规制的主体仅限大型国有商业银行，所以影响有限，仅仅可以被视为普惠金融立法的一次尝试。国务院及各部门制定的行政法规和部门规章仍是现阶段普惠金融法律法规体系的主体，其中唯一规定普惠金融发展的行政法规是2017 年发布的《融资担保公司监督管理条例》（以下简称《条例》）。《条例》把普惠金融作为制定本法的根本目的和依据，体现了普惠金融在金融领域的重要地位，是目前融资担保市场的指导方针。目前推进和规范普惠金融发展仍然主要依靠各类规章以下的规范性法律文件，数量庞大的“红头文件”构成了普惠金融法律体系的主体。从严格意义上来说，我国目前还没有针对普惠金融领域的专门立法，除了涉及普惠金融的相关法律、行政法规和部门规章，支撑普惠金融法律制度体系的主体仍是国务院及其各机构制定的各类规范文件。其中 2015 年《推进普惠金融发展规划（2016～2020 年）》（以下简称《规划》）最为重要，是目前发展普惠金融的核心纲领性文件。作为政府施政纲领或政策，相较于法律规范，它带有浓厚的政治色彩。虽然对普惠金融建设具有指导意义，却难以摆脱政策注重形式语言的特点，无法严谨细致地对具体问题进行规制。如果一项制度没有严密的规定，就会导致在实施过程中要么自由裁量空间过大，要么因无所适从、无章可循而不作为。因此，当务之急是要尽快制定普惠金融领域与中小企业融资相关的具有普适性的基本法，规定普惠金融的概念、原则、适用的主体和主体应当承担的义务，在具体的操作过程中可以将《规划》中明确的内容作为基本法的框架，将《规划》上升为法律，更好地发挥引领和指导的作用，同时保持基本法的灵活性和原则性，包容金融市场的发展变化，又不至于破坏法律的稳定。在基本法确定的原则性规定的指导下，制定针对不同群体，规制不同金融机构的相关配套法律法规就显得尤为重要。特别是要建立和完善促进我国普惠金融发展的专门法律法规体系，将普惠金融确定为发展的基本权利内容，并将普惠金融权利界定为同等条件下平等获取储蓄、信贷、结算、证券买卖、商业保险、融资投资和金融信息咨询服务的权利。

发挥市场在资源配置中的决定性作用。普惠金融是化解中小企业融资难的重要理论支撑，它的提出为解决中小企业融资难问题带来了新的契机。如何通过践行普惠金融理念，推动普惠金融发展，以有效化解中小企业的融资困境，不仅需要市场主体的积极参与，更需要政府在上层建筑方面给予正确的引导。理论上讲，普惠金融理念中隐含了一个逻辑悖论，即公共品与市场化运作之间的矛盾。按照传统金融理论，普惠金融服务对象之所以无法获得金融服务，在很大程度上是其信用等级低和风险定价高的缘故。那么，发展普惠金融必须面临对冲或弥补风险溢价，这意味着必须有主体承担风险成本——这正是政府应当做的。可以肯定的是，如果没有政府的参与和主导，发展普惠金融在任何国家和地区都是无法想象的。我国普惠金融发展存在诸多问题的原因很多，主要是没有厘清政府与市场的边界，没有明确政府在其中的作用与地位。市场在资源配置的过程中会因为市场机制不健全、法规不完善等因素出现失灵的现象。微观金融机构经营首先要保证获取利润，在市场经济体制下，政府不可过多干预以免影响其商业可持续性。政府要做的是完善普惠金融的“顶层设计”，采取多种措施引导金融机构向中小企业等金融弱势群体扩大金融服务覆盖面，大力支持金融机构层次不断丰富，鼓励小额贷款公司、金融服务租赁公司等新型金融组织发展，以提高金融可得性。当然，如果政府政策引导不足，放任市场来主宰普惠金融发展，在资本逐利性的驱使下，金融弱势群体往往被忽视，金融公平性将得不到保障。由于普惠金融具有准公共产品性质，其在实际推广中必然会受到市场失灵、金融排斥、机会不均、立法缺失、金融生态失衡等众多因素的影响，因此金融服务市场和金融机构难以自发形成普惠金融体系，这就必须由政府这只“看得见的手”去矫正、解决市场失灵和金融排斥等对普惠金融的发展造成的影响。同时由于政府失灵会制约普惠金融的市场化进程，因此需要发挥市场的资源配置作用去纠正政府失灵。政府参与普惠金融发展，要坚持有所为、有所不为，到位而不越位，做到普惠内容不泛化、市场主体决策不干预、发展方向不偏差、参与过程不脱节。总之，从长远来看，普惠金融的发展离不开政府引导和市场运作的双轮驱动，政府在制度安排、规范监管、政策激励等方面对普惠金融的发展予以保障，市场则立足实现普惠金融的技术创新、服务创新和组织创新等。

建设全面覆盖的社会信用体系。在信息不对称的环境下，建立健全信用体系是解决中小企业融资难问题的重要手段。普惠金融客户的融资可得性在很大程度上受限于信息缺乏、信息不对称和不透明问题。这就需要相关部门牵头，整合征信、公检法、工商税务、行业监管、地方政府等多方信息，搭建信用信息共享平台，实现一点接入，解决信息获取与共享问题。构建良好的社会信用体系是一项系统工程，有关部门应通过数字化驱动“放管服”改革深入推进，完善事前便捷准入、事中有效控制、事后联合治理的全流程监管体系，形成政府、银行、企业之间的良性互动，助力经济社会高质量发展。中小企业经营者的信用意识是制约其融资的关键因素，金融机构在考虑是否为中小企业提供融资时的一个关键指标就是中小企业或中小企业主的历史诚信记录，再加上中小企业自身的财务制度不健全、财务披露不充分，在影响其融资的因素中诚信与信用就显得非常关键。由于金融机构无法对中小企业的信用状况进行评估，也就无法准确了解中小企业的风险收益情况，短时期内金融机构和中小企业不具备改变当前现状的能力，为此，需要从国家层面建立全面的社会信用体系，能够对企业、个人的信用进行综合评估。通过政府的主导，对社会信用的信息数据库进行进一步的完善，从而实现银行与银行之间、银行与其他部门之间共同管理和互动的机制，并进一步构建全方位、多层次的中小企业信息信用平台，建设适应中小企业特点的评比体系，从而促进普惠金融对中小企业的支持。

Abstract

The 19th session of national congress of the communist party of China proposes to support the development of private enterprises, stimulate the vitality of various market entities, and push to achieve higher quality, more efficient, more equitable and more sustainable development, which brings significant development opportunities for small and medium enterprises across the country. General Secretary Xi Jinping's speech at the National Private Enterprise Symposium speaks highly of the significant contribution made by the private economy to China's development during the 40 years of reform and opening up, fully affirms the important position and role of the private economy, and clearly proposes policy measures to support the development and expansion of private enterprises in six aspects, and increases confidence and growth drivers for the healthy development of small and medium enterprises. After 40 years of development, the small and medium enterprises have developed into an important part of the socialist market economy and an important basis for promoting high-quality economic development. It has important significance to ensure the quality of work related to small and medium enterprises for stabilizing employment, finance, investment, foreign capital, foreign trade, expectations, and enhancing long-term economic competitiveness.

Since the reform and opening up, private economy of Shandong Province with small and medium enterprises as mainly actors has grown from scratch, from small to large, from weak to strong. It has grown up to be an important subject and an important driving force for promoting social economic development in the province. Small and medium enterprises and the private economy have occupied half of the Shandong provincial economy. In 2018, the province accelerates replacement of old growth drivers with new ones, builds a strong maritime province, establishes rural revitalization models, creates the new highlands for opening to the outside world, and provides a broader stage for the development of the small and medium enterprises. Shandong Province has accelerated industrial transformation with the contents of the "top ten industries" and "new technologies, new industries, new forms of business and new models" and "industry intellectualization, intelligent industrialization, cross-industry integration, high-end brand" proposed by the major projects for replacing old growth drivers with new ones. The small and medium enterprises established a modern enterprise system in accordance with the "personal workshop upgrade to the small enterprise, the small enterprise upgrade to industry above designated size enterprise, the industry above designated size enterprise reform to shareholding, shareholding up to listed" proposed by the provincial government. The provincial government establishes a "distribution management" reform coordination group and issues a series of policies to build a sound business environment and the development environment for the small and medium enterprises. By the end of 2018, there are 2.613 million of the small and medium enterprises in Shandong Province, a year on year increase of 15.7%. Researching the development of the small and medium enterprises in Shandong Province has important significance for promoting the high-quality development of the province's economy and supporting to replace old growth drivers with new ones. "*Shandong Province Small and Medium Enterprises Development Report* (2019)" adheres the concept of timely, effective, objective, authoritative, scientific, and rigorous, comprehensively analyzes the new characteristics of the small and medium enterprises in Shandong Province, applies scientific research methods and evaluation systems to systemic analyze development of small and medium enterprises in Shandong Province, analyze the issues existing in the development of the small and medium enterprises in Shandong Province, compare with other provinces and cities' enterprises, and put forward suggestions for the high-quality development of the small and medium enterprises in Shandong Province. The book is divided into four parts: general report, topical report, special report and appendix.

Through analysis, the general report finds that with the overall escalation of the environmental protection storm and the continuous deepening of supply-side structural reforms, some small and medium enterprises in Shandong Province are greatly affected. By the end of 2018, the number of small and medium enterprises of industry above designated size in Shandong Province reached 37508, a decrease of 1869 compared with 2017; The proportion of the amount of enterprises reduction in Shandong Province to the amount of industry above designated size enterprises reduction reached 28.78%, the average profit of small and medium of industry above designated size enterprises was 5.3866 million yuan, compared with the national average level of 9.265 million yuan, the ratio was 41.87% lower. In conjunction with the relevant policies about supporting the development of small and medium enterprises issued by the provincial party committee and the provincial government, the report puts forward the important development directions of small and medium enterprises in Shandong Province: establish rural revitalization models, increase the proportion of small and medium enterprises above the standard scale; pay attention to the high-quality development of small and medium enterprises and build sound business environment; leading the technological small and medium enterprises develop, accelerating to grown small and medium enterprises with characteristics of "specialized, fined, peculiar and new"; supporting relevant small and medium enterprises accelerated development, assisting province revitalization through ocean strategy; participating in construction of "The Belt and Road Initiative"; seizing the historical opportunity to accelerate development and assisting to replace old growth drivers with new ones in Shandong Province.

The topical report analyzes the development of the small and medium enterprises in Shandong Province in 2018 from the four aspects that the small and medium enterprises' contribution to society, business performance, financing situation, and development of mass entrepreneurship and innovation. In terms of social contribution, analyzing from the five areas of economic aggregate, labor employment, fiscal levy, import and export trade, and intellectual property, it reflects the important role of the small and medium enterprises in Shandong Province in the stage of high-quality economic development and the process of replacing old drivers with new ones. In terms of business performance, through the aggregate analysis of objective data such as total assets, net assets, operating income, ROA, and ROE from the small and medium enterprises' sample companies of industry above designated size in Shandong Province, to reflect the performance of the small and medium enterprises in the province. In terms of financing situation, analyze the small and medium enterprises' current situation which financing through banks and other financial institutions, and private financing, then conclude that the small and medium enterprises in Shandong Province have weak financial service acquisition ability and low direct financing ratio, consider that financing problems can be alleviated by means of supply chain finance. In terms of the development of mass entrepreneurship and innovation, the mass entrepreneurship and innovation of small and medium enterprises in the whole year show the gradual widening of financing channels, the experience of starting a business by returning to hometown has formed in Heze, rapid growth of 200 gazelle enterprises. By learning from the experience of mass entrepreneurship and innovation ecological construction in Shenzhen and Zhejiang Province, it finds that in the process of mass entrepreneurship and innovation, there are four problems in the process of mass entrepreneurship and innovation in Shandong Province, such as production, learning and research haven't been combined fully and the chains of innovation and entrepreneurship are not sufficiently extended, then proposes corresponding solutions.

The special report are divided into 4 chapters. "*Technology Innovation Reports on Small and Medium Enterprises in Shandong Province*" discusses the technological innovation of the small and medium enterprises in Shandong Province from the areas of technological innovation and policy support, and finds that the small and medium enterprises have problems such as weak innovation consciousness, financing difficulties, and lack of conversion of scientific and technological achievements, then proposes the targeted solutions. "*Research Reports on Small and Micro Enterprises from the perspective of financial management*" focuses on 412 small and micro enterprises and 125 local corporate bank in Shandong Province, deeply study the internal mechanism of the small and medium enterprises financing difficulties from the perspective of financial management, and put forward corresponding suggestions. "*Existing Problems and Suggestions on the Development of Small and Medium Enterprises in Shandong Province*" Summarizes multiple topical reports to find that the small and medium enterprises in Shandong Province have problems in seven aspects, such as weak profitability, low direct financing ratio, low technological innovation capability, and etc. Target the existing problems of small and medium enterprises in the province, it proposes seven aspects of suggestions such as the tax cuts and lower burdens to reduce the operating costs of the small and medium enterprises, increase the proportion of direct financing, carry forward entrepreneurship to promote the innovation and development of the small and medium enterprises. "*Reports on Small and Medium Enterprises Development Index in Shandong Province*" structures the evaluation index system of the small and medium enterprises in Shandong Province, through the three dimensions of micro-index, macro-economic indicators and social indicators, 22 economic quantitative indicators were used to measure small and medium enterprises development index in Shandong Province.

The appendix provides the main business and financial information of some small and medium enterprises listed in the National Equities Exchange and Quotations (NEEQ) and Qilu equity trading center, for reader research reference.

Keywords: Small and Medium Enterprises in Shandong Province; Business Performance; Replace Old Growth Drivers with New Ones; High-quality Development; Evaluation System

Contents

Ⅰ General Report

Abstract: When President Xi Jinping investigated Guangzhou, he said the Party Central Committee attaches great importance to the development of the small and medium enterprises. It indicates that China's small and medium enterprises are ushered in an important period of development at this stage. As a province with a large number of the small and medium enterprises, Shandong Province has increased its support for small and medium enterprises from areas of finance, banking, and business environment, then number of the small and medium enterprises has achieved rapid growth. By the end of 2018, the number of the small and medium enterprises in the province had reached 2.61 million, with a growth rate of 16%. At the same time, multi-level capital markets support the small and medium enterprises financing, then the financing difficulty is alleviated in a certain extent. "Entrepreneurship, innovation, and venture capital investment" has developed synergistically and interactively to promote the high-quality development of the small and medium enterprises. This report according to the development status of the small and medium enterprises in Shandong Province, combines with the relevant policies of the provincial party committee and the provincial government to support the development of the small and medium enterprises, the report puts forward the key development direction of the small and medium enterprises in Shandong Province: establishing Qilu rural revitalization models, increasing the proportion of small and medium enterprises above designated size; paying attention to the high-quality development of enterprises, creating a sound business environment; leading the technological small and medium enterprises develop, reflecting the effects of technological innovation, accelerating to cultivate small and medium enterprises with characteristics of "specialized, fined, peculiar and new"; supporting relevant small and medium enterprises accelerated development, assisting province revitalization through ocean strategy; participating in construction of "The Belt and Road Initiative"; seizing the historical opportunity to accelerate development and assisting to replace old growth drivers with new ones in Shandong Province.

Keywords: The Small and Medium Enterprises in Shandong Province; High-quality Development; Business Environment; The Small and Medium Enterprises Financing

Ⅱ Topical Reports

Abstract: In August 2018, the conference of the State Council's leading group on promotion of the development of small and medium enterprises indicated that the small and medium enterprises are a new force in national economic and social development, which contributed more than 50% of the country's tax revenue, more than 60% of GDP, more than 70% of technological innovation, more than 90% of urban labor employment, and more than 90% of the number of enterprises. Shandong Province, which in the process of replacing old growth drivers with new ones, takes great emphasis on the development of small and medium enterprises, and gives substantial support in policies such as financial support and tax reduction, then make the small and medium enterprises market full of vigour. In 2018, private economy added value of Shandong Province increased steadily, accounting for 50.6% GDP of the province; the number of private enterprises increased rapidly, and the market structure was optimized; individual and private enterprises took on a significant contribution to the employment population, and had important social benefits; the finance and taxation functional departments implemented tax reduction and rates reduction policies for the small and medium enterprises, and the financial health of the province was improved; the import and export volume of private enterprises increased by more than 10% year-on-year, contributing 60% of the province's trade volume; the innovation points of small and medium enterprises emerged continuously, intellectual property contributions were significant.

Keywords: The Small and Medium Enterprises in Shandong Province; Economy Gross Contribution; Labor Employment Contribution; Import and Export Trade Contribution; Intellectual Property Contribution

Abstract: By the end of 2018, Shandong Province had 2.613 million of the small and medium enterprises, an increase of 15.7% compared with the end of

2017; among them, 37508 of the small and medium enterprises above designated size, a decrease of 4.75% compared with the end of 2017. The annual operating income of industrial enterprises above designated size reached 4.4695 trillion yuan, an increase of 3.00% compared with 2017; the accumulated total profit reached 202.040 billion yuan, an increase of 2.20% compared with 2017; the sales profit margin was 4.52%. We found that the total operating income of 597 sample companies in Shandong Province in 2018 was 91.621 billion yuan, an increase of 13.16% compared with 2017; the total profit was 4.942 billion yuan, a decrease of 4.32% compared with 2017; the sales profit margin was 5.39%, a decrease of 0.99 percentages compared with 2017. This report analyzes the total assets, net assets, operating income and other indicators of some small and medium enterprises to reflect the performance in Shandong Province.

Keywords: Performance of Small and Medium Enterprises; The Small and Medium Enterprises of Industry Above Designated Size; Private Economy; Replace Old Growth Drivers with New Ones

B.4 Financing Report on Small and Medium Enterprises in Shandong Province *Dong Yanling, Yao Liting and Liu Qingyu* / 099

Abstract: For a long time, financing difficulties and high financing cost have always been the major issues that have hindered the development of enterprises. After the revision of "*The Promotion Law of China's Small and Medium Enterprises*" the financing of small and medium enterprises had received further attention. The People's Bank of China and other three ministries and commissions in the "*Opinions on Further Deepening the Financial Services of Small and Micro Enterprises*" proposed to urge and guide financial institutions to increase financial support for small and micro enterprises, and relief the financing difficulties for small and micro enterprises. In response to the financing difficulties of small and medium enterprises, Shandong Province had issued documents such as "Several Opinions on Supporting the High-quality Development of Private Economy", continuously enhancing the service capabilities of financial institutions, supporting direct financing of enterprises, and assisting the development of small and medium enterprises. This report combines regular financing and private financing, analyzes Shandong Province's small and medium enterprises' bank loans status, bill market, bond market, direct capital market financing and private lending, and finds that financing of the small and medium enterprises in Shandong Province presents financial acquisition capacity still need to be improved, the enterprises financing channel are single, capital market relief financing difficulties and active develop supply chain finance.

Keywords: The Small and Medium Enterprises Financing; Private Financing; Regular Financing

Abstract: The small and medium enterprises are an important carrier for implementing mass entrepreneurship and innovation, and have an irreplaceable role in increasing employment, promoting economic growth, technological innovation and social harmony and stability. In recent years, the Shandong Provincial Government and various departments in the province have successively issued more than 30 policies to support the mass entrepreneurship and innovation, and formed a relatively complete "mass entrepreneurship and innovation" policy system. By the end of 2018, there are 303 technology business incubators and 632 registered maker spaces at or above the provincial level in Shandong Province, the entrepreneurial carrier has become an important support for entrepreneurial upgrading. In the whole year, the mass entrepreneurship and innovation of small and medium enterprises showed characteristics that the financing channels were gradually broadened, the experience of returning hometown to start a business has formed in Heze, 200 gazelle enterprises increased rapidly. By learning from the experience of mass entrepreneurship and innovation ecological construction in Shenzhen and Zhejiang Province, it finds that in the process of mass entrepreneurship and innovation, there are four problems in the process of mass entrepreneurship and innovation in Shandong Province, such as production, learning and research haven't been combined fully and the chains of innovation and entrepreneurship are not sufficiently extended, and put forward to optimize the service chain to create a distinctive innovation and entrepreneurship support platform and other corresponding solutions.

Keywords: Small and Medium Enterprises; Replace Old Growth Drivers with New Ones; High-quality Development of "Mass Entrepreneurship and Innovation"; "Mass Entrepreneurship and Innovation" Policy

Ⅲ Special Reports

B.6 Technology Innovation Report on Small and Medium Enterprises in Shandong Province

Shandongshengkejiting, Sun Dongdong / 147

Abstract: Small and medium enterprises' technological innovation is an important driving force for replacing old growth drivers with new ones and transformation and upgrading of the economic structure. It is the way to deeply implement the innovation-driven development strategy and achieve high-quality economic development. In 2018, the Department of Science and Technology of Shandong Province implemented the annual research and development costs weighted deduction of income tax exemption was 6.41 billion yuan for a total of 7950 enterprises in 2017, and the number of implemented enterprises increased by 113.7% year-on-year, among which the technology-based small and medium enterprises accounted for more than 70%; it implemented 2017 high-tech enterprises income tax exemption was 11.875 billion yuan for the 2095 high-tech enterprises, and the number of implemented enterprises increased by 15. 9% year-on-year, among which small and medium enterprises accounted for more than 75% . However, the high-tech small and medium enterprises in Shandong Province still have problems such as weak enterprise innovation awareness, difficult financing, high financing costs, and weak drive force of transfer and transformation mechanism of scientific and technological achievements to the small and medium enterprises, according to this report, it is proposed that its developmental direction that strengthen the origin support of high-tech small and medium enterprises and improve inclusive and innovative policy support system.

Keywords: Technological Innovation of Small and Medium Enterprises; Innovation-driven Development Strategy; High-quality Development

Abstract: Under the guidance of the Party Central Committee, the State Council and relevant ministries and commissions, the financing environment of small and micro enterprises has been continuously improved in recent years, but the issues of financing difficulties and high financing cost still exist. In order to solve the financing dilemma of small and micro enterprises, this report conducted a comprehensive survey on 412 small and micro enterprises and 125 local corporate bank in Shandong Province, and found that financial management issues such as non-standard financial statements, unrealistic information, and imperfect financial systems. The information asymmetry among banks and enterprises has become a deep cause for the financing difficulties of small and micro enterprises remain unresolved. Based on this, this report deeply studies the internal mechanism of financing difficulties and high financing costs of small and micro enterprises from the perspective of financial management, analyzes information asymmetry, bank credit model and policy supervision, and proposes policy recommendations such as raise the financial management awareness of small and micro enterprises and management level, widens access channels to information for small and micro enterprises, promote innovation of financial products and service models, and strengthen policy supervision and support.

Keywords: Financial Management; Information Asymmetry; Small and Micro Enterprise Financing Dilemma; Small and Micro Enterprise Financing Costs

B. 8 Issues and Suggestions on the Development of Small and Medium Enterprises in Shandong Province

Dong Yanling, Sun Dongdong, Guo Wenjuan et al. / 181

Abstract: The small and medium enterprises have made outstanding contributions in promoting the optimization and upgrading of the economic structure, energetically promoting high-quality economic development and innovation, and gradually become an important supporting force for stable economic development and replace old growth drivers with new ones. However, small and medium enterprises in Shandong Province also face issues such as lack of innovation drive force, financing difficulties and high financing cost, and heavy tax burden. In recent years, some private enterprises in the country have encountered many difficulties and problems in their business development. The current difficulties encountered by some private enterprises are realistic, even quite serious and must be taken with high attention, the small and medium enterprises face more serious difficulties. In order to promote the healthy development of small and medium enterprises in Shandong Province, this report combines current policies and the enterprises' own operating conditions, it is proposed development suggestions from the aspects of tax reduction and improve the proportion of direct financing.

Keywords: Small and Medium Enterprises; Replace Old Growth Drivers

Abstract: Since the reform and opening up, China has developed and strengthened the private economy, and improved the support for small and medium enterprises, small and medium enterprises have become an important part of economic development. Small and medium enterprises in Shandong Province have been flourished, although the number of small and medium enterprises has increased rapidly, their anti-risk capability is poor and life cycle is short. This report compiles the Small and Medium Enterprises Development Index of Shandong Province by constructing the evaluation index system of the small and medium enterprises in Shandong Province, tracks the developing situation of the small and medium enterprises in Shandong Province for a long time. The development index for 2018 was 111. 71, an increase of 3. 47% compared with 2017. This indicates that the overall development of the small and medium enterprises in Shandong Province is improving, and the small and medium enterprises play a significant role. However, the small and medium enterprises still have characteristics that the overall profitability weak and the financing issues have been partially alleviated. Therefore, the national and provincial governments should work together to build a business environment that is suitable for the development of small and medium enterprises. The small and medium enterprises should actively integrate into the national development strategy and Shandong Province development plan, converge various innovative resources, constantly adapt to changes in the market environment, and endeavour to grow into high-quality innovative small and medium enterprises.

Keywords: Private Economy; Small and Medium Enterprises in Shandong Province; Small and Medium Enterprises Development Index (SEMDI); Business Environment

Ⅳ Appendix

皮书起源

“皮书”起源于十七、十八世纪的英国，主要指官方或社会组织正式发表的重要文件或报告，多以“白皮书”命名。在中国，“皮书”这一概念被社会广泛接受，并被成功运作、发展成为一种全新的出版形态，则源于中国社会科学院社会科学文献出版社。

皮书定义

皮书是对中国与世界发展状况和热点问题进行年度监测，以专业的角度、专家的视野和实证研究方法，针对某一领域或区域现状与发展态势展开分析和预测，具备原创性、实证性、专业性、连续性、前沿性、时效性等特点的公开出版物，由一系列权威研究报告组成。

皮书作者

皮书系列的作者以中国社会科学院、著名高校、地方社会科学院的研究人员为主，多为国内一流研究机构的权威专家学者，他们的看法和观点代表了学界对中国与世界的现实和未来最高水平的解读与分析。

皮书荣誉

皮书系列已成为社会科学文献出版社的著名图书品牌和中国社会科学院的知名学术品牌。2016 年，皮书系列正式列入“十三五”国家重点出版规划项目；2013~2019 年，重点皮书列入中国社会科学院承担的国家哲学社会科学创新工程项目；2019 年，64 种院外皮书使用“中国社会科学院创新工程学术出版项目”标识。

S 基本子库
UB DATABASE

中国社会发展数据库（下设 12 个子库）

全面整合国内外中国社会发展研究成果，汇聚独家统计数据、深度分析报告，涉及社会、人口、政治、教育、法律等 12 个领域，为了解中国社会发展动态、跟踪社会核心热点、分析社会发展趋势提供一站式资源搜索和数据分析与挖掘服务。

中国经济发展数据库（下设 12 个子库）

基于"皮书系列"中涉及中国经济发展的研究资料构建，内容涵盖宏观经济、农业经济、工业经济、产业经济等 12 个重点经济领域，为实时掌控经济运行态势、把握经济发展规律、洞察经济形势、进行经济决策提供参考和依据。

中国行业发展数据库（下设 17 个子库）

以中国国民经济行业分类为依据，覆盖金融业、旅游、医疗卫生、交通运输、能源矿产等 100 多个行业，跟踪分析国民经济相关行业市场运行状况和政策导向，汇集行业发展前沿资讯，为投资、从业及各种经济决策提供理论基础和实践指导。

中国区域发展数据库（下设 6 个子库）

对中国特定区域内的经济、社会、文化等领域现状与发展情况进行深度分析和预测，研究层级至县及县以下行政区，涉及地区、区域经济体、城市、农村等不同维度。为地方经济社会宏观态势研究、发展经验研究、案例分析提供数据服务。

中国文化传媒数据库（下设 18 个子库）

汇聚文化传媒领域专家观点、热点资讯，梳理国内外中国文化发展相关学术研究成果、一手统计数据，涵盖文化产业、新闻传播、电影娱乐、文学艺术、群众文化等 18 个重点研究领域。为文化传媒研究提供相关数据、研究报告和综合分析服务。

世界经济与国际关系数据库（下设 6 个子库）

立足"皮书系列"世界经济、国际关系相关学术资源，整合世界经济、国际政治、世界文化与科技、全球性问题、国际组织与国际法、区域研究 6 大领域研究成果，为世界经济与国际关系研究提供全方位数据分析，为决策和形势研判提供参考。

法律声明